电子信息类新技术丛书

软件人主题分析与信息检索技术

周亦鹏　著

北京邮电大学出版社
www.buptpress.com

内 容 简 介

随着移动应用、社会网络应用的快速发展，用户随时随地获取个性化信息的需求更加强烈，对检索系统的智能化要求更高。软件人以其拟人化的特征更好地适应了这一发展趋势，同时通过与物联网相结合，软件人的感知能力大大提高，这使软件人成为实现智能化、拟人化主题分析和信息检索的一种重要途径。

本书首先分析了主题分析和信息检索技术的现状，进而探讨了软件人在互联网信息处理发展演化中所能起到的作用。重点阐述了软件人的构造，尤其是以主题模型来建立软件人的语言模型，使之能够模拟不同人的语言模式。围绕软件人的主题模型，从文本主题分析、主题模型的语义标注、跨媒体主题分析几个方面总结了作者在该领域的理论研究工作。在理论研究的基础上，进一步介绍了软件人主题分析技术在食品安全事件监测、智慧旅游和领域主题信息检索中的应用。

本书可作为从事智能科学技术、计算机、信息检索相关的科研、教学和工程技术人员参考用书，也可作为高等院校的专业用书。

图书在版编目(CIP)数据

软件人主题分析与信息检索技术/周亦鹏著. --北京：北京邮电大学出版社，2012.8
ISBN 978-7-5635-3218-6

Ⅰ. ①软… Ⅱ. ①周… Ⅲ. ①主题分析②情报检索 Ⅳ. ①G254.21②G252.7

中国版本图书馆 CIP 数据核字(2012)第 205241 号

书　　名：软件人主题分析与信息检索技术
作　　者：周亦鹏
责任编辑：何芯逸
出版发行：北京邮电大学出版社
社　　址：北京市海淀区西土城路 10 号(邮编：100876)
发 行 部：电话：010-62282185　传真：010-62283578
E-mail：publish@bupt.edu.cn
经　　销：各地新华书店
印　　刷：北京联兴华印刷厂
开　　本：720 mm×1 000 mm　1/16
印　　张：12
字　　数：234 千字
版　　次：2012 年 8 月第 1 版　2012 年 8 月第 1 次印刷

ISBN 978-7-5635-3218-6　　定　价：29.00 元

· 如有印装质量问题，请与北京邮电大学出版社发行部联系 ·

前　言

随着网络与计算机技术的迅速发展，Web 信息爆炸性地增长，互联网已经成为一个巨大的海量信息空间。根据 ComScore 公司的统计，2008 年 12 月底，全球互联网用户总数突破 10 亿，其中 41.3%的用户来自亚太地区。中国互联网用户所占的比例为世界第一，达到 17.8%。截至 2008 年年底，中国的网站数达到 287.8 万个，网页总数超过 160 亿个。Google 在 2008 年索引的 Web 网页规模已经超过了 1 000 亿，海量的 Web 信息极大地丰富了人们的生活，但也给信息的组织、查找与分析带来了极大的挑战。

如何快速、准确、方便地从海量 Web 信息库中获取所需要的信息，一直是人们关心的一个重要问题。为此，近十年来研究人员和业界做出了极大努力，取得了巨大成果，发明了如 PageRank，HIT 等著名算法和竞价排名等商业模式，涌现出 Google、百度等家喻户晓的搜索引擎公司，不仅在相当程度上解决了 Web 信息获取的问题，也为计算机科学与技术的发展拨开了一片新的空间。

尽管如此，随着 Web 的演化(Web 1.0→Web 2.0→Web 3.0)，不仅其信息量继续在以指数率增长，而且信息产生的方式、种类和风格也趋于多样，向 Web 搜索技术不断提出新的挑战。未来的搜索引擎将不再只是按词语的出现对网页进行简单索引，而将是基于对 Web 信息集合进行深度分析和挖掘后的知识展现。目前 Web 数据的搜索与挖掘主要是基于 Web 文档与链接结构处理，对于 Web 数据中复杂信息模式与信息关联的表示存在着明显的不足。具体表现在语义表达多样性；数据组织缺乏关联信息；单一媒体形式的检索，缺乏融合视觉、听觉、语言处理技术的有效跨媒体检索手段。

在目前从 Web 2.0 到 Web 3.0 的发展过程中，可以看到 Web 数据量越来越大，信息种类多样化及其关联复杂化。因此上述存在的问题变得越来越突出，迫切需要探索 Web 搜索的新理论与方法，设计新的概念、模型、机制和算法，使搜索引擎能够更快、更准、更方便地从更加复杂的海量 Web 信息库中获取所需要的信息。

目前，搜索引擎对人的活动，尤其是人的社会化活动的支持还很有限。社会网络应用（如 MySpace，Facebook，Flickr 和 YouTube）最近几年在这方面有着极大的发展。这些应用主要在 Web 平台上构建了人与人交流的社区，协助具有类似兴趣爱好的人之间进行交流，方式包括即时消息、E-mail、聊天室、讨论者、文件共享等。这些应用成功的关键在于它们在网络空间内提供了一个人与人交流的平台。同时，这些社会网络应用的快速发展也反映了现代社会中人与人之间存在迫切交流的需要。因此，对于以搜索引擎为代表的信息检索系统来说，其发展步伐已经落后于社会网络应用，要真正实现“以人为本”的目的，还应该更多的从人的角度来看待系统的要求。

在“以人为本”的研究中，“软件人”是更加人性化的软件实体，它是拟人的软件人工生命，是在特性、功能、行为、结构、组织等方面对人及人类社会的模拟、延伸和扩展。软件人最初定义为在网络环境下的虚拟机器人，它融合了人工智能、人工生命、分布式计算、智能体和计算机网络等领域的理论和技术。但是，随着物联网的发展，现实物理环境呈现出与虚拟数字环境的融合趋势，这一融合的渠道就是互联网。因此，作为存在于互联网环境中的软件人，借助于物联网的支持具有了更强的感知现实世界，甚至改造物理环境的能力。软件人技术的发展为实现以人为中心，服务于人的智能化信息检索提供了可能。这种信息检索是通过感知人的活动情境和意图，并且通过拟人化的社会活动来主动提供个性化的信息服务，将大大改善信息检索的服务体验。

本书给出了信息检索及其关键技术——主题分析的发展趋势，以及软件人在互联网信息处理发展演化过程中可能形成的社会网络结构，详细论述了软件人主题分析及信息检索理论，介绍了软件人主题分析和信息检索在食品安全事件监测、智慧旅游和领域主题信息检索中的应用。

本书内容分两部分，共 9 章。第一部分为软件人主题分析和信息检索理论，包括第 1 章互联网主题分析和智能信息检索，第 2 章软件人和互联网信息处理，第 3 章互联网环境下的软件人及其语言模型，第 4 章文本情境主题分析，第5章情境主题模型的自动标注方法，第6章跨媒体主题分析方法；第二部分为软件人主题分析的应用，包括第7章主题分析在食品安全事件监测中的应用，第8章软件人主题分析在智慧旅游中的应用，第9章软件人在领域主题信息检索中的应用。

本书在资料整理和写作过程中得到了杜军平教授的大力支持，以及胡娟老师，梁美玉、韩鹏程、紫玲玲、杨月华等博士的帮助，在此向他们表示感谢。

本书的写作和出版得到了北京工商大学学术专著出版项目的支持和资助，特此致谢。

由于作者水平有限，加之时间仓促，书中不妥之处在所难免，恳请读者批评指正。

作者

2012年6月于北京工商大学

目　　录

第1章　互联网主题分析和智能信息检索

1.1　文本主题分析

目前,互联网上无论是网页、博客、邮件、即时信息还是微博,仍然是以文本信息为主,因此文本挖掘仍然是主题分析的重要手段。

(1) 主题建模与主题识别

主题分析最早来自于对文本主题结构和主题表达的研究,主要方法是利用词语出现的频率和分布等统计信息计算词语及句子的相对重要程度,提取并输出能够反映文本中心思想的信息,从而获得文本主题。其中,识别文本主题是主题分析的重要研究内容,主要通过关键主题词集合、关键短语集合和关键句子集合等方式表达文本主题。目前的主题识别方法主要分为两类:一类是基于统计的方法,另一类是基于语义分析和理解的方法。基于统计的主题识别方法利用词语在文本中出现的频率、分布和共现信息等统计信息找出最能表达文本主题的多个词语组成主题词集合。基于语义分析和理解的方法则是利用知识库和人工智能技术对文本进行深层的句法和语义分析,产生连贯的符合文体要求的主题。由于语义分析需要庞大的知识库和完善的语言学规则,此类方法只能应用于特定题材的文体和内容,使用受到极大限制。而基于统计的主题识别方法借鉴信息检索中的 TF-IDF、Bayes 等方法计算词语的权重并抽取关键词,可以避开语义分析的难点,因此一直是最常用的方法。

利用统计方法进行主题分析必须选择合适的语言模型。有限混合模型可以代表文本中的词汇分布,并直接利用 EM 算法进行训练,但会出现局部极大值和收敛速度过慢的问题,且错误率较高。PLSA 是另一可选模型,但模型中的文档概率值与特定文档相关,因此缺乏处理新文档的自然方法,且模型易于出现过度拟合的问题。与 PLSA 模型相比,LDA 是完全的生成模型,它将主题混合权重视为 k 维参数的潜在随机变量,而非与训练数据直接联系的个体参数集合,推理上采用拉普拉斯近似、变分近似以及期望—扩散等方法获取待估参数值,克服了上述不足。

但是,传统的主题分析方法假定整个数据集只具有一个统一的语言模型,忽略了情境变化对语言模型的影响。研究人员对 Web 2.0 应用中用户发布的文本信息进行了研究,发现不同用户、不同应用平台发布的内容在语言模型、词语分布等方面表现出了多样的特征。这些内容往往依赖特定的语言环境,比较典型的是微博由于字数限制,属于一种受限的语言环境,单从信息内容本身进行挖掘难以全面准确地获得有用的知识。此时必须利用各种情境数据,如时间、空间、事件背景、用户特征及应用平台等,来发现不同情境下的特征并建立相应的语言模型。

因此,好的主题分析模型应该能够混合多样化的情境因素。虽然混合概率模型可以将每个主题分别基于相应的概率模型进行特征描述,但是这种方法缺乏对主题以外的其他情境信息建模的能力,且无法将先验知识引入主题模型,无法确定其他情境对主题本身的影响。最近一部分研究已经开始尝试将其他情境信息,如将作者、时间等集成到主题模型中。

(2) 主题发现与跟踪

主题分析技术在主题发现与跟踪领域得到了大量应用,成为互联网舆情分析的重要基础。主题发现与跟踪是以大规模的文本语料为研究对象,通过分析文本内容所描述的主题,来发现新的主题内容,或者对属于原有主题的新的相关内容进行跟踪,最后将涉及某个主题的内容组织起来并且以一定的方式进行展现。与传统的信息检索技术相比,主题发现与跟踪技术更关注对新主题(如新事件和新话题)的发现,并且更强调获得新信息与特定主题的相关性。主题发现系统分为全自动方式和半自动方式两种,代表性工作包括 Rutgers 大学的 HDDI、马萨诸塞大学的 TimeMines 等全自动系统,以及 CIMEL 和 ThemeRiver 等半自动系统。

早期的主题发现研究主要集中在聚类方法的选择与融合上,考虑到主题表达的多粒度问题,利用层次化结构对主题进行发现与组织的方式也被提出来。随着互联网的应用和信息检索技术的发展,有研究将信息检索和机器学习技术相结合,用于主题发现与追踪,并在跨语言主题发现与追踪上取得了较好的结果,同时,网络论坛、博客上的主题挖掘开始出现。社会网络服务的发展使主题分析的研究开始将社会关系引入进来,Victor Cheng 等人提出了一种基于用户关系的主题挖掘模型,Mingliang Zhu 等人将词的相关性与用户相关性结合起来挖掘网络论坛上的话题。但是,主题分析领域面临的困难主要是如何建立主题信息的特征表示和相关性度量模型,特别是基于语义方法和考虑时空等情境变化的分析手段。

微博、博客等多种 Web 2.0 应用平台的出现,以及在这些平台上大量涌现、传播和相互关联的信息,使得主题信息的发展态势和传播规律成为关注的重点。主题信息的宏观态势分析关注关键信息点的量化分析与评价、主题信息在时间维度与空间维度上的发展态势分析与预测等。内容包括文本主题的涌现态势发现

(Emerging Trend Detection,ETD)和时序挖掘(Temporal Text Mining,TTM)。ETD 主要发现在一个时间范围内逐渐引起人们兴趣,并被越来越多的人使用、表达和传播的事件、概念等。

主题发现与跟踪领域面临的困难是如何建立跨平台跨媒体主题信息的特征表示和相关性度量模型,特别是要解决不同主题空间上主题模型间的相互转换和统一描述问题,利用跨平台跨媒体信息在高层语义上的关联关系实现主题发现与跟踪。

研究人员对 Web 2.0 应用中用户发布的文本信息内容进行了研究,发现不同用户发布的信息在语言模型、词语分布等方面表现出了多样的特征。这些内容往往依赖特定的情境,单从信息内容本身进行挖掘难以全面、准确地获得有用的知识。此时必须利用各种情境数据,如时间、空间、用户及其社会关系等,甚至通过进一步推理来发现不同情境下的特征并建立相应的语言模型。

在自然语言理解的研究中,上下文作为一种情境被用于监督学习,来扩展特征空间,进行实体抽取、标记等,也通过局部上下文的比较来进行语义消歧或实现词语聚类等。但主要问题是缺乏对更具一般性的情境挖掘方法的研究。常见的文本挖掘采用文本生成模型的方法,其核心思想是建立概率模型来描述观察到的文本数据的生成过程。这种文本数据的概率模型称为语言模型,常常被用来挖掘文本中的模式(如主题模式),以便于实现文本检索、分类、聚类或文本摘要等任务。传统的文本挖掘方法假定整个文本集只具有一个统一的语言模型,因此忽略了情境变化对语言模型的影响。有研究注意到这一问题,发现文本的统计信息(如词频)对于不同风格类型和体裁的文档和文档之间是有区别的。进一步研究发现好的文本集应能够混合多样化的情境因素,因此认为混合泊松分布比标准的泊松分布模型更适合文本数据,但是这些研究仅停留在文本集合级的建模,不能更为深入地理解情境的内容以及对特定情境进行建模。如何定义文本中的情境并将其特征进行描述,如何获得情境所产生的影响,如何利用情境信息解决各种主题分析任务仍然是留待解决的关键问题。

混合情境建模的最新进展是概率主题模型的研究,它的基本假设是文本数据通常覆盖了多个主题,因此可以通过混合概率模型建模,每个概率模型对应一个主题,同时一个主题也可以基于相应的概率模型进行特征描述。但是,这种方法缺乏对主题以外的其他情境信息建模的能力,且无法将先验知识引入主题模型,无法确定其他情境对主题本身的影响。最近一部分研究已经开始尝试将其他情境信息,如将作者、时间等集成到主题模型中。这其中主要的问题是缺乏一个一般性的框架,来定义情境并且描述建模的一般方法,无法根据情境对数据内容进行比较并从中发现情境模式。

1.2 视觉主题分析

随着多媒体数据逐渐成为网络信息的主要载体，尤其是各类热点主题事件进程中网络上大量出现的图像信息、视频信息，使基于文本的主题分析方法越来越难以全面、准确地挖掘相关主题内容及其影响范围和深度。研究融合各类媒体信息的跨媒体主题分析方法已经成为亟待解决的关键科学问题。

多媒体信息非结构化的数据格式、巨大的数据量以及内容理解的主观性与多义性，给多媒体数据的分析与理解带来很大的困难。近些年来，基于内容的多媒体分析、自动标注、索引构建和相似检索等研究一般是基于底层的视觉特征（如颜色、纹理、形状、运动、镜头等）和听觉特征（频谱分布和变化规律、节奏、韵律、话音、说话人特征等）。但这些底层特征并不能直接表示突发事件所蕴含的语义概念，也就是说在底层特征与高层语义之间存在语义鸿沟，关键是要将这些底层特征与高层语义关联起来。

虽然在图像的研究中也有一些基于视觉特征的聚类工作，但是由于难以抽出图像的基本语义单元，所以无法对图像进行语义分类。目前有两种基本对策，第一种对策是利用与图像相关的文本信息，将图像检索/分类问题转化为文本检索、分类问题，其缺点是完全舍弃了图像自身所包含的丰富信息，同时会受到文本处理能力的制约。而且对于图像和视频等形式的热点主题信息，一般难以用自然语言进行准确的描述，无法表达其实质内容和语义关系，所以这种挖掘方法精度比较低。第二种对策即图像自动语义标注，试图借助机器学习的方法，根据图像自身的视觉特征，建立关键词与可视语义对象之间概率意义上的某种关联以缩小语义鸿沟，这在本质上是一个大规模多分类问题。在过去几年中，相关研究获得了广泛关注，并取得了一定成绩。这些研究主要采用了同现模型、层次混合聚类模型、生成关联模型、翻译模型、潜层空间模型、SVM 分类器等方法。由于关键词集合可以代表一组主题语义概念，因此这项工作也可以视为对图像进行主题语义分类，但其性能会受到限制。

针对跨媒体数据挖掘领域的多模态特征融合等问题，已经有学者提出了一系列解决方法。文献[55]采用谱聚类方法分别建立了视觉表示空间和文本表示空间的二部图，为了保证聚类结果的一致性，将两个单独的聚类问题形式化为一个约束多目标优化问题。可以分别定义同一类型数据和不同类型数据之间的关系，将不同空间的相似度相互传播直到收敛，然后利用谱聚类算法在更新了相似性度量的视觉空间中进行聚类。有研究采用 Boosting 算法对图像分类进行了研究，建立了自然图像分类系统，并且通过提取人文、山川、植物、水域四维特征并结合相关数据，实现了跨媒体信息导航。

近些年发展起来的翻译学习技术，实现了不同模态异构数据间的特征映射，如采用文本训练数据解决图像数据的认知学习问题，为解决跨媒体数据挖掘的语义鸿沟问题提供了一种新的途径。但是作为一种新兴的学习策略，目前翻译学习仅在较小的标注规模上有显著效果，因此需要设计一种高效的翻译学习算法以尽可能降低算法的计算复杂性。同时为了实现跨媒体挖掘，算法能力也有待进一步提高，以便将来自其他特征空间的有用特征映射到目标特征空间，改进目标特征空间的学习效果。

1.3　社会网络中的主题分析

目前社会网络服务(Social Network Service，SNS)已经成为 Web 2.0 的基础应用之一。SNS 网站及应用在全球蓬勃发展，在美国，Myspace，Facebook，Twitter 等发展迅速，中国本土的 SNS 网站也遍地开花，校内网、开心网等都拥有着庞大的用户群。据美国互联网调研公司 ComScore 研究报告显示，目前全球社交网站用户数量已增至 5.8 亿，与去年同期的 4.64 亿相比，增长 25%。根据 CNNIC 统计，截至 2009 年年底中国使用交友和社交网站的网民数达到了 1.76 亿。可见 SNS 已经是目前互联网行业最受瞩目的新兴领域。

与传统互联网服务不同的是，SNS 为人们提供更为社会化的应用和服务，从而使用户既可以发布自己的个人信息，也可以获取其他用户的信息，还可以与其他用户建立各种社会关系，形成 Web 社团，成员间可以进行多种形式的信息交换和共享。SNS 的出现改变了以往简单的依赖于文档链接的 Web 内容组织形式，来自不同内容发布者的不同主题的内容因为人的关注、评论、分享、标注等社会化行为被重新编辑、组织和传播。正所谓“物以类聚，人以群分”，因此 Web 内容的组织极大地受到了人与人之间的社会关系和社会活动的影响，同一网络社团中的人群所关注的主题会呈现出某种共性特征。在这种情况下，主题分析就不得不考虑网络中的社团结构及社团成员间的社会化行为。

目前，很多社会网络关系的研究是借助名词共现分析技术从 Web 数据中挖掘实体间的关系。例如，可视化在线社会网络的软件系统 Flink，通过分析 Web 页面、电子邮件信息、FOAF 文件来挖掘社会网络；Faloutsos 从 5 亿 Web 页面中，挖掘出一个 1 500 万人的社会网络；Knee 利用人名和音乐关键字在前 50 个 Web 页面并发的技术，把音乐艺术家分成了不同的等级。

此外，利用 Web 的链接结构和 Web 图模型来发现网络社区资源已经取得了一些成就。与此同时，也出现了各种以链接分析技术为基础的 Web 社区挖掘方法，即将Web看作由页面和超链接构成的Web图，一个Web社区是一个Web图的子图，发现社区的过程就是从该Web图中找到一个适当的割集。通过用HITS方法分析链接结构可以获得Web社区，认为社区是由稠密的权威页面构成的核，把Web社区看作一些二分有向图的核。通过最大流算法也可以发现Web社区，认为社区是具有社区内页面之间的链接数大于同社区外页面之间的链接数这一特性的页面形成的集合。

目前，网络社区挖掘已经从社区中人和人的关系扩展到主题和内容的分析、个人爱好和信息的分析、组成结构分析等。例如，通过对群体关联性和兴趣分享的研究，实现个人行为的分析；基于最优线性组合的学习方法对多关联复杂社会网络中的隐藏信息进行挖掘；构建基于语义Web技术的社会网络抽取和分析系统，以及统一的社会网络语义模型Ontotogies。但是，现有SNS网络社区的分析方法主要是在静态模型上进行挖掘，缺乏对实体间交互时间的考虑，无法动态反映网络社区的形成和用户兴趣的变化。

网络社区的存在使主题网页在Web上的分布服从一定的规律，即Hub特征、Linkage/Sibling Locality特征、站点主题特征、Tunnel特征。这些特征的挖掘和利用对主题信息搜索过程中的链接预测和页面过滤方面具有重要作用，从而将搜索集中于更有价值的区域。同时，通过集成网络社区资源形成索引，从而对所有社区资源进行搜索成为可能。有研究提出了一个基于博客的爬取、过滤、索引和搜索方法，同时在分析Web社区搜索资源分散特点的基础上，运用向量空间模型和相关性排序等技术设计了Web社区搜索引擎的体系结构，实现了一个Web社区搜索引擎系统。

互联网数据挖掘与搜索技术向跨媒体方向发展是必然趋势，且已经成为国内外的研究热点。SNS网络社区中不同媒体形式的数据对象之间存在广泛关联，例如，网页中实体与实体的关联，标签与网页的关联，用户对网页、多媒体对象的评论推荐等。多媒体数据对象之间的联系为对象的分类聚类提供了独特的信息来源，这种方法被证明是行之有效的。对于关联数据对象之间关系数据稀疏的问题，可以通过潜在语义分析法在低维语义空间中表示数据对象来解决。这种降低维度的技术通过许多应用拓展了它的表现。由于潜在语义分析法仅考虑了两种数据对象之间并发的关联关系，所以其实际应用受到了很大限制。

基于Agent的分布式网络计算模式也为复杂的跨媒体网络信息搜索注入了新的活力。将Agent系统在解决分布式计算问题时所具有的智能性、异步性、移动性等特点结合到Web搜索中具有诸多优点。Agent技术与Web数据库相结合，能够更加准确地描述用户需求，从而进行有效的Web挖掘。移动Agent计算模式在Web数据库、Web挖掘、信息搜索等分布式应用系统中都得到了很好的应用。

互联网搜索技术从依赖关键词匹配的方式向基于深度语义分析和挖掘的精准搜索方向发展是必然趋势，且已经成为国内外的研究热点。一个有效的面向领域搜索方法必须要考虑以下问题：如何设计计算高效的分布式多模态数据挖掘和搜索算法，并且能够适应 Web 3.0 时代复杂的网络和终端环境，以及网络社区的动态变化；如何从跨媒体的信息中获得语义信息；如何基于跨媒体的特征信息对网络社区内具有关联性的数据进行组织和搜索。根据多 Agent 系统在分布式计算领域的研究成果可以发现，将 Agent 应用于网络社区内跨媒体数据的搜索与挖掘是可行的，但如何解决上述关键问题，目前的研究尚属空白。

SNS 网站的潜在商业力量就是其中积累的海量数据。传统搜索引擎通过挖掘网民的搜索行为来提供很多有商业价值的调查研究报告，而 SNS 网站则包含大量的用户数据以及比搜索引擎更为丰富的互动数据，具有巨大的商业价值。Facebook 计划利用其庞大无比的用户数据，创建全球最大的市场研究数据库，提供可实时反馈的市场调查服务。而要理解如此海量和复杂的数据并从中得到有用的知识，必然要借助有效的 SNS 数据挖掘和主题分析工具。各种数据挖掘和主题分析技术得到了广泛应用，如基于网站用户信息和用户间关系进行聚类分析以及基于分类器的垃圾信息过滤，都用到了数据挖掘和主题分析技术。可以预计数据挖掘和主题分析技术的市场应用将会越来越多。

随着应用的深入，对主题分析技术也提出了新的要求。首先，SNS 网站间的共享与合作在不断加深。Facebook 目前正在开发的 FacebookConnect 功能，使用户能够在其他站点上看到好友的活动，也能够向好友广播他们在其他站点上的活动。用户在 Facebook 上的发言、在 Frienfeed 上的动态以及在 GoogleReader 上的分享，都可以通过 Twitter 推送给该用户的朋友。同样用户也可以通过其 Facebook 和 Twitter，接收来自各个 SNS 好友的动态、分享、新闻和图片。MySpace、雅虎和谷歌近期也都公布了相似的计划。在这种趋势下，个人数据规模将急剧扩大、数据类型也更加复杂和多样化、数据也呈现出分布式的特点，因此需要开发能够适应海量、分布式、跨媒体的主题分析工具去理解这些数据的内容和主题。

其次，随着无线互联网应用的日渐广泛与深入，用户在手机等移动终端上的 SNS 应用需求越来越大。调查数据显示，有 40.9%的 SNS 用户期望可以在手机上使用 SNS 服务。目前我国手机上网用户规模已达 1.8 亿，SNS 手机应用有着良好的发展前景。适应无线网络应用的 Web 3.0 将实现不同终端的兼容，从 PC 到手机、PDA、机顶盒等移动终端上的应用指日可待。Web 3.0 模式下的 SNS 应用将彻底改变互联网的信息传播方式和商业应用模式。在这种趋势下，新的商业模式将越来越多地依赖于对用户数据的内容和主题的分析，实现对市场的准确预测以及对用户群的细分和精确定位。基于 SNS 模型的主题分析技术的市场应用十分广泛，主要有以下几个方面。

- 基于用户信息主题和用户间关系进行聚类分析，细分用户群，提供针对性强的应用，加大数据营销的力度，提高数据库营销的准确性。通过 SNS 能够很容易发现人和人之间的联系，依附于人际关系的信息聚合效率要远高于通过其他途径进行定制化信息推送。通过人际关系和对一个主题的关注度，针对每一个用户，对信息权重做出合理的计算和展现。
- 对 SNS 网站用户社交活动预测及营销。例如，将旅游与社区结合，可以通过挖掘用户的关系，实现精准营销和口碑营销。通过用户提供的主题信息和评价，可以运用规则预测用户的喜好，如用户对旅游线路及酒店住宿的普遍要求，从而实现更好的旅游服务。同时可以利用主题分析技术获得用户间对旅游服务的评价，据此进一步优化自己提供的旅游产品。

可以看出，基于社会网络的主题分析技术在 Web 2.0 时代和即将到来的 Web 3.0 时代都具有广阔的市场前景和应用需求。

1.4 智能信息检索

面对巨大的 Web 信息，为了能够为用户提供快速准确的信息查询服务，人们自 Web 开始出现就一直在不断地努力着。从全局来看，Web 信息搜索问题实际上就是信息检索者、检索系统、信息以及信息发布者之间的互动过程。

从 Web 信息驻留方式的角度来看，可以将相关工作划分为两大类：传统 Web 搜索和语义 Web 搜索。在 Web 的初始阶段，Web 信息检索系统更多的是应用传统 IR 技术来完成搜索任务，相应的研究工作也主要集中在基本的 IR 技术和内容分析方面(关注于检索系统和信息)；随后人们发现信息发布者和信息检索者也是信息检索这个大问题中的两个重要因素，他们的行为和知识都对信息检索有很大的影响。因此，最近几年这方面的工作越来越受到重视，关注点扩展到了信息检索者和信息发布者两个部分，提出的新技术有些已经成为当前检索系统的基本架构。语义 Web 改革路线的工作则以信息作为需要改革的首要对象，试图建立一个富含语义的全新 Web，进而从根本上解决当前 Web 信息搜索中遇到的困难。

1. 传统的 Web 信息搜索

Web 自出现开始，就采用 HTML 格式作为信息的基本表示格式。由于其简单、易用、易学等特点，迅速得到推广和应用。使得 Web 这种格式的数据已经达到了非常可观的数量，并且仍然在快速增长。伴随着 Web 的出现，Web 信息搜索方面的工作就已经开始，得到了很多的研究成果。这类工作的一个共同点就是针对 HTML 格式的数据来实现搜索任务。从技术的发展过程和趋势来讲，这方面的工作可以概括为三类:第一类,基于传统信息检索技术;第二类,基于信息发布者的知识;第三类,基于信息检索者的知识。

(1) 传统的信息检索技术

在搜索引擎出现的初始阶段,以传统信息检索技术为主的内容分析技术引起了广泛的注意,如全文本扫描、倒排文件、签名文件和聚类等,以及后来的试图引入语义信息的一些新 IR 方法,如自然语言处理 NLP、潜在语义标引(Latent Semantic Indexing, LSI)、神经网络等技术。

全文扫描:全文扫描的主要目的是确定某个字符串在哪些文档中出现,最直接的方法就是在所有的文档中查找该字符串。如果一个查询是由多个待查字符串组成的复杂布尔表达式,那么就需要额外的步骤来判断找到的匹配是否满足该布尔表达式,为此人们提出了多种子串测试方法。

签名文件:签名文件可以提供更快速的搜索。此外,人们还提出了具有更高搜索速度的二级签名文件、签名树以及基于签名的分割等。

倒排文件:倒排文件的方法几乎被当前所有的商用信息检索系统所采用。组织索引文件可以采用更复杂的方法,如 B 树、TRIE 树、Hash 表以及这些方法的变形和混合、二级索引文件等。另外,由于索引文件通常很大,人们又先后提出了各种压缩技术。

向量模型和聚类:聚类的基本想法就是将相似的文档聚合在一起形成类,主要基于聚类假设,即"紧密关联的文档往往与相同的查询要求有关"。通过将相似文档聚类可以加速搜索过程。这部分的主要工作包括基于相似矩阵的聚类产生方法、迭代型方法、聚类搜索等。

在上面讨论的信息检索方法中,只使用了文档很少的信息用于确定相关性。尽管这些方法存在固有的缺陷,但它们却常常能够达到可以接受的正确率,这主要是因为一个文档的文本中包含了很多的冗余信息。因此,人们研究了试图引入语义信息的新信息检索方法,如自然语言处理、潜在语义标引、神经网络等,以此来获得更好的性能。

自然语言处理(Natural Language Processing, NLP) 技术试图通过将某个查询的语义信息与文档的语义信息进行匹配来提高查询的性能。NLP 技术已经被应用于大规模语料库,并获得了一定程度的成功。尽管人们声称,要使 IR 达到其最佳潜能,必须对文本和查询进行更深层次的语义分析。但是,自动语义分析技术能否带来显著的性能提高仍然有待证实。

潜在语义标引技术是一种被证实比传统向量空间技术性能更好的 IR 向量空间技术,LSI 在信息过滤以及信息检索方面已经得到了一些应用。

神经网络的主要思想是使用激活扩散方法。通常的技术就是,采用手工或自动方法构造一个同义词词典，然后相应于同义词词典中的每个概念在隐藏层建立一个对应的节点。

在实际的搜索引擎中，除了应用上述介绍的各项技术之外，还应用了其他一些信息检索技术，如对于所有命中(hits)，都记录单词在文档中的位置信息，这些信息在最终的查询中可以被用来进行单词的相似度分析等。

(2) 基于信息发布者的知识

信息发布者在发布信息时往往需要对所发布的信息，以及与其相关的信息进行判断、分类、归纳和整理。这些判断和分类的结果往往会透过一些形式表现出来，如网页之间的链接关系、网页的布局等，因此这些知识信息对于提高搜索质量是很有好处的。这方面的代表性工作包括：连接分析、搜索策略研究、Web 社区的发现等。

在 HITS 算法模型中，Kleinberg 提出了权威性网页(authority)的概念。互联网上一个广义的主题包含有大量显著的权威性网页，这些权威性网页从链接结构的角度来看应该是被大量的超链接所指向的，也可以说是被大量的网页作者所认可的。但是，HITS 算法仍存在一些缺陷，许多的研究人员在此基础上又提出了一些衍生的算法。

搜索策略研究是用来指导搜索智能体确定哪些网页需要下载的策略。基于传统的信息检索技术，FishSearch 策略和 SharkSearch 策略是最早的关于搜索策略方面的工作，主要通过指定的关键字来确定搜索策略。利用链接分析思想，Cho，Garcia-Molina 和 Page 等人讨论了如何对搜索边界的链接进行排序以尽可能快的获得高质量的网页，提出了使用基于链接性的文档质量度量来指导搜索智能体获取高质量的网页。他们比较了 Breadth-First、Backlink、PageRank 和 Random 等几种方式。Najork 和 Wiener 等人说明虽然 Breadth-First 方式比 PageRank 方法获取的网页质量低一些，但是 Breadth-First 方式在早期的网页抓取过程中能够获取较高质量的网页，这样可以避免计算网页 PageRank 的开销，但是他们没有明确提出针对特定主题进行搜索。

Diligenti 等人观察到一些相关网页往往是通过一些非相关网页到达的，提出了一种利用上下文图(Context Graph)的方法来模型化到达相关网页的路径。为了学习上下文图，系统需要依赖一个搜索引擎的索引来获得直接或间接的开始网页链接。使用强化学习(Reinforcement Learning)的方法来训练搜索智能体，使之更加有效地得到获取相关网页的路径。基于包含相关网页的样例网站，搜索智能体通过例子学习如何选择下一个搜索的链接。但是采用的学习方法需要大量已经访问过的网页和链接，而且训练需要离线进行，这严重限制了该方法在聚焦式搜索(Focused Searching)中的适用性。上述这两种方法都使用能够到达相关网页的路径来训练搜索智能体,而这些路径需要通过网页的反链接得到,这需要利用现有搜索引擎的索引信息。

在实际的搜索引擎中,除了上述介绍的技术外,系统还记录了页面中的字体大小、大小写等视觉信息。例如,大号字体和粗体的设置常常是信息发布者用来表示重要信息的一种方式。另外,微软亚洲研究院的研究人员根据信息发布者在发布信息时对网页所进行的布局等知识信息,开展了 Web 信息提取、对象搜索以及 Block-level 分析等工作,取得了较好的结果。

(3) 基于信息检索者的知识

通过挖掘信息发布者的知识信息,人们改进了搜索的质量。与此同时,由于每天会有数以万计的人与搜索引擎进行交互,从而产生大量有价值的反馈信息,这些反馈信息对于信息检索系统十分重要。于是人们开始研究反馈信息和用户兴趣之间的关系,如用户对于一个页面的阅读时间以及用户点阅数据(Click Through Data)等行为信息反映了用户的兴趣,从而为某些类型的查询提供个性化搜索服务等。近两年,如何利用信息检索者的知识信息提高搜索质量的研究引起了关注,这方面的主要工作包括个性化搜索、相关性反馈以及用户搜索语义的捕捉。

个性化搜索已经成为一个受到关注的研究问题,人们已经提出了很多个性化搜索策略。主要有以下几类:①让用户为搜索引擎提供个人兴趣信息,搜索引擎将搜索结果与用户兴趣进行相似性对比,从而给出更好的搜索结果。但是研究发现大量用户并不愿意主动提供个人兴趣信息;②基于超链接结构分析的个性化方法,如 Personalized PageRank、Topic-SensitivePageRank 等;③从用户的搜索历史中自动学习出用户兴趣,建立用户兴趣文件(profile),分为短期和长期用户兴趣;④从一组相似用户中提取用户兴趣信息,如协同过滤方法。

由于并不是所有的查询都适合做个性化处理,不同的个性化策略对不同的查询有不同的效果。对于不同的搜索历史和搜索上下文,个性化搜索策略会表现出不同的效果。针对这一问题,需要一种评估框架,来评价基于查询日志的个性化搜索策略的性能。如使用点阅数据自动评估搜索引擎的方法,通过分析用户查询日志和点阅数据,自动选择查询主题,自动标注相关文档,再根据不同的类型做不同的处理,有助于提高搜索引擎的性能,实验表明对于 navigational 类型的查询自动分类的效果比较好。但是目前真正能够上线使用的个性化搜索引擎还没有,大部分还处于实验室研究阶段,相关技术有待进一步的完善。

将相关性反馈用在信息检索中已经有一段历史了,相关性反馈主要用于通过分析用户短期信息需求模型来进行查询扩展,以及用于通过分析用户长期兴趣偏好模型来建立用户归档。传统的相关性反馈方法需要用户显示给出反馈,例如,明确关键字、选择或标记文档,回答一些关于用户兴趣的问题。这些方法都是强迫用户在正常搜索之外参加一些附加活动，需要用户付出更多的努力，所以效果不是很好。目前有些工作考虑使用隐反馈技术用于查询扩展和用户归档。虽然隐反馈信息可能没有显示反馈信息那么准确，但基于其没有要求用户付出额外努力，所以效果还是很好。研究发现，用户与搜索引擎交互的隐反馈信息有利于搜索结果排序和做个性化处理。近几年的研究状况如下。

Kelly 和 Teevan 提出了利用隐反馈信息做相关性度量的思想，但是并没有应用于实际 Web 环境。Joachims 提出了利用隐反馈信息代替人为判断的度量方法，介绍了一种基于点阅数据信息对结果排序的技术。Foxet 研究了隐反馈信息和人为判断之间的关系，开发了一种贝叶斯模型，结合隐反馈信息和人为判断做相关性判断。这种模型在点阅数据的基础上考虑了更多的用户行为。但这种方法重点考虑的是从隐含的用户行为中预测出清晰的相关性判断，而没有更多地考虑排序方法。最近，Joachims 提出了一个比较好的经验评估模型，在点阅数据的基础上加入人眼跟踪研究，可以更精确地解释点阅数据信息。但这个方法只是在受控制的实验环境下有很好的效果，还不能确定是否适用于真实的 Web 环境。Eugene Agichtein 等人研究了隐反馈信息如何应用于真实 Web 环境，考虑把隐反馈信息与当前 Web 自身排序信息结合在一起，把每个搜索结果网页的分值分成两部分，一部分是搜索引擎自身的 rank 分值，另一部分是通过分析隐反馈信息得到的隐反馈分值。通过一个调节因子参数来调节这两部分的比重。通过挖掘大量用户交互信息，建立一个隐反馈模型，并在真实数据集上给出实验评估，实验证明基于隐反馈信息的排序确实获得了较好的效果。另外，通过分析聚集大量用户的行为信息，可以为 Web 搜索用户的行为建立一个模型，分辨出单个用户会话期间的噪声行为，从而从用户与搜索引擎的交互中恢复出用户的真实兴趣。扩展了现有的点阅数据策略，引入更丰富的用户浏览和交互特征，可以预测用户对搜索结果的偏好，给出更好的排序结果。应用机器学习的方法，从大量的历史交互信息中学习出适当的查询，使用历史用户行为模式有效地识别最佳结果和适当的查询。

一个 Web 搜索系统首先需要为用户提供一个表达搜索请求的方式，只有尽可能准确地理解用户的查询意图，系统才能够给出更符合用户要求的结果。目前用户搜索语义的捕捉主要有表达方式 3 类：关键字表达方式、基于问答的方式和 Web 查询语言。

① 关键字表达方式

这种方式来源于传统的信息检索技术，也是目前各大搜索引擎都采用的方式，用户可以通过关键字的布尔组合来描述其查询请求。这种方式具有简单易用、通用性好、底层实现技术比较成熟、查询处理效率较高等优点，但是用户没有办法表达比较复杂的查询请求，系统很难更准确地捕捉用户的真实查询意图，而这又限制了系统返回结果的质量。

② 问答方式

问答系统本身涉及信息检索、知识表达、数据库、自然语言处理等多个领域。这方面代表性的工作包括：START 系统使用预定义的 3 元组（主语-谓语-宾语）表达知识，同时提供一个对 3 元组进行检索的 Web 界面。但是 START 的检索对象是 MIT 生物实验室的生物知识库，不是针对 Web 信息的。ASK 是面向 Web 数据的问答系统。它提供了一个利用自然语言进行检索的 Web 界面，通过模板匹配技术将用户的提问进行分类，然后再对这些分类所对应的文档集进行关键字检索。这实际上是在传统关键字检索技术上进行了一层查询扩展。

MULDER 宣称是第一个利用 Web 作为知识库的问答系统。MULDER 使用了一系列自然语言分析和启发技术，试图进行高质量的问答。和 ASK 相似，MULDER 利用 NLP 技术对查询进行语法和句法分析，然后利用查询扩展和元搜索得到结果集，对结果集进行提取、去噪、聚类和选择，最终返回给用户。但上述这些系统的表达技术对于 Web 信息查询用户的查询请求多样性来说，还无法满足用户的要求，将 Web 作为问答系统的信息源和处理对象是一个新的挑战。

③ Web 查询语言

如果将 Web 看作是一个巨大的，类似于图的数据库，那么我们就能够表达一些考虑了结构信息的查询，如网页内部的结构和网页之间的结构信息。第一代 Web 查询语言主要致力于结合以内容为基础的关键字查询和那些类似于数据库系统中的以结构为基础的查询。这类语言包括 W3QL，WebSQL 和 WebLog 等，它们都可以将加在文档中出现的模式上的约束与描述链接结构的图模式结合起来表达查询。Konopnicki 和 Shmueli 将 WebSQL 扩展为第二代 Web 查询语言。这些扩展包括模型化文档内部结构，分级的 Web 模型可以明确捕捉 Web 站点的概念，使用一个以 MIME 标准为基础的可扩展方法来说明约束条件，而不是采用外部的程序。WQL 与 WebSQL 类似，但是它支持更加全面的 SQL 功能，如聚集操作（aggregation）和分组操作（grouping），并且对查询文档内部结构提供了有限的支持。第二代 Web 查询语言在两个方面超越了第一代语言。首先，第二代 Web 查询语言支持对 Web 对象结构的使用。它们不仅模型化了 Web 文档的内部结构，同时也模型化了网页之间的链接。其次，这些语言能够生成新的复杂的结构作为查询的结果。

但是即使很容易声明的查询，如"列出所有没有被其他网页链接的网页"，在实际中也是很难完成的，这就导致我们必须考虑查询的可计算性问题。另外查询的执行效率也比较低下。这些 Web 查询语言虽然具有表达比较复杂的查询的能力，但是这些语言的使用又显得过于复杂，难以掌握，因此它们并不适合目前的 Web

查询用户。目前这类方法还未能在实际中得到真正的应用。

为了更好地捕捉用户的查询动机，以及更容易地表达用户的查询请求，有研究曾提出了一种基于领域知识的——视图模式查询表达方法和查询语言，查询的视图可以由用户自己进行选择，用户可以在这个模式上很容易地表达查询请求。它的好处在于不需要用户了解数据模式信息，只需根据他们的实际查询请求来选择视图即可，同时可以表达比较复杂的查询请求。

2. 语义 Web 的信息搜索

由于传统 Web 存在着无法描述信息内容的致命缺陷，人们提出了语义 Web 的概念，试图从根本上改变传统 Web 面临的困境。为推动语义 Web 的发展，W3C 成立了专门的工作组并对各种相关技术进行标准化。这些工作组中较为活跃的是 RDF Core 工作组和 Web Ontology 工作组。这两个工作组对实现语义 Web 的一些基础技术进行开发和标准化。RDF Core 工作组致力于修订 RDF 模型和语法的推荐标准，完成 RDF 模式规范并在规范中提供与 XML 模式中的数据类型规范紧密结合的支持。Web Ontology 工作组致力于创建一种语言，以定义结构化的、基于 Web 的本体。

Berners-Lee Tim 提出的语义 Web 模型，其中的一个重要思想是以本体来表示语义信息。通过在语义 Web 中引入本体层来实现语义信息的共享，从而提高网络信息服务的智能化与自动化。这一思想得到了众多语义 Web 研究者的认同，当前的许多项目都致力于在语义 Web 中引入本体层的研究，其中有代表性的包括 OnTo Knowledge，KAON 和 COHSE 等项目。

语义 Web 的信息搜索与传统 Web 的信息搜索最大的不同之处在于搜索对象（或称为文档）的不同，传统 Web 的搜索对象是以 HTML 为基础的 Web 文档，而语义 Web 环境下的搜索对象则是指那些用 RDF、OWL 等描述的具有更加丰富语义的文档。这导致两者具有完全不同的工作机理，语义 Web 环境下的 Web 信息具有语义注释，这就要求对这些注释建立索引机制，以便于通过这些注释实现信息检索。

基于本体的标注系统关注于对在线文档进行注释，然而，它们的文档索引仅是建立在注释之上的，而不是基于整个文档。并且它们使用的本体并不适用于语义 Web 文档。Swoogle 是一个基于爬行器的发现系统，可以处理大量的文档，并且它还能够基于语义关联提供丰富的查询约束，以支持复杂的查询请求。另外，它还提供了对本体进行排序的算法 Ontology Rank。

目前，语义 Web 还很不成熟，相应的标准也有待完善，相关技术的学习和掌握相对复杂一些，所以推广范围目前不是很广泛。另外，由于建立一个语义 Web 信息站点或网页，需要花费较多的时间和费用。所有这些原因导致语义 Web 上的信息量相对非常少。Web 信息的注释工作一直是制约语义 Web 发展的一个瓶颈。

对于传统 Web 信息的语义化任务，更是工程浩大。其他诸如技术上的以及非技术上因素（如社会、文化、隐私等）也制约着语义 Web 的发展。语义 Web 还需要在多个方面实现突破才能真正走入大范围实用的阶段。

3. 个性化搜索

互联网上的各种数字媒体信息正以几何级数的速度膨胀，给用户的信息检索带来了很大的困难。当用户在网上浏览信息时，经常需要查询当前网页中出现的感兴趣的内容，现有方式主要通过手动输入关键字，再从搜索结果中筛选出有价值的信息。这种方式存在以下几个问题。

- 从输入方式来看：这种用户体验并不友好。因为用户所搜索的关键词通常在当前浏览场景中已出现；所以友好的系统应该从中以最简单的操作得到输入，或者根据用户兴趣爱好预测或感知用户可能的输入。
- 从输出内容来看：没有把搜索的结果分类综合起来告诉用户；也没有从新闻、影视、音乐、图片、购物、书籍、百科、广告等多个维度用文字、图片、视频、音频等异质媒体展现给用户。
- 从输出机制来看：由于搜索引擎运行机制的限制，所采用的排序算法没有体现时间因素的影响，导致所给出的信息不能及时反映当前网络的流行和热点信息。
- 从用户角度来看：搜索引擎返回的结果千篇一律，这些结果没有针对用户自身的兴趣爱好来排序和筛选。

到目前为止，尚没有直接商用化的个性化搜索引擎，但是个性化服务相关的技术已经有了一些初步的成果。个性化服务主要是通过收集和分析用户信息来学习用户的兴趣和行为，从而实现主动推荐的目的。个性化服务技术能充分提高站点的服务质量和访问效率，从而吸引更多的访问者。目前存在着许多个性化服务系统，实现思路各异。根据其所采用的技术可以分为三种：基于规则的系统、基于内容过滤的系统和协作过滤系统。

（1）基于规则的系统

这类系统可以根据用户的静态特征和动态属性来制定规则，一个规则本质上是个 if-then 语句，规则决定了在不同的情况下如何提供不同的服务。基于规则的系统其优点是简单、直接，缺点是规则的质量很难保证，而且不能动态更新。此外，随着规则的数量增多，系统将变得越来越难以管理。基于规则的系统有 WebSphere，BroadVision，ILOG 等。

（2）基于内容过滤的系统

这类系统利用搜索的结果与用户兴趣的相似性来过滤信息。基于内容过滤的系统其优点是简单、有效，缺点是难以区分内容的品质和风格，而且不能为用户发现新的兴趣的相关信息,只能发现与用户已有兴趣相似的资源。基于内容的过滤系统包括 Syskill Webert, Personal WebWatcher, CiteSeer, Letizia, ifWeb, PVA, ELFI 和 WebPersonalizer 等。

(3) 协作过滤系统

这类系统利用用户之间的相似性来过滤信息。基于协作过滤系统的优点是可以为用户发现新的感兴趣的信息,缺点是存在两个很难解决的问题。一个是稀疏性,亦即在系统使用初期,由于系统资源还未获得足够多的评价,系统很难利用这些评价来发现相似的用户;另一个是可扩展性,亦即随着系统用户和资源的增多,系统的性能会越来越低。典型的协作过滤系统如 Lets Browse, GroupLens, SELECT, LikeMinds, SiteSeer 等。

除了这三种典型的个性化系统外,还有一些个性化服务系统综合利用了基于内容过滤和协作过滤这两种技术,如 WebSIFT, Dynamic Profiler 等。

目前,典型的个性化搜索基本流程如下:首先要根据用户访问的历史信息和用户的历史行为,建立相应的用户模型,这一步可以离线完成。用户模型建立完毕后,用户递交一个查询,根据已建好的用户模型进行查询更新,即根据特定的用户扩展或更新用户查询的内容,将修正后的查询内容递交给搜索引擎,如 Google, Yahoo, Baidu 等,根据搜索引擎返回的结果结合已建的用户模型,对搜索返回的结果重排序,再将搜索结果返回给用户,同时记下用户的浏览记录,存入历史信息中,以便后面进行用户模型的更新。

从处理的位置看,个性化搜索系统可分为服务器端系统和用户端系统,服务器端处理速度快,但是不太方便跟踪用户行为。而在客户端处理不仅能准确跟踪用户行为,而且不侵犯用户的隐私权,这点对某些用户十分重要,缺点是处理速度和用户的机器相关。现有的系统倾向于在客户端处理。

目前关于个性化的研究主要集中在以下几方面。

(1) 用户兴趣和行为描述

对个性化服务系统来说,要向用户提供个性化的搜索结果,需要了解用户以往的搜索和浏览结果,在此基础上才能向用户提供甚至推荐用户可能感兴趣的搜索结果,因此对用户的兴趣与行为进行有效的建模是一个好的个性化搜索系统非常重要的部分。用户建模部分从内容上可以划分为基于兴趣的和基于行为的两种类型。基于兴趣的用户描述文件可以表示为加权矢量模型、类型层次结构模型、加权语义网模型、书签和目录结构等。此外,用户的兴趣又可以分为长期兴趣和短期兴趣两种,如何有效地对这两种兴趣进行建模是正在研究的问题。基于行为的用户描述文件可以表示为用户浏览模式或访问模式。

在实际的系统中,往往综合利用基于兴趣和基于行为两种表达方式以实现对用户行为的有效建模。

(2) 重排序算法

重排序算法就是当常用的搜索引擎(如 Google,Yahoo)向用户提供了初步的搜索结果后,结合用户的兴趣模型对初步的搜索结果进行重新排序,使最后的显示结果能够与用户的兴趣相匹配。目前一些主流的机器学习和数据挖掘算法都在个性化服务的系统中有所应用。

(3) 用户反馈算法

用户反馈算法是用户对重排序后的结果做出一定的评价,这种评价不一定是用户显式地打分的形式,隐式的反馈往往更容易被用户接受(如系统自动检测用户是否点击某个结果,在某个页面上停留的时间等)。通过这种用户对结果提供的反馈,建立相应的反馈模型,以实现性能更好的个性化搜索结果。目前,有如下三种比较流行的反馈模型。①VSM 模型:这种模型直接从反馈文档中选择扩展词来改进查询,许多实验结果证明这样的做法对结果有很大的改进,缺点是缺乏最优化准则和更好的理论证明。②概率模型:这种反馈过程直接根据概率调整查询词的权重,在满足特定前提条件下,概率模型的排序是最优化的。其缺点是没有考虑词条在文档中的权重,抛弃了上一轮迭代中的权值。③语言模型:包括 Expansion-based Feedback 和 Model-based Feedback。Expansion-based Feedback 挑选在反馈文档中出现概率高,而在整个文档集合中出现概率较低的词作为扩展词来改进查询;Model-based Feedback 对 Query 以及 Document 分别使用 Language Model 建模,再利用 KL-divergence 计算这两个分布之间的距离从而计算文档的相似度。这种方法有很好的理论基础,而且不需要调整参数。

4. 搜索系统存在的主要问题

当前 HTML 格式的 Web 信息数据量巨大,而且这类信息还在不断增长,是当前 Web 信息的主要存在方式。针对这类数据,虽然人们在多个方面进行大量的工作,也取得了一些进展,但是目前的搜索系统仍然存在以下几个问题:

- 搜索引擎返回结果数量巨大,并且含有大量不相关的结果充斥其中。
- 搜索返回结果只是一些网页的链接(和一个内容摘要),用户需要进行浏览来进一步判断,并获取相关信息。
- 用户没有办法表达比较复杂的查询请求,复杂的查询请求需要用户自己通过浏览大量的网页才能获得比较完整的信息。

造成上述情况的本质原因主要有两点:①采用的基于关键字的描述方式造成了搜索系统与用户以及 Web 信息之间的两个语义鸿沟。关键字的布尔组合方式虽然简单,但是其表达语义的能力十分有限,不能表达比较复杂的查询请求,也就使得搜索系统无法准确捕捉用户的真实查询意图,这直接制约着返回结果质量的提高。②目前 Web 的信息驻留格式为 HTML，其主要是面向用户浏览，对信息的内容没有描述能力，而 Web 信息搜索的着眼点恰是内容本身，这就导致对内容的查询和搜索处于某种程度的盲目状态，也仅能通过传统的信息检索关键字技术（基于词的方式）来实现 Web 信息的搜索，而这实际上是制约 Web 信息搜索质量的主要原因。

基于上述原因，人们提出建立一种全新的 Web 架构试图从根本上改变上述现状，这就是所谓的语义 Web。语义 Web 强调赋予 Web 上的信息以更多的语义信息，建立可以采用机器自动处理的一套描述机制，相关技术包括 RDF、OIL、OWL 和 Ontology 等。由于语义 Web 上的信息具有丰富的语义内涵，所以理论上可以实现更加复杂的查询，也能够返回更加准确的结果，甚至实现一定的逻辑推理，完成一些在传统 Web(基于 HTML)上无法完成的智能任务。然而正如前面所述，目前语义 Web 正处于成长初期阶段，相关技术尚未完全成熟，相应的标准也没有完全建立起来，语义 Web 上的信息量还非常少。Web 信息的语义注释工作一直未能获得突破性进展，成为制约语义 Web 发展的一个瓶颈。

另外，缺乏权威的、全面的、通用的（或垂直领域）本体也是制约语义 Web 发展的重要因素，其他诸如技术上的以及非技术上因素（如社会、文化、隐私等）也制约着语义 Web 的发展。因此在可以预计的一段时间里，HTML 格式的信息仍然会长期占据主导地位，而对这类传统 Web 信息进行有效的搜索依然是一个挑战。

第2章 软件人和互联网信息处理

2.1 软件人及其运行环境

1. 软件人的基本概念

为了使分布式系统在复杂的信息网络环境下更加智能，使计算机间的交互更加自然，需要在智体、智能机器人、人工生命的研究基础上，构造适合于在信息网络中游弋的“虚拟人”实体，并使之具有人的特点和个性，从而能够将人类的协调、协商、协作机制更好地引入分布式软件系统中。这是一个具有挑战性的课题。国内外学者和工程技术人员进行了积极的研究和开发工作。

为了解决以上问题，涂序彦教授等提出了“软件人”(SM)的概念。“软件人”是运行在网络空间中并且能够在网络上自由移动的软件实体，充当某类拟人角色，自动完成某些指定的任务，并且采用“智能信息推拉技术”与其他实体进行智能交互和通信。软件人的研究以人工智能、人工生命和分布式系统为理论基础研究软件人的模型、算法，对软件人的结构、运行机制、交互通信和网上迁移等方面进行研究，同时结合了“智能机器人”、“智能网络”和“多智能体”等技术来设计和实现软件人系统。

软件人的概念模型从拟人属性、拟人功能、拟人行为和拟人结构四方面进行构建；同时，从系统角度出发，将软件人与其生存活动的网络环境因素结合，建立“软件人系统”(SMS)的概念模型；并且，软件人在网络时空中的活动轨迹也可以通过软件人系统的活动状态模型来进行描述。

软件人的构造原型由三部分组成：本体构造、行为构造和接口构造。

软件人的本体构造包括虚拟眼、虚拟耳等虚拟感知属体，虚拟手、虚拟脚等虚拟运动属体，以及虚拟脑和虚拟嘴等属体构成。虚拟眼负责对所在主机环境、程序进程、文件以及其他软件人的识别；虚拟脑负责记忆、推理、决策以及对其他各部分属体的控制；虚拟嘴和虚拟耳负责软件人之间、软件人和用户之间的通信；虚拟手负责独立或合作完成任务；虚拟脚负责软件人的迁移等。

软件人的行为构造是软件人自然行为的反映，表现出一种软件人的独立“人格”和个性，也是软件人心理、偏好和思维趋向的体现。软件人的行为分为自然行为、自发行为和自觉行为。自然行为包括成长、老死、夭折等。自发行为包括睡眠、闲逛、漫游等。自觉行为包括进化、繁殖、克隆、自保护等。

软件人的接口构造是指软件人与软件人、软件人与环境、软件人与人之间的接口的构造，使软件人在不同环境或任务下的信息交互成为可能。接口又分为数据接口、命令接口和行为接口等。

以上的构造原型是从概念角度抽象出来的概念模型，为了对软件人进行程序实现，将软件人系统的体系结构划分为5个层次，包括：核心层、行为层、功能层、数据接口层和交互层。核心层是软件人虚拟脑、虚拟眼等本体属性的集合；行为层包括软件人的自然行为、自发行为和自觉行为，以及对软件人群体环境进行管理的任务的集合；功能层是软件人完成特定任务的全部功能的集合，由系统开发人员根据应用领域设计并可以进一步扩充、更新和重组；交互层是软件人与其他软件人、环境和人(用户)进行交互的功能集合，软件人可以通过交互层形成并优化软件人的组织结构，或者形成软件人社区，实现软件人之间的有效协调机制；数据接口层完成软件人的数据存储，或者与其他软件人、环境或用户(人)交互时进行数据交换，数据接口层具有统一的结构模式和应用接口。

软件人通信机制的研究进一步提高了互动通信的智能化水平。通过模拟人类社会的行为，具有共性的软件人被划分为一组，组内采取P2P模型的全互联方式进行协调通信；组与组之间采用C/S模型进行集中式通信，从而建立了大规模信息网络中多级递阶结构的软件人通信模型。软件人的交互模型使用领域本体、内容语言和通信消息来描述相关领域的概念，表达消息的内容和说话者的观点，根据通信上下文来完成软件人间的交互。

软件人之间的信息获取手段可以采用拉取和推送两种，将两种方式结合还能够形成多种推拉模式。为了能够主动、及时地获取有针对性的信息，将人工智能、机器学习、知识推理与搜索、知识发现等技术引入信息推拉，形成智能信息推拉技术。这样的好处是，一方面可以在软件人的运行过程及动态网络信息流中发现用户的需求及变化规律，实现主动的、个性化的信息推送服务，另一方面则在用户或其他软件人提出数据请求的情况下能够快速、准确地从信息源拉取信息，提高信息获取的准确度，提高互动通信的智能水平。

在网络中进行自主的移动也是软件人的基本行为和本质属性。软件人可以采用工作流模式、主从模式和分体模式三种方式实现迁移：工作流模式根据软件人要完成的任务确定要迁移的目标节点序列，将任务划分为若干个子任务，软件人按顺序自动迁移到各个节点执行，所有子任务由软件人独立完成；主从模式把任务按功能划分为一个或多个子任务，主软件人管理和控制多个子任务软件人，通过软件人之间的协作来完成全部任务；分体模式的软件人虽然本身具备完成整个任务的能力，但是考虑到任务执行效率，对于某些需要通过频繁迁移来完成的子任务，可以生成并派遣若干个功能和状态与自己完全相同的克隆软件人到任务节点去，并行完成整个任务。

这样，在互动智能通信中，还可以通过软件人的迁移，将软件人间的网络通信以本地交互代替。这对于 Web 上的多媒体信息交互来说，大大降低了网络带宽的消耗，也减少了任务完成的时间。同时，软件人通过封装用户所需的服务，也能够针对具体用户形成个性化服务。

2. 与现实世界相融合的软件人运行环境

软件人的概念是综合集成了智能体、数字生命等研究成果的基础上形成的，软件人理论更强调其拟人特性、功能与行为，同时完全基于软件技术，是生存并活动于虚拟网络世界的软件工具或软件系统。但是，随着信息技术，尤其是物联网技术的发展，数字化的互联网和由物理世界组成的物联网开始融合，软件人的生存和活动环境正在发生改变。例如，以 RFID 为代表的射频技术，通过短距离通信和感应识别将物理世界和现实生活经过数字化反映到网络上。其中与普通人生活联系最为紧密的公交卡就是一种 RFID 系统：单个车载读卡机通过对公交卡的识别和信息交换完成对乘客上下车行为的感知，而整个公交 RFID 系统所组成的物联网则可以对乘客的一系列出行活动进行连续的识别和分析，相关信息经过数字化后就可以反映在互联网上，如北京市政交通一卡通可以通过其网站查询到一定时期内的出行记录。从这个例子可以看出，物联网正在逐步成为连接人和互联网之间的桥梁，通过物联网，人的行为与互联网正紧密结合在一起，而设计在互联网环境中的软件人也将与人产生更为紧密的结合，物联网就是它们结合的纽带。因此，在这种趋势下，软件人相关理论、模型和技术也必然会有新的发展。

比 RFID 更为多样的传感器及传感网络技术，使人们可以通过力、热、光、电、声等物理效应，以及生物、化学效应来感知现实环境和世界。小到电饭煲、洗衣机、冰箱等家用电器，大到环境监测、航天控制和遥感遥测等，传感技术都发挥了重要作用。但是，影响更为深远的是，当它们通过网络被连接在一起的时候，将产生革命性的变化。例如，泛在网络和普适计算的提出，将网络自然而深刻地融入到人们的日常生活和工作当中，通过网络实现人与物之间、物与物之间的交互、协同和自动控制，实现对整个环境和人类活动的智能感知，这样的好处是人们所在的物理世界将具有生命和智能，它不再被动地提供服务，而是能够主动感知人们的需求并提供个性化的服务。例如，智能家居系统可以通过感知室内光线强度来自动调节百叶窗或室内照明，或者对各类家电进行远程控制。但是，这些仅仅是泛在网络的一些初级应用，要想让物理世界具有拟人的智能，最为重要的是拟人思维的研究。

随着物联网、云计算概念的提出，特别是IBM公司推出智慧地球的理念之后，智慧城市在世界范围内掀起热潮，我国一些城市的“智慧城市”建设也逐年升温，这为建立全新的软件人运行环境提供了应用基础。智慧城市有两个主要特征：一是全面感知——通过遍布各处的传感器和智能设备组成物联网，对城市运行的核心系统进行测量、监控和分析；二是充分融合——物联网与互联网系统完全连接和融合，将各种数据整合为城市核心系统的运行全图，提供智慧化的信息基础设施。

智慧城市的信息化管理充分借助物联网、传感网，涉及智能楼宇、智能家居、路网监控、智能医院、城市生命线管理、食品药品管理、票证管理、家庭护理、个人健康与数字生活等诸多领域，更加的智能化、智慧化。而且，智慧城市的关键是要体现“人”的主导地位，通过信息化更好地把握城市系统的运动状态和规律，对城市中人与物理环境的关系进行调控，实现系统优化，使城市成为有利于人类生存与可持续发展的空间。这其中，物联网体现了城市与人的关系，而物联网与现有互联网的融合，则进一步实现了人类社会与物理系统、虚拟数字系统的整合，从而为城市提供更便捷、高效、灵活的公共管理创新服务模式。在这个由“人类社会——物理世界——数字世界”融合而成的大系统中，软件人作为一个拟人化的软件系统，它既有人的特征（包括社会化特征），又运行在数字世界中，同时借助于物联网还具备了对物理环境的感知和控制能力。因此，软件人能够更好地适应这一全新的系统环境，智慧城市的信息基础设施也将为软件人提供更为广阔的应用空间。

2.2 软件人和社会计算

随着博客、播客、微博和社交网站等社会网络应用的发展，充分释放了社会大众的智慧与潜能，互联网逐步呈现了显著的社会化特征。基于互联网的“虚拟社会”与真实社会之间的互动日益显著。通过互联网传播的信息包含了网民对当前社会各种现象以及诸多热点问题的立场和观点，互联网的社会化特征则极大影响着信息在人群中的传播速度和范围，这种信息的社会化传播反过来又对真实社会产生了一系列影响。因此，社会计算使热点事件的信息监测、引导与协作实现及时有效和精准可控的应急响应成为可能。

社会计算是设计、实施、评估和促进人与人之间交流、协调和合作的各种信息技术。同时，社会计算也将人文理论嵌入信息系统，反过来影响人类的社会活动。目前互联网社会计算的研究涉及社会网络和关联关系挖掘、主题发现与追踪、宏观态势分析与模拟等诸多领域的理论和技术。

通过互联网挖掘社会网络关系是社会计算的一个热点。很多社会网络关系的研究借助名词共现分析技术从 Web 数据中挖掘实体间的关系。此外，利用 Web 的链接结构和 Web 图模型来发现网络社区资源已经取得了一些成就，与此同时，也出现了各种以链接分析技术为基础的 Web 社区挖掘方法；基于最优线性组合的学习方法对多关联复杂社会网络中的隐藏信息进行挖掘；构建基于语义 Web 技术的社会网络抽取和分析系统，以及统一的社会网络语义模型 Ontotogies。目前的链接分析算法主要是从 HITS 算法和 PageRank 算法改进而来，但由于仅考虑了链接关系而没有考虑内容本身，故而会出现"主题漂移"现象。因此，将自然语言理解技术引入社会网络挖掘系统是提高挖掘质量的一个重要方法，为了提高挖掘结果的准确度，很多研究工作在各环节中引入必要的反馈机制，取得了较好的效果。数据对象之间的联系为对象的分类聚类也提供了独特的信息来源，这种方法被证明是行之有效的。对于关联数据对象之间关系数据稀疏的问题，可以通过潜在语义分析法在低维语义空间中表示数据对象来解决。这种降低维度的技术通过许多应用拓展了它的表现。

目前，社会计算已经从社区中人和人的关系扩展到主题和内容的分析、个人爱好的分析、组成结构分析等。例如，通过对群体关联性和兴趣分享的研究，实现个人行为的分析；基于最优线性组合的学习方法对多关联复杂社会网络中的隐藏信息进行挖掘；构建基于语义 Web 技术的社会网络抽取和分析系统，以及统一的社会网络语义模型 Ontotogies。

从以上可以看出，由于目前的社会网络挖掘技术主要是基于 Web 文档与链接结构的处理，缺乏对互联网数据中复杂信息模式的分析能力，对用户特征、意图和所处情境的判断存在严重不足。具体表现在数据挖掘过程中缺乏与之关联的情境约束，动态情境信息与静态信息缺乏有效的结合方法，尤其是对 SNS 数据的挖掘不涉及用户的背景知识、社会关系和时空情境等。

社会计算所需要解决的问题和研究对象所处的情境越来越复杂，越来越多样化，现有的研究方法已经不足以解决这些复杂系统中的问题。软件人为解决这些社会计算问题提供了一种可行的思路——利用软件人的拟人特性，使其学习、模仿、参与人类的社会化活动，进而建立软件人社会系统，从而可以利用这一人工社会系统来研究真实的人类社会系统。

2.3　软件人和智能信息检索

1. 分布式计算与智能信息检索

在当今信息爆炸的时代，Internet 已经成为一个开放型的巨大的信息资源库，人们可以通过它获得海量的信息。但由于信息检索工具本身的不完善性，而使得人们在大多数情况下并不能很轻松地找到完全符合自己需求的信息。因此信息检索工具的改进与完善，成为当前迫切需要解决的问题。

由 ACM 组织的国际会议 SIGIR 以当前信息检索领域中的最新研究进展作为其关注焦点，截至 2009 年该会议已经是第 32 届。纵观近年的研究进展不难发现，目前大多数信息检索工具存在的问题主要集中于以下两点：

- 信息查准率低。大多数检索工具都是基于关键词匹配进行检索的，而关键词有时并不能很好地表达用户的检索需求。因此在很多情况下，就会出现在由检索工具检索出的大量结果中，只有极少数能满足用户需求的现象。
- 缺乏个性化服务。在一般情况下，用户与检索工具之间的交互都过于简单，并不涉及用户的背景知识和兴趣特征，检索工具也就缺少对结果进行过滤与排序等处理的依据。因此不同用户使用相同检索词，所得到的检索结果是相同的。

为解决以上问题，人工智能技术开始逐步介入到信息检索中。针对查准率低的问题，检索方式从最早的关键词检索已经过渡到自然语言检索，通过完整的自然语言语句来准确表达用户的检索需求。在这种情况下，自然语言的处理程度将直接影响到信息检索的准确度。为此，如何进行既高效又可靠的自然语言处理值得进一步深入研究。由于自然语言处理技术的进一步改进存在较大难度，因此近两年部分研究开始关注于用户交互技术的引入，从而针对用户特征进行自然语言处理，提高检索查准率。针对缺乏个性化服务的问题，在信息检索中引入数据挖掘相关技术，通过对用户输入信息以及用户操作记录等数据进行挖掘分析，归纳总结用户的兴趣爱好，并借助一定规则来产生用户个性模型，通过个性模型可以很好地优化检索结果。简单的说就是，通过分析用户行为找出合理的检索方案。其中，如何为每个用户创建个性模型，并且根据用户情境跟踪其兴趣变化，同时与信息检索有效结合起来也是一个值得深入探讨与研究的问题。

目前绝大多数检索引擎是基于传统的分布式计算模型进行设计与开发的，检索技术的研究也都是基于传统的 C/S(客户端/服务器)架构。在这些传统模型中，网络被动地传输数据，网络节点具有非常有限的计算能力，并且数据不断在客户端与服务器之间传递需要占用极大的网络带宽；在将自然语言处理与个性化服务引入到信息检索的研究中，不难发现这些技术的实现需要服务的定制化。同时为了达到功能模块独立，服务增添方便，需要将这些技术的实现组装为单独的构件来搭建系统。如果在传统的 C/S 架构上设计，这势必造成服务器端增添的构件过多而变得十分臃肿，并且构件必须是在使用前组装，需要较早决定其在分布式架构中的位置，由此大大影响了构件的独立性。

为此需要一种新的计算模型来取代传统模型才能更好地适应当前的应用需

求。随着 Agent 技术的兴起，尤其是移动 Agent 技术被作为弥补传统 C/S 架构缺陷的有效手段。

Agent 是人工智能领域里发展起来的一种分布式计算模型，利用它可以代替用户进行工作，如信息查询、信息管理等。在工作中，它能根据用户的意图自主制定并执行工作计划。通过使用它可以自动获得与用户兴趣相关的信息资源，并可以根据用户信息构建用户模型，通过这些模型对知识进行搜集和过滤，自动将用户感兴趣的且对用户有用的信息提交给用户。

移动 Agent 是 Agent 技术中的一种，它是一种能在异构网络中移动，自主决定其行为的程序。一般来说，它被视为存在于软件环境中的软件实体，并不局限于程序开始运行的系统，可以自主地在多个节点间迁移，访问节点的资源，继续执行，以达到自动完成用户任务的目的。移动代理具有一般代理所具有的共同特性，如自治性、主动性、反映性、合作性等，同时它还具有可移动性、状态持续性、异步计算性等自身特性。

移动 Agent 技术与传统分布式计算模型相比具有巨大优势，主要表现为以下几点。

- 移动 Agent 能较大程度地减轻网络上的数据流量。移动 Agent 技术是通过将服务请求代理移动到目标机上，使得计算单元在靠近数据源的地方进行处理，从而减少主机间的交互，避免大量数据在网络上的传输，降低了网络传输量，减轻网络的负荷。
- 移动 Agent 能够优化网络结构，实现分散对等的协同计算。移动 Agent 在各节点间迁移，访问节点资源并进行计算，从而能更好地达到各节点间的负载均衡，实现分散对等的协同计算，避免了在传统的 C/S 架构下出现的服务器端臃肿的情形。
- 移动 Agent 实现了异步自主的运行方式。将移动 Agent 通过网络派遣出去之后，就可以断开源主机与目标机之间的连接，可进行异步自主的操作。在适当的时候再进行连接并从目标机接收计算结果。
- 移动 Agent 有利于并行处理。在进行任务处理时，可动态创建多个移动 Agent 并行工作，以达到提高效率、降低响应时间的目的。
- 移动 Agent 具有一定的应变能力。移动 Agent 能够根据环境的变化和事件的发生做出相应的响应和迁移，并且具有智能路由的功能，它可以根据服务器和网络的负载决定移动目标。
- 移动 Agent 具有平台无关性。移动 Agent 程序是跨平台运行的，不存在程序的移植问题，便于快速开发。

随着移动 Agent 技术的产生与发展，其自身具有的自主性、学习性、可移动性等特点使得该技术有了广泛的应用。目前国内外学者对移动 Agent 技术都进行着深入的研究,并且将该项技术应用到众多领域,利用它自身特点来提供可靠且有效的服务。

国外许多组织顺应趋势开始研究并开发移动 Agent 中间件平台,这些平台实现了移动 Agent 技术的核心,使应用更加简单化。具有代表性的移动 Agent 中间件平台有:IBM 的 Aglets,Mitsubishi 的 Concordia,ObjectSpace 的 Voyager。Marios Dikaiakos 等人对这三种平台还进行了深入研究,并对它们的性能进行测评,测评结果对于这些平台的选择与使用提供了一定的参考价值。有了具有良好性能的移动 Agent 中间件平台,将移动 Agent 技术应用到具体的分布式应用系统中的复杂程度大大降低。从国外的研究中可以看出,移动 Agent 技术在 Web 数据库,信息搜集系统,电子商务等分布式计算应用系统中都得到了很好的应用。

在国内,移动 Agent 技术也得到了广泛的研究与发展。移动 Agent 技术与 Web 数据库的结合。鉴于移动 Agent 具有自主的智能化求解问题的特性,它可以更加准确地描述用户查询需求,能更好地帮助用户进行有效的 Web 数据信息挖掘。由于传统的分布式数据库技术不能有效地支持移动环境中的数据应用,移动 Agent 技术被引入到移动计算环境中,从而实现了基于移动的移动数据库系统结构,建立了主动数据库的系统模型。移动 Agent 可应用到多媒体信息服务系统,它可以主动为用户查找最新的信息,达到资源发现的目的,还可以主动提供信息导航帮助,尤其是实现个性化导航。除了以上几个方面,移动 Agent 技术还被应用到其他众多领域当中,如分布式无线传感器网络的管理、Web 服务的容错、网格资源的发现与监控、GIS 系统的扩展等。

纵观国内外研究成果,不难发现,移动 Agent 技术的引入能为分布式应用系统的设计带来极大的方便,尤其是移动 Agent 可以很好地解决应用中的个性化问题,这就加大了将移动 Agent 应用到智能检索中的可行性,基于 Agent 技术的 Web 智能检索开始成为研究热点。各种基于 Agent 的智能检索应用系统开始出现,如 Syskill&Webert,WebWatcher 等。在国内,不少学者也对 Agent 技术在智能检索中的应用进行了深入研究,其中大部分研究都集中在多 Agent 架构。在这种架构中,检索行为的各组成部分均由独立的 Agent 负责,多 Agent 间进行协作以完成整个检索任务。

另外,面向多媒体数据的信息检索是近年来的研究热点。在多媒体数据检索中,如何填补底层特征与检索意图之间的语义鸿沟,是最为关键的问题。一般情况下需要用户介入,通过用户反馈来提高检索精度。基于 Agent 的智能检索可以很好地解决这一问题。通过移动 Agent 可以提供更多的个性化信息来解决语义鸿沟的问题。

这些研究为检索技术的发展指出了新的方向，不过其中也存在着不少需要进一步解决的问题。

目前 Agent 技术在智能检索中的应用，局限在多 Agent 架构模式下，而忽略了将 Agent 作为拟人主体使用，无法使其充分体现拟人行为和社会性特征。在多 Agent 架构下，首先将检索任务模块化，通过独立的个体 Agent 来完成相应功能，Agent 间的协同也是以任务分工为基础的。这种模式的缺点在于缺乏拟人行为和社会性特征。物联网与互联网的结合使得信息检索系统不但需要考虑用户的个人兴趣，还需要感知用户所处的环境和情境，需要考虑用户间的社会关系和社会活动。例如，一名游客在旅游过程中查询"北京小吃"，则检索系统不应是简单地提供有关北京小吃的介绍，而是应该根据游客所处位置、消费特征、饮食偏好等推荐最近、最方便且好评度较高的小吃店及小吃品种，并且根据游客的出行特征提供自驾或公交线路等综合检索结果。更进一步，如果游客的好友曾经光顾过这里，系统还应该能够利用社会网络帮助游客从好友处获得更为详细和可靠的信息。在这种情况下，软件人比 Agent 更适合建立拟人化和社会化的检索系统。软件人最大的特性在于它具有拟人结构、拟人行为、拟人情感和拟人的社会化协作，这使得我们可以为不同年龄、性别、职业特征的用户建立不同的软件人，作为他们在网络世界的代理。这些软件人可以通过物联网获得与用户相同的外部环境数据，从而产生与用户需求相一致的行为并为之获得相关信息。因此，基于软件人的智能检索模式将是进一步提高检索系统智慧化程度的有效途径。

智能检索中的一项关键性技术就是对自然语言和视听觉信息的理解。用户一般是通过自然语言来描述其检索条件，该处理结果的正确与否将直接关系到检索结果的准确度。不同的人具有不同的语言模式，不同受教育程度、不同职业、不同年龄段的人表达同样的内容选择的词句都是有区别的，如何使软件人能够掌握不同人的语言模式，对于理解他们的查询语义是十分重要的。同时，物联网与互联网的结合使用户可以直接利用物联网获取视听觉信息并将其作为检索条件。例如，游客利用手机进行拍照获得"天安门"的场景图像，则以此作为检索条件就可以获得天安门及其周边的各种信息，这就需要利用软件人的视觉理解能力来建立检索系统。

2. 基于软件人的智能检索

(1) 基于软件人的智能检索框架

在早期应用中，信息检索主要是根据需求对本机数据库中的数据进行检索。随着网络的出现及其技术的高速发展，信息检索开始被应用到分布式应用系统中，接着又发展到构建搜索引擎，直接对互联网上的信息进行检索。为了满足用户较高的检索需求，达到更好的用户体验，人工智能技术开始被应用到信息检索中，产生了智能信息检索。当前智能信息检索的主要流程一般可以分为三个阶段。

第一阶段,用户检索需求预处理。在该阶段用户通过与检索系统之间交互的接口输入其检索需求,检索需求一般以自然语言形式来表示,预处理的任务主要是进行自然语言处理,分析用户实际检索目标,并将其转换为检索工具可以接受的格式。

第二阶段,信息检索过程。该阶段检索工具会依据预处理后的检索需求,在信息库中查询满足条件的信息。

第三阶段,检索结果处理。该阶段针对查询出来的结果进行过滤、排序等处理。为了达到个性化的目的,该阶段的处理需要根据用户的兴趣来过滤掉不适合的检索结果,并且根据结果内容与用户兴趣的相似程度高低对结果进行排序,之后将最终结果显示给用户。

软件人技术可以应用到智能检索中。针对检索流程的每一阶段,划分功能相对独立的模块,再将各模块包装成软件人,形成多软件人框架。在多软件人框架中,各个软件人分工协作完成信息检索任务。其中,用户交互软件人对用户特征进行拟人化,使之具有与用户相一致的语言、情感、行为和社会特征,感知用户环境,理解用户的真实需求,从而与其他软件人共同实现检索的智能化与个性化。但是在这种框架中,由于软件人实体众多,势必需要一个统一协调各软件人进行协作的控制调度机制。

基于软件人的智能检索框架主要由用户交互、自然语言处理、信息检索、用户兴趣挖掘、个性化处理等5个软件人模块构成。用户交互软件人主要负责将人机接口中采集到的个人信息传输到用户信息数据库,对其进行相应处理并保存;自然语言处理软件人主要负责将接收到的检索文本进行处理,理解用户的检索意图,若检索文本为关键词实体,则可以直接将其传给信息检索软件人进行检索处理,否则自然语言处理软件人会分别迁移到词库、知识库等不同主机上进行工作,从而得到最终处理结果;信息检索软件人的主要工作是根据处理后的检索需求进行信息检索,并将检索结果传输给个性化处理软件人;用户兴趣挖掘软件人主要负责对用户信息数据库中的数据进行挖掘,通过挖掘来得到用户兴趣模型,从而为检索结果过滤排序提供依据;个性化处理软件人主要负责用挖掘出的兴趣模型对检索结果进行过滤及排序处理,在处理中排除明显不符合需求的结果,并根据检索结果与模型的匹配程度对结果进行排序,从而方便用户得到想要的结果。

(2) 基于软件人的自然语言处理

计算机对自然语言的处理是较为复杂的过程,如何使计算机能像人一样正确理解自然语言,一直是人工智能领域的研究热点。在国内,中文自然语言处理被越来越多的研究机构所重视,不过其研究尚处于不太成熟阶段,还有很多地方需要进一步研究完善。从基于软件人的信息检索框架来看，自然语言处理是其中较为重要的组成部分。如何利用软件人的优势来解决当前自然语言处理中存在的问题，基于软件人构建更加有效的自然语言处理模型将是一个重要问题。

在当前智能信息检索中，自然语言处理是必不可少的关键性技术，其处理好坏将直接影响到检索结果的正确性。例如，在大多数网络搜索引擎中，用户不难发现直接输入单个词组查找出的信息会比直接输入整句话查找出的信息更加准确。这是因为在输入整句话时，计算机对其进行分词处理，提取关键词。这一过程可能会出现一定偏差，由此导致检索条件产生误差，检索结果不正确。纵观整个自然语言处理过程，它不仅仅只是指词组的划分，还包括了语义的理解、句法的分析等。在处理中，经常会出现一句话对应多种处理结果的情况，这时很难分辨出用户实际想表达的意思，需要根据语境及用户特点确定出一个最有可能的正确结果。除此之外，从现在的研究来看，一般是将自然语言处理过程划分为多个模块，每个模块实现自身功能，再按照统一流程，将数据依次交由各模块处理，最终得到处理结果。这种做法势必会造成最终结果准确率不高，因为一旦其中某一模块处理错误，后续模块将会在错误结果上继续进行。而且整个自然语言处理过程不一定可以割裂开来，因此将其简单地划分为多功能模块并不是一种很好的选择。

鉴于以上问题，软件人在接收到需要处理的语句之后，可以移动到词库所在的计算机节点上进行分词处理，如果分词结果不唯一，再衍生出多个软件人，分别移动到语义库所在的多个节点上并行地进行语义处理。最后，多个软件人会带着处理结果，移动到用户语言特征和兴趣库所在的节点上，再根据用户语言特征和兴趣选取一个最为合适的结果。如果中间某一环节出错，软件人还可以移动到之前的节点重新处理。另外也可以根据实际需求，在软件人接收到需要处理的语句后，移动到语义库所在的节点上进行句法分析，确定句子的结构后，再移动到词库所在的计算节点提取关键词，这种设计方法对于提高自然语言处理的准确性具有较大帮助。

(3) 软件人在个性化检索中的应用

个性化检索是通过分析用户的行为习惯及自身兴趣，来查找满足用户条件的信息。目前研究一般是构建用户兴趣模型，根据兴趣模型对检索结果进行过滤、排序处理，最终找出最符合用户兴趣的检索结果。由此可见，实现个性化检索最关键的问题在于如何构建用户兴趣模型。为此，可以考虑基于数据挖掘技术构建知识发现模型，从而找出用户兴趣。

目前知识发现是依靠对大量信息进行挖掘而实现的。为了挖掘出用户的兴趣，需要对用户的查询内容进行实时记录，一般做法是在系统构架中新增一个信息记录模块，该模块负责将用户的查询内容存储到相应数据库中。当需要获取用户兴趣时，再启动数据挖掘工具，以此分析用户所有的查询内容从而找出用户的兴趣。在这种系统构架中，信息的记录与数据的挖掘都是被动进行的，在用户每次进行检索时，都需要对这些功能模块进行调用，这样会在一定程度上降低检索系统的性能。

为进一步提高检索系统的性能，可以将软件人应用到知识发现过程中，软件人在处理完用户的检索内容后，移动到检索内容库所在的计算节点，主动将用户的检索内容存入数据库中，从而不需要专门的信息记录模块。如果系统需要更多的用户信息，可以添加负责用户信息采集的软件人，该软件人从用户接口采集信息，之后移动到用户信息库所在的计算节点上，进行信息存储操作。对于用户兴趣模型的提取，由于软件人具有并行性，在生成负责检索的软件人的时候，可以同时生成负责提取用户兴趣的软件人，该软件人包含了相应的数据挖掘算法，之后它会移动到存放用户检索内容的计算节点上进行数据挖掘，得到用户兴趣模型。整个数据挖掘过程是由软件人主动进行的，并且挖掘过程与信息检索同时进行，最后再根据挖掘出的用户兴趣模型来对检索结果进行过滤处理。因此这种基于多软件人的架构具有更高的性能。

第3章　互联网环境下的软件人及其语言模型

互联网社会网络的发展将促进互联网从信息的网络向人的网络进行演化，软件人将成为人参与互联网社会网络活动的虚拟实体，个人的数据空间将映射到软件人的虚拟脑中。在这种新的网络环境下，对于互联网信息的主题分析则依赖于每个软件人在不同情境下，对于不同主题内容所具有的不同的主题模式，即其个性化和情境化的语言模型。本章首先对基于软件人的互联网社会网络结构和信息监测系统运行模式进行了分析，然后针对软件人在不同情境和不同主题下的主题分析问题，给出了情境分析的形式化定义并建立了情境主题模型。

3.1　基于软件人的社会网络及信息监测

3.1.1　基于软件人的互联网社会网络

(1) 互联网向社会化网络的演化

"社会化网络"是"社会化网络服务"的简称，专指旨在帮助人们建立社会化网络的互联网应用服务，也常常以此来指代人与人之间的关系网络——社会化网络。互联网社会网络的出现反映出了互联网的发展方向——从实现对信息的组织到实现对人的组织，即在互联网上形成数字化的人工社会网络，它与现实中的人类社会网络相互关联、相互映射，某种程度上是人类社会在互联网上的组成部分。

通信和交通工具的发展打破了地理的局限，使世界的范围缩小，不仅方便了人与人之间关系的保持，也增加了个人所能保持的人际关系，大大发挥出人际关系网络的价值。互联网本身就是一种网络，它使人际关系网络在这里如鱼得水，将人通过网络更紧密地联系在一起。人们在互联网上的体验越来越能够再现在现实世界中的真实经历。而且，越来越多真实的人通过 SNS 虚拟网络世界维护已有的人际关系网和建立新的人际关系网，以及与真实世界之间进行互动。

从早期的自上而下的"人—信息"的 Web 1.0 时代，到自下而上的用户创造信息的"人—信息—人"的 Web 2.0 时代，再到现在"人即信息，信息即人"的时代，互联网体现出了更高的价值和意义。SNS 减少了人们对虚拟网络世界对现实冲击的担心，未来互联网将完全围绕人来提供不同服务，互联网也将变得越来越真实。

在互联网社会化的趋势之下，互联网提供了大量机会方便人们构筑一个多样化的人际关系体系，通过互联网认识的人将远远多于在现实中相识的人。人在网络世界中从一个虚拟的 ID，到如今越来越真实的身份，使网络开始融入现实中的社会关系，也促使信息加速向人流动。如果说以前的互联网更像是图书馆——信息的海洋，那么现在的互联网更像是一座大城市——人的海洋，真实社会与网络社会已经处于平行运行、互相影响的状态。

(2) 互联网社会网络的结构

从信息的网络到人的网络的发展过程中，互联网社会网络的结构将经历三个阶段。

第一阶段是通过 Web 2.0 应用形成的社会网络，它可以看作是人脑中的信息通过各种 Web 2.0 应用反映在互联网上，并且通过人与人之间的互动实现这些信息的组织、传播和处理，因此可以说现在的互联网社会网络是由人、个人数据终端、互联网主机、网络线路以及在其中存储和交换的个人数据组成的网络，如图 3-1 所示。但是，目前的社会网络服务还需要用户(人)通过不同的应用将个人数据发布到不同的数据空间，融入不同的社团，它们之间缺乏有效的联系，因此不能完整反映用户的特征，并且对用户参与社团活动带来障碍。目前，已经有一些应用开始整合用户的个人空间，但还仅限于数据在不同空间中的同步，缺乏更为智能化、拟人化的手段实现网络互动。

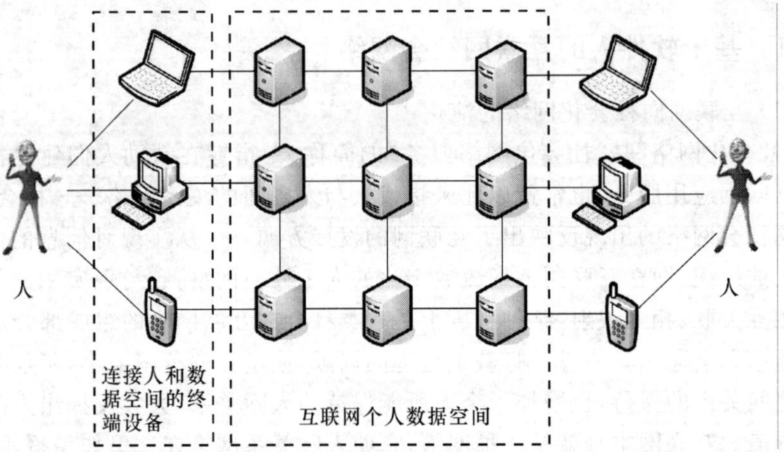

图 3-1　互联网第一阶段社会网络结构

在第二阶段中，为了向用户提供更为智能化、拟人化和更为透明的社会网络服务，需要一种能够代表用户在互联网上参与网络活动的虚拟实体，根据不同的情境和主题来选择不同的个人数据空间及所在社团，发布或获取信息，同时参与社团活动，实现与其他用户的互动智能通信。因为具有拟人化的属性、行为和结构，所以软件人非常适合学习用户特征并作为用户的代理，同时软件人的社会化特性也使它们可以模拟人类社会进行信息交流和搜索。因此，本书认为互联网演化的第二阶段将是信息网络、Web 2.0 与软件人相互关联和融合的混合网络阶段。博客、微博等社会网络应用和电子邮件、即时通信等网络通信手段通过软件人进一步融合，与现实中的人进行信息同步，同时软件人之间也根据不同的情境和主题，利用不同的应用来实现互动智能通信，如图 3-2 所示。

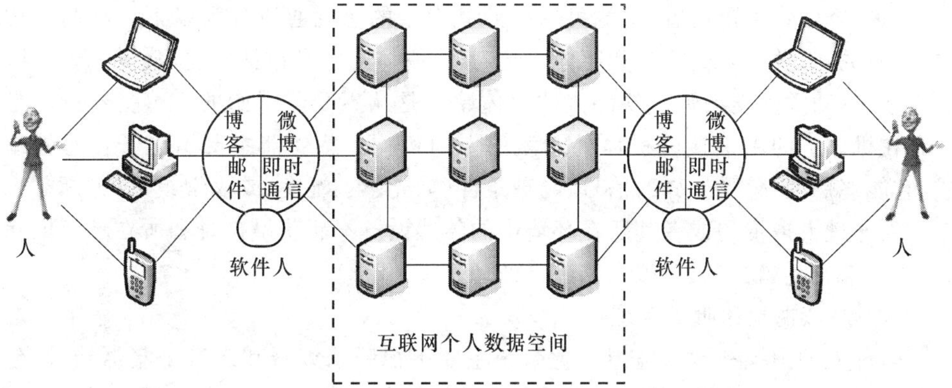

图 3-2　互联网第二阶段社会网络结构

在第三发展阶段中，随着软件人技术的发展，视频采集系统将形成互联网软件人的虚拟视觉，音频采集系统形成虚拟听觉，各种传感系统形成虚拟感觉，信息存储、处理技术和各种网络应用形成虚拟大脑和记忆系统。人的感官信息和记忆数据将能够与软件人实现快速同步，人和人脑中的数据借助软件人将成为互联网的一部分，人的社会化活动也将通过软件人反映在互联网上，最终由软件人形成一个人类在互联网虚拟世界中的社会网络，同时现实中的人类社会网络将通过软件人与互联网社会网络相联系，如图 3-3 所示。

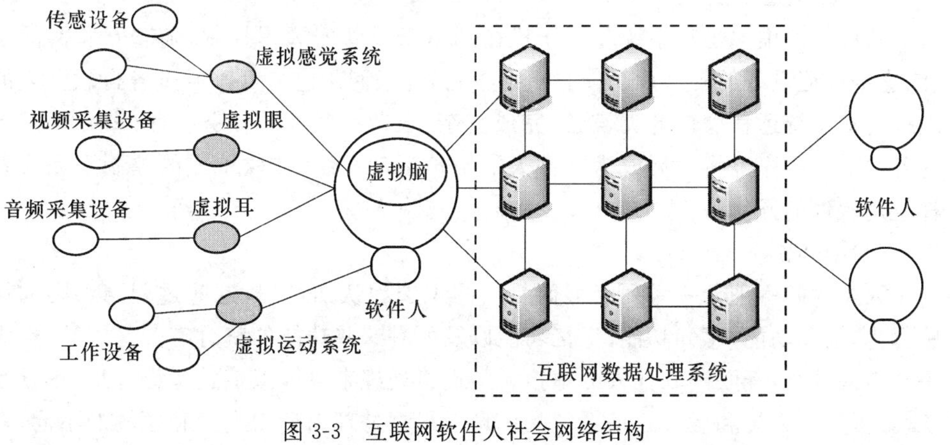

图 3-3　互联网软件人社会网络结构

3.1.2 互联网社会网络软件人的结构

1. 软件人的结构

互联网软件人的结构由虚拟运动神经系统、虚拟视觉神经系统、虚拟躯体感觉神经系统、虚拟听觉神经系统、虚拟记忆系统 5 个部分组成。

(1) 虚拟感觉系统

从神经生物学角度看,感觉可以按照其发生的感觉通道分为以下 5 种基本种类,即视觉、听觉、嗅觉、味觉和躯体感觉,其中躯体感觉又包括触觉、痛觉、温度觉、体位觉、运动觉和震动觉。软件人的躯体感觉是从感受器开始的。感受器指的是分布在机体上的用来接收机体外刺激的专门机构。感受器主要由电子传感器组成,它能够探测、感受外界的信号、物理条件(如光、热、湿度)或化学组成(如烟雾)。软件人通过人携带的或者其所在环境中的传感设备不断获得自身和所在环境的状态、位置信息,供软件人虚拟大脑进行处理。

(2) 虚拟视觉和听觉系统

软件人的虚拟视觉和虚拟听觉系统主要由视频采集器和声音采集器构成,包括摄像机、监视器、数码相机、手机等,它们将收集到的视频信号、音频信号通过互联网传输给软件人。这些设备所具有的图像、视频和音频信息采集能力也将共同发展为软件人虚拟视觉和虚拟听觉系统,收集来自人所在环境及目标对象的各种视觉信息。同时,随着个人无线移动设备的快速发展,互联网上的图像、视频搜索系统也成为互联网软件人视听觉系统的一部分,所有这些视觉信息也都会传送给软件人的虚拟大脑进行处理。除用于即时通信、视频会议、远程医疗及实时监控等方面外,互联网虚拟视觉和听觉神经系统还可以应用于旅游、娱乐、学习和科研等领域。

(3) 虚拟运动系统

软件人的虚拟运动系统起源于机械和电子设备的远程控制,随着互联网的发展,这些远程设备的类型及功能将更加丰富,互联网用户将可以通过各自软件人的虚拟运动系统远程操控各类设备,完成复杂、艰苦和危险的任务。此外,互联网上的各类应用程序也将发展成为软件人的虚拟运动系统,在软件人的控制下完成各种应用软件的操作。

(4) 虚拟脑

人类大脑管理着一系列庞大而复杂的识别和认知过程,这些过程与人类的情感行为、运动功能、感知功能、记忆功能以及所有这些功能的整合有关。因此,作为一个拟人系统,互联网软件人的虚拟大脑也将处理来自虚拟感觉系统、虚拟视觉系统、虚拟听觉系统和虚拟运动系统的信息。根据处理信息的类型和领域的不同,软件人的虚拟大脑可以进一步划分为不同的功能部分，如说话、阅读、躯体感觉联络、视觉联络、听觉联络等。

有研究表明，人类记忆的形成是通过海马重复输入信息到大脑皮层，经过一段时间后在大脑皮层形成相当可靠的记忆编码，此后则无须来自海马输入的进一步强化，大脑皮层也能保持稳定的记忆编码。因此，根据人类记忆的形成过程，互联网软件人的虚拟视听觉和躯体感觉系统收集的数据也将首先存放在互联网数据中心的个人数据空间进行筛选和整理，数据中心将担当软件人虚拟大脑的海马区功能。软件人再从数据中心获得需要的信息，并转移到自己的各个功能区和记忆区当中，从而实现记忆信息从软件人虚拟海马区向虚拟大脑皮层的扩散和转移。

2. 软件人的虚拟脑和知识管理

本节将着重对互联网社会网络的第二阶段——软件人虚拟脑的结构进行研究。互联网社会网络第二阶段的目标是实现对人，以及其掌握的信息的组织。为了将人脑中的信息反映到互联网上，这一阶段的解决办法是通过各种 Web 2.0 应用实现人脑信息到互联网的映射，确切地说是以软件人虚拟脑作为个人信息的缓冲区，将人脑的功能映射到互联网中。

现阶段，由于存在大量相互独立的互联网网站，用户不得不登录不同的网站接受服务。例如，我们希望开设博客向更多的人展示自己的思想，就需要在多个博客网站进行注册，由于不同网站的信息相互割断，我们更新博客内容的过程就会变得非常复杂和繁琐。这种现象降低了信息沟通的效率，增加了用户的精力和时间消耗，同时这种现象也会阻碍新商业模式的出现，如信用体系的建立、互联网用户虚拟社交圈子的建立等。通过软件人虚拟脑实现与互联网功能的映射将有助于这些问题的解决。

知识管理将知识划分为显性知识和隐性知识，在此基础上进行扩充，本书将人的知识划分为如下四类：

- 开放知识，可以免费、公开发布给任何(软件)人的知识；
- 可交换知识，只能在满足某种条件的前提下发布给特定的(软件)人的知识；
- 私有知识，只有个人或特定熟人之间掌握的隐私信息；
- 情境知识，人或事物所处情境的信息，包括时空信息、环境信息、社会关系等。

因此，互联网软件人虚拟大脑的记忆系统可按照对不同知识的管理划分为开放知识区、交换知识区、私有知识区和情境知识区 4 个部分。

这 4 个记忆区可以分别映射到用户不同类型的个人数据空间中。例如，开放知识区可以映射到博客和微博，交换知识区可以映射到互动问答，私有知识区可以映射到电子信箱。对于情境知识区,则可以映射到各种情境相关的应用,如映射到导航系统获得时空信息、即时通信系统获得好友等社会关系信息。因此,互联网软件人的虚拟脑可以通过互联网映射的方式进行构造,如图 3-4 所示,软件人认知模型的构造建立在对这 4 个记忆区知识的学习上,根据软件人所处的不同情境建立不同的认知模型。

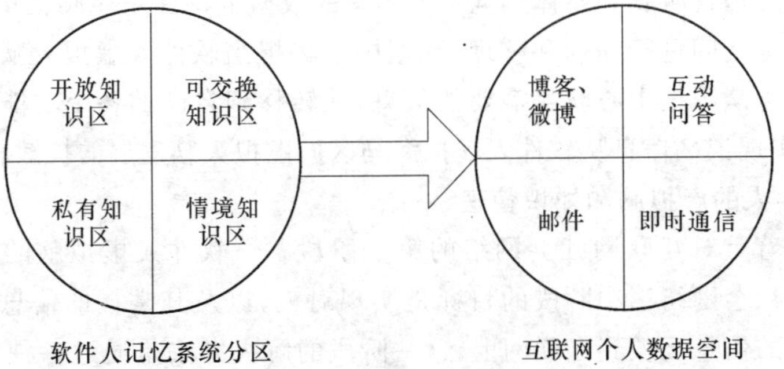

图 3-4　软件人记忆系统与互联网个人数据空间的对应关系

从虚拟大脑的角度看,软件人中枢神经系统的硬件基础是互联网的核心服务器以及联结它们的路由器和交换机,在这些硬件设备上统一运行的虚拟感觉、听觉、视觉、运动、数据映射和数据处理等互联网应用程序将构成软件人虚拟脑系统的软件基础,包含文字、音频、视频等信息的数据海洋将组成软件人虚拟脑的信息基础。

从 2007 年开始,互联网的核心服务器和应用开始出现集中化的趋势。云计算就代表了这种趋势,它将分散在个人计算机上的应用集中在若干个大型服务器中,互联网用户通过终端使用大型服务器提供的互联网服务,如在线办公软件、在线游戏软件、在线杀毒软件、在线财务软件等。从云计算的这些特点看,初步具备了建立互联网软件人虚拟脑中枢神经系统的基础。

3.1.3　软件人社会网络信息监测系统的运行及管理模式

互联网软件人构成的社会网络和现实中的社会网络是平行运行的模式,这两套系统通过相互的感知和行为,以及对外部环境的共同影响,使它们构成了一个更为复杂的大系统。现实社会与互联网软件人社会的形成有何关系,软件人社会对现实社会又会有何种反馈和影响,如何通过对软件人社会的有序管理来协调现实社会中的人际关系是一个复杂的大系统控制问题。

互联网软件人通过各种虚拟感知系统获得对外界环境(物理环境和虚拟环境)的感知,达到与人的感知同步;同时通过对人的认知和决策行为的学习,实现人脑知识到软件人虚拟脑的映射,完成与人和其他软件人的交互,并且通过虚拟运动系统来影响外界环境，最终对人的认知和行为也产生影响。可见，如果对软件人构成的社会网络施以一定的控制和约束，则可以通过一定的社会规则使软件人的社会网络行为变得有序，进而反馈到现实社会中。同时，现实社会网络的变化也可以在软件人社会网络中有所反映。这样，就可以通过计算实验的方法实现对两种社会网络的平行控制，如图 3-5 所示。

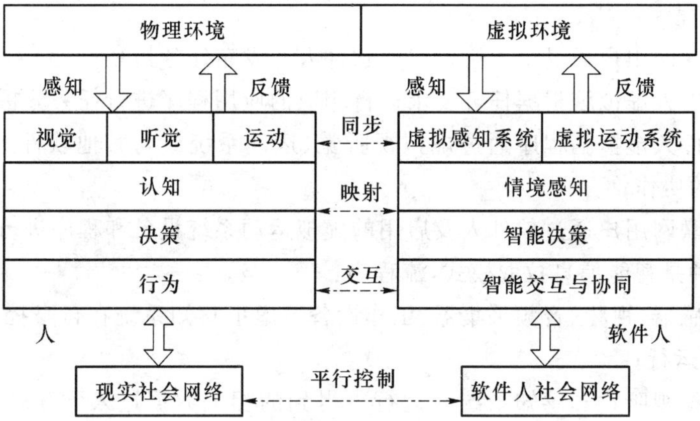

图 3-5　软件人社会网络的平行运行模式

在对特定领域的信息监测方面，本书提出一种基于软件人社会网络的领域信息监测系统及平行协调管理模式，如图 3-6 所示。

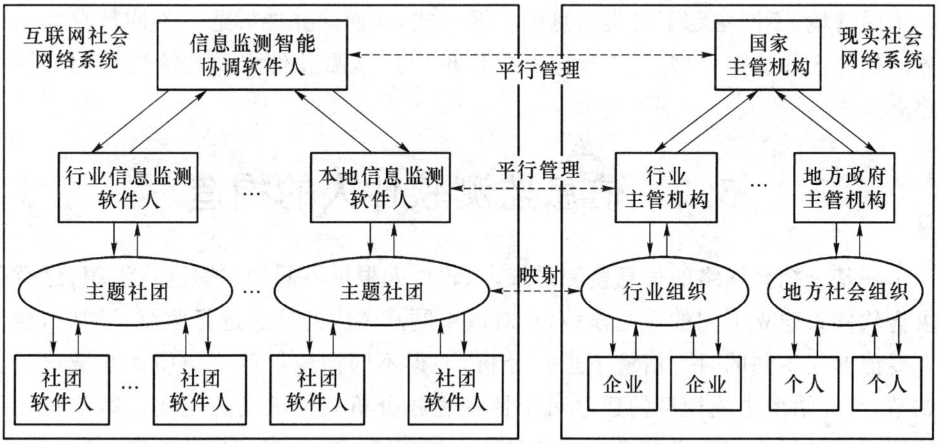

图 3-6　领域信息监测系统的平行协调管理

不同行业或地域的企业和个人映射为互联网社会网络中的软件人并组成各种主题社团。为了实现对互联网社会网络信息的监测和引导，整个系统采用递阶协调管理方式，由行业和本地信息监测软件人参与各主题社团的信息传播，进行局部监测和引导;信息监测智能协调软件人对各个局部监测软件人进行全局协调管理,实现宏观控制。各软件人与现实社会网络中的国家及地方和行业主管机构进行平行管理,不断进行反馈和修正。

代表不同行业或地域的软件人在平行管理过程中,可以采用智能信息推送和拉取两种运行模式,实现与人或者其他软件人的互动智能通信。第一种是智能推送模式,流程为:

① 互联网用户通过个人终端启动软件人并发布任务指令;

② 软件人虚拟脑根据任务要求运行相应的应用程序进行任务分析;

③ 软件人虚拟脑程序通过虚拟视听觉、运动系统或与其他软件人进行通信,完成任务的协作;

④ 互联网用户通过软件人及启用的虚拟运动系统设备和程序进行活动。

第二种是智能信息拉取模式,流程为:

① 传感器、视频、音频采集器、工作设备等虚拟感知系统在自身控制程序的驱动下,自动运行;

② 虚拟视听觉和感知系统在运行中得到的相关数据进入到互联网数据处理中心的数据海洋中;

③ 互联网用户通过软件人从互联网数据处理系统拉取所需数据,虚拟脑对数据做进一步分析处理后提供给用户。

为了实现软件人之间的智能信息推拉,需要软件人能够进行情境主题分析,掌握不同情境、不同主题下各类信息的主题模式,从而建立能够适应不同信息监测任务的软件人的认知模型,3.2 节将着重讨论信息监测软件人及其情境主题模型的建立方法。

3.2 信息监测软件人的构造

在基于社会网络的信息监测系统内,软件人根据不同的主题进行组织,这就要求为软件人建立不同的主题模型,以对该主题范围内的信息进行监测。同时,软件人要能够在不同的时空情境下进行分析,获得不同情境下的主题模式并做出相应调整,因此情境主题模型的建立对于情境主题分析软件人至关重要。本节将给出情境分析的形式化定义并提出一种软件人的情境主题模型和模式抽取方法。

3.2.1 信息监测软件人的结构

信息监测软件人要获得人对主题信息的反应和传播规则,首先要能够掌握不同情境主题下的语言模式。这种模式越接近真实情况,软件人平行计算的准确度越高,效果也越好。这主要体现为软件人情境主题分析模型的建立，现在主要从情境描述、认知和决策行为、交互行为几方面进行研究。信息监测软件人结构如图 3-7 所示。

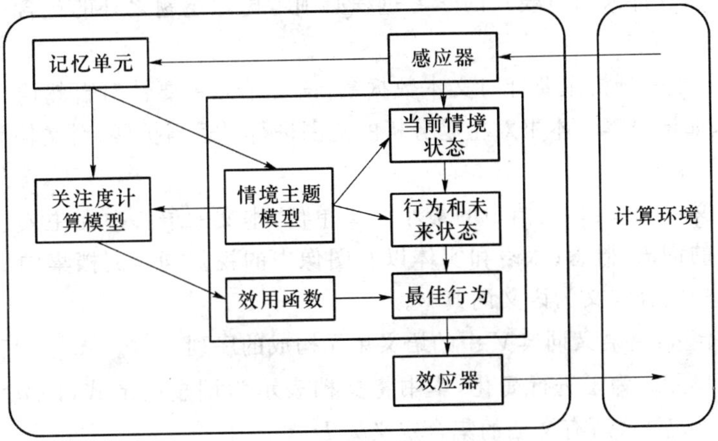

图 3-7　信息监测软件人结构

模型的计算环境中主要包括其他软件人及其所关注的主题信息，它们具有权威性、访问数等热度属性，智能化的软件人通过感应器从环境中获取信息并将它们存储在记忆单元中。当软件人从环境中获取到新的信息时，关注度计算模块将其与情境主题模型进行比较，计算得出对该信息的关注度。同时，情境主题模型也决定了对当前情境状态的判断，从而对未来状态的预测及软件人的行为产生影响。另外，软件人在与环境（包括其他软件人）的交互过程中所建立起的主题知识及推理结果也是影响关注度的重要因素。

3.2.2　情境分析的形式化定义和情境模型

语言是人类大脑的一项基本功能，因此也是软件人虚拟脑的基本功能。软件人的语言模型决定了软件人说话、阅读等基本功能。不同的人在不同情境下对于不同的主题有着不同的语言模式，学习并掌握这些模式是软件人完成其拟人功能的基础。软件人情境主题分析的主要任务就是建立情境主题模型，通过对来自人脑映射空间（博客、微博、互动问答等）的信息进行情境主题分析，从中抽取不同情境下的主题模式。

主题分析最早来自文本分析的研究，主题反映了隐含在文本内容当中不确定的领域背景。在语言模型的研究中，基于相同主题生成的词语被认为具有相似的语义，如果文本的情境仅与主题有关，则可以通过 PLSA 或 LDA 等概率主题模型对情境（主题）进行建模。但由于软件人处理来自不同的人脑映射空间的信息，这些信息的生成模式除与主题有关外，还与信息发布者自身的背景、社会关系以及其所处的地点、时间等情境有关。也就是说，具有不同背景(如学历等)并处于不同社会地位的人，在不同的时间和地点对不同主题发表的文字内容会具有不同的语言模式。因此，软件人语言模式的学习过程必须考虑除主题之外的包含多种因素的复杂情境。

传统的主题分析主要针对文本数据集，语言单元主要针对自然语言中的基本语言单元，如词语等。本书对主题分析的范围进行了适当扩展，对文档和语言单元进行了重新定义。

- 语义单元 w：是文档中的最小语义单位，本文的语义单元主要包括自然语言的词语、概念、短语和实体以及图像中的视觉词。文档集中所有语义单元的集合定义为语义词典 V。
- 文档 d：由语义词典 V 中的语义单元构成的序列 $w_1w_2\cdots w_{|d|}$，其中 w_i 为语义单元。为了进行简化，本书将文档表示为词袋的形式，即 $d=\{w_1,w_2,\cdots,w_{|d|}\}$。所有文档的集合定义为 D。
- 情境特征 X：也称为情境变量，是文档的属性，其值反映了文档产生的部分情境，可以与文档内容有关，如某个词条或主题，也可以是文档的外部信息，如时间、地点、发布者等。情境特征 X 的值记为 x。
- 情境 c：是反映文档产生背景的一系列条件，该条件由特定的情境特征值定义，即 $\{X_1=x_1,X_2=x_2,\cdots,X_N=x_N\}$。本书用 C 表示所有情境的集合。
- 此外，情境 c 所确定的文档集合定义为 D_c，并且如果 $D_{c_1}\cap D_{c_2}\neq\varnothing$，则称 c_1 和 c_2 重叠。
- 生成模型 M：是数据集 D 的生成模型也称为语言模型，它是 D 中观察到的语义单元的概率分布，表示了生成集合 D 中语义单元的随机过程。假设语义单元的生成是相互独立的，则 M 可以表示为 $\{p(w|M)\}_{w\in V}$，此时 D 的最大似然记为 $\{p(D|M)\}$。
- 情境模型 M_c：是在情境 c 下，集合 D_c 中语义单元生成过程的概率模型，表示为 $\{p(w|M_c)\}_{w\in V}$。
- 主题 T：文档集中具有语义一致性的语段的主题或中心思想。本书将主题作为一项潜在情境，用 T 表示主题情境特征，如果语义单元满足条件 $T=t$，则称其属于主题 t 的情境。表示主题情境的情境模型 M_c 称为主题模型，记为 θ_t。
- 情境模式：根据语义单元和各种情境的条件概率分布推导出的模式。这些条件概率分布包括情境模型 $p(w|c)$，给定语义单元的情境分布 $p(c|w)$ 等。情境主题模式是包含主题情境的情境模式，即情境特征中至少有一项为主题情境。

根据以上定义，软件人进行情境主题分析的任务主要包括：为虚拟脑中个人数据空间的文本和图像信息建立合理的情境主题模型；从这些数据中发现各种情境模式；基于这些情境主题模型和模式进行进一步的分析，完成软件人更高层次的认知功能。例如，在情境主题模型建立后，可以比较不同情境主题的相似度，对相似情境主题进行分组，根据用户请求判断相关情境。同时，将情境模式作为特征还可以进行情境分类和评分，并且比较不同情境中的语义单元、主题和其他模式的含义。

因此，软件人的情境主题分析可以分为如下三个主要步骤。第一步，软件人从虚拟脑的海马区选择感兴趣的情境并标记每个情境域，将情境数据输入记忆区。第二步，情境主题建模，包括建立情境语言模型并抽取情境主题模式，形成软件人的记忆编码存储在记忆区当中。第三步，软件人的高级功能区通过使用这些模型和模式完成主题分类、聚类、比较和情境判断等任务。

具体的处理过程是：软件人根据获得的数据，首先对重要的情境信息进行识别并对每一情境域进行标记，从而形成情境化的数据集进入到下一阶段的处理。在接下来的建模阶段，基于选择出的情境和假定的生成过程来建立情境模型，同时关于生成过程的各种假设及先验知识作为约束条件加入到模型中。一旦模型建立后，则通过参数估计或贝叶斯估计等方法抽取情境模式，并输入到第三阶段。情境模型和模式作为数据特征直接使用，用于各种学习任务。

情境主题分析的核心是情境建模和模式抽取，合理的情境模型应同时包括内容变量和情境变量。本书引入概率混合模型作为情境化数据的生成模型，该模型是一个包含多个分布分量的凸组合的概率分布，每个分量是一个情境模型，即活动情境域的语义单元分布。该混合模型是所有情境模型的如下线性组合：

$$p(w \mid M) = \int_C h_w(c) p(w \mid M_c) \mathrm{d}c \tag{3-1}$$

其中，w 是语义单元，$h_w(c)$是一个非负函数，且$\int_C h_w(c)\mathrm{d}c = 1$，它表示情境 c 对语义单元 w 的影响系数。

当情境数量有限时，式(3-1)可以写为

$$p(w \mid M) = \sum_{c \in C} h_w(c) p(w \mid M_c) \tag{3-2}$$

该模型对每个情境模型采用的概率分布并不做专门的约定，根据模型 M 生成的数据集 D 的最大似然将依赖于所选择的概率分布。每个情境模型可以是多项式分布，对语义单元在数据集中的出现与否进行建模，也可以是泊松分布，直接对语义单元的频度建模，还可以是更为复杂的狄利克雷分布。

当对数据集中所有语义单元的生成进行建模时，影响系数 $h_w(c)$可以用矩阵 $\boldsymbol{H}_{|C| \times |D|}$ 表示，其中$|C|$是情境的数量，$|D|$是数据集的大小。这样，观察数据的似然函数可以写为

$$p(D \mid M) \propto \prod_{w \in D}\left[\sum_{c \in C} h_{c,w} p(w \mid M_c)\right] \tag{3-3}$$

式(3-3)中的影响系数及各情境模型的参数均为自由参数，唯一的约束是其和为1，以及语义单元和情境域之间的关系(例如，若语义单元 w 不在情境域 D_c 中，则可以令 $h_{c,w}$ 为0，否则为非负值)。而且，当模型中包含主题等隐性情境时，语义单元和情境域之间更是没有明显的关系。因此，如此多的参数将可能造成数据的过拟合。为此，我们可以通过一定的约束条件和规则对模型进行调整，使之遵从特定情境的生成过程及其原则和假设。

在式(3-3)中，虽然影响系数 $h_{c,w}$ 表示了情境 c 对语义单元 w 的影响，但并不一定要与 w 的生成概率或 $p(c|w)$ 相对应。它可以与某些约束条件相关，以反映用户对生成过程的认识或其他先验知识。这样，各种约束条件或规则可以引入到模型中，从而对模型进行修正使其满足特定条件。

例如，假设文档级情境对文档中每个语义单元的影响是相同的，文档级影响系数用 $h_{c,d}$ 表示，则可以在模型中引入约束条件：

$$\forall d, \forall w_i, w_j \in d, h_{c,w_i} = h_{c,w_j} \tag{3-4}$$

这样用文档级影响系数代替原来的影响系数，得到新的似然函数：

$$p(D \mid M) \propto \prod_{d \in D}\prod_{w \in d}\left[\sum_{c \in C} h_{c,d} \cdot p(w \mid M_c)\right] \tag{3-5}$$

在增加了约束条件后，模型对应的生成过程也发生了改变。设原来影响系数矩阵的列向量为 $\vec{a}_i$，它表示语义单元 w_i 对应的情境影响系数向量，则影响潜在变量 Z_i(Z_i 代表 w_i 由哪个情境模型 M_c 生成)的 $\vec{a}_i$ 的个数为语义单元的数量。增加文档级约束后，模型生成过程中影响潜在变量的 $\vec{a}_i$ 数等于文档数量。

其他约束也可以引入到模型中，将其与影响系数 $\boldsymbol{H}_{|C|\times|D|}$ 或情境模型 $\boldsymbol{P}_{|C|\times|V|}$ 相关联，可以使某些情境拥有相同的模型，或者某些情境比其他情境具有更大的影响。所有这些约束都可以对式(3-2)的模型进行调整，使之可以解决不同的问题。

情境模型建立后，就可以通过拟合数据来抽取所需的情境模式。情境模式由语义单元和情境的条件概率分布表示，因此情境分析的核心任务是通过将数据与情境模型拟合来推导这些分布。式(3-3)中的模型参数对应了某些情境模式，如 $p(w|M_c)$，因此可以通过估计这些参数来抽取情境模式。这些参数的估计可以作为一个优化问题，即数据从模型 M 生成的最大似然，通过式(3-6)寻找参数集 $\Psi=\{h_{c,w}, p(w|M_c)\}$ 的最优解。

$$\begin{aligned}\hat{\Psi} &= \underset{\Psi}{\operatorname{argmax}} \log p(D \mid M) \\ &= \underset{\Psi}{\operatorname{argmax}} \sum_{w \in D} \log \sum_{c \in C} h_{c,w} \cdot p(w \mid M_c)\end{aligned} \tag{3-6}$$

3.2.3　软件人的情境主题模型

本节将 3.2.2 节提出的情境模型实例化，解决信息监测软件人进行情境主题分析的问题，提出一种信息监测软件人的情境主题模型并给出情境主题模式的抽取方法。

对于给定的数据集，除其所覆盖的主题外，假设还包括其他情境，则情境主题分析的目标是获得这些主题的情境敏感模式。具体来说，假设数据集中包含 k 个主要的主题，$\Theta=\{\theta_1,\theta_2,\cdots,\theta_k\}$，除此之外还包括其他 n 个情境，$C=\{c_1,c_2,\cdots,c_n\}$，则情境主题分析就是要发现这 k 个主题的语义（$p(w|\theta_i)$）及其内容（$p(w|\theta_i, c)$）和强度（$p(\theta|_c)$）是如何随着其他类型的情境而变化的。

本书将不同情境下的 k 个主题的情境模型定义为视图 $V_i=\{\theta_{i1},\theta_{i2},\cdots,\theta_{ik}\}$，其中 θ_{il} 是主题在视图 V_i 下的语义单元概率分布。设存在 n 个视图，则每个视图 V_i 对应一个情境 c_i，而一篇文档可以具有多个视图。这样，每个视图就反映了主题在情境 c_i 下的语义变化情况。

除了主题语义的变化之外，主题的热度和强度在不同情境下也不一样，因此本书引入了主题覆盖来对主题强度进行建模。情境 c_i 下的主题覆盖定义为 CV_i，它是 k 个主题上的分布 $p(l|CV_i)$，$(l\in\{1,\cdots,k\})$，$\sum_{l=1}^{k}p(l\mid CV_i)=1$。设每个情境 c_i 对应一个主题覆盖，则整个集合中存在 n 个主题覆盖，但是多个情境可以具有相同的主题覆盖，因此可以假设存在 m 个不同的覆盖，具有相同覆盖 cv_i 的情境记为 $c(cv_i)$。

情境主题模型(Contextual Topic Model, CTM)假设文档 d 根据若干个视图和覆盖生成：

- 根据视图分布 $p(v_i|d)$ 选择一个视图 v_i；
- 根据主题覆盖分布 $p(cv_i|d)$ 选择一个覆盖 cv_i；
- 根据覆盖选择一个主题 l；
- 根据主题 l 和视图 vi 对应的情境主题模型生成语义词。

这样，整个数据集的对数似然函数为

$$\log p(D)=\sum_{d\in D}\sum_{w\in V}c(w,d)\log(\sum_{i=1}^{n}p(v_i\mid d)\sum_{j=1}^{m}p(cv_j\mid d)\sum_{l=1}^{k}p(l\mid cv_j)p(w\mid\theta_{il}))\tag{3-7}$$

与情境分析的一般模型相比，情境主题模型包含 $n\times k$ 个情境模型 θ_{il}，每个情境包括一个主题特征和若干个其他情境特征。

由于模型具有较多的自由变量，因此我们将其与适当的情境相关联，对情境模型引入适当的约束。例如，对不同时间的视图进行比较时，$p(cv_i|d)$ 是一个二值函数，即当 cv_i 是 d 的时间情境时，$p(cv_i|d)=1$，否则为 0。也可以假定所有的覆盖

分布来自于相同的狄利克雷分布。

3.3 小 结

本章在对互联网软件人社会网络结构研究的基础上，分析了软件人社会网络与现实社会网络的平行运行和管理问题，提出了一种基于软件人的领域信息监测系统平行协调管理模式。为了能够适应在不同情境下对不同主题信息进行有效监测的要求，提出了采用软件人进行情境主题分析的方法，并且给出了情境主题分析的形式化定义，建立了情境主题分析软件人的认知模型——情境主题模型，使软件人能够学习不同情境下不同主题所具有的语言模式，进而完成多种主题分析任务。

情境主题模型对于情境特征没有做出具体的约定，因此可以适用于不同情境下的主题分析，并且可以通过设置不同的影响系数而将各种约束条件或先验知识引入模型中，对模型进行调整使之能够应用于具体的主题分析任务。

第4章　文本情境主题分析

情境主题模型是一个具有一定通用性的软件人语言模型，本章将该模型运用于软件人的文本主题分析，并且引入时间、空间情境对该模型进行实例化，提出了针对文本数据的时空情境主题分析模型，信息监测软件人利用该模型实现特定领域的主题发现和主题跟踪任务。

4.1　时空情境主题分析

个人数据空间的文本信息具有很多个性化的特点，并且会随时间快速演化，它反映了个人的体验、想法和对某些主题的关注。因此，个人空间数据往往会包含多个不同的子主题。例如，关于主题“北京旅游”的博客可能会包含不同方面的子主题内容，如“景点”、“美食”、“交通”、“住宿”等。但是，大部分已有的研究仅会将这样的博客内容分类为一个主题，没有进行更为准确和细粒度的子主题分析。此外，公众对某一事物的认识也是随时间不断深化并随地域不同而不同的，虽然已有研究考虑了时间和空间信息，但还未将个人数据空间中的多主题分布与时空信息关联起来。

因此，本章在第3章提出的情境主题分析模型基础上，提出一种时空情境主题模型，对内容建模并抽取其时空情境主题模式，实现时空情境下的主题分析。

(1) 时空情境主题模型的建立

设文档 d_i 的时间和空间标签分别为 t_i 和 l_i，其中 $t_i \in T=\{t_1,t_2,\cdots,t_{|T|}\}$，$l_i \in L=\{l_1,l_2,\cdots,l_{|L|}\}$，则主题 θ 在空间 l 上的主题周期为条件概率分布 $\{p(t|\theta,l)\}_{t\in T}$，如果不考虑空间位置，则主题周期为 $\{p(t|\theta)\}_{t\in T}$。实际上，主题周期是一个特殊的情境主题模式，即给定主题和空间情境下时间情境的条件分布。但是，这里不同主题的周期不具有可比性。

为了对主题的空间模式建模并比较不同主题的强度，本书定义主题在给定时间的快照为联合条件概率分布 $\{p(\theta,l|t)\}_{\theta\in\Theta,l\in L}$。这样，在一定时间周期内，两个不同主题在空间位置上的强度就可以直接进行比较。例如，对于主题 θ_1 和 θ_2，如

果 $p(\theta_1,l|t)>p(\theta_2,l|t)$，则称在时间周期 t 内，θ_1 在空间 l 上的强度高于 θ_2。同样，主题的时间快照也是一类特殊的情境模式。

为了结合时间和空间变量建立情境主题模型并抽取其中的时空情境模式，本书将文本中的词语分为两类：一般词和子主题关联词。与之对应，引入两类主题模型：全局主题模型 θ_G 和 k 个子主题模型 $\Theta=\{\theta_1,\theta_2,\cdots,\theta_k\}$。根据这些主题模型，时空情境为$(t,\ l)$的文档生成过程被建模为来自全局主题模型和子主题模型的混合抽样。为了对主题的时空特征建模，假设文档的主题覆盖依赖于文档的时间和空间。该模型可以被认为是对以下文档生成过程的建模：

① 首先判断文本词是否为非主题关联词，即一般词，如果是则根据 θ_G 抽样；

② 如果判断是主题关联词，则进一步确定该词将用于描述哪个子主题，可以使用文档主题覆盖分布 $p(\theta_i|d)$来确定描述的子主题；

③ 如果选择了第 i 个子主题，则根据 θ_i 来对文本词进行抽样。

按照这一生成过程，文本词 w 的似然函数为

$$
\begin{aligned}
p(w:d,t,l) &= \alpha_G p(w\mid\theta_G)+(1-\alpha_G)\sum_{i=1}^{k}p(w,\theta_i\mid d,t,l)\\
p(w,\theta_i\mid d,t,l) &= p(w\mid\theta_i)p(\theta_i\mid d,t,l)\\
&= p(w\mid\theta_i)((1-\beta)p(\theta_i\mid d)+\beta\cdot p(\theta_i\mid t,l))
\end{aligned}
\tag{4-1}
$$

其中，α_G 为选择全局主题模型 θ_G 的概率，β 为根据时空情境的主题覆盖分布选择主题的概率。$p(w|\theta_i)$给出了每个主题的词语分布，$p(\theta_i|t,l)$给出了主题的时空分布，可以计算时空主题模式。

整个集合的对数似然为

$$
\begin{aligned}
\log p(D) &= \sum_{d\in D}\sum_{w\in V}c(w,d)\cdot\log\Big[\sum_{i=1}^{k}p(w\mid\theta_i)((1-\beta)p(\theta_i\mid d)+\beta\cdot p(\theta_i\mid t_d,l_d))\Big]\\
&= \sum_{d\in D}\sum_{w\in V}c(w,d)\cdot\log[\alpha\cdot p(w\mid\theta_G)+\\
&\quad (1-\alpha)\sum_{i=1}^{k}p(w\mid\theta_i)((1-\beta)p(\theta_i\mid d)+\beta\cdot p(\theta_i\mid t_d,l_d))]
\end{aligned}
\tag{4-2}
$$

其中，$c(w,d)$为词 w 在文档中的出现次数，t_d 和 l_d 为文档 d 的时空标签，α 将人工设置为固定值。

(2) 参数估计

为了对时空情境主题模型进行参数估计，实现文本主题分析，本章对模型进行了适当调整。首先，定义全局模型为

$$
p(w\mid\theta_G)=\frac{\sum_{d\in D}c(w,d)}{\sum_{w\in V}\sum_{d\in D}c(w,d)}
\tag{4-3}
$$

参数 α,β 人工设置为固定值，则公式(4-2)中待估计的参数为子主题模型

$\Theta=\{\theta_1,\theta_2,\cdots,\theta_k\}$，文档主题概率 $p(\theta_i|d)$和时空主题概率 $p(\theta_i|t,l)$。

本章采用 EM 算法估计这些参数：

$$p(z_{d,w}=i)=\frac{(1-\alpha)p^m(w\mid\theta_i)[(1-\beta)p^m(\theta_i\mid d)+\beta p^m(\theta_i\mid t_d,l_d)]}{\alpha p(w\mid\theta_G)+(1-\alpha)\sum_{i'=1}^{k}p^m(w\mid\theta_{i'})[(1-\beta)p^m(\theta_{i'}\mid d)+\beta p^m(\theta_{i'}\mid t_d,l_d)]}$$

$$p(y_{d,w,i}=1)=\frac{\beta p^m(\theta_i\mid t_d,l_d)}{(1-\beta)p^m(\theta_i\mid d)+\beta p^m(\theta_i\mid t_d,l_d)}$$

$$p^{m+1}(\theta_i\mid d)=\frac{\sum_{w\in V}c(w,d)p(z_{d,w}=i)(1-p(y_{d,w,i}=1))}{\sum_{i'=1}^{k}\sum_{w\in V}c(w,d)p(z_{d,w}=i')(1-p(y_{d,w,i'}=1))}$$

$$p^{m+1}(\theta_i\mid t,l)=\frac{\sum_{d:t_d=t,l_d=l}\sum_{w\in V}c(w,d)p(z_{d,w}=i)p(y_{d,w,i}=1)}{\sum_{d:t_d=t,l_d=l}\sum_{i'=1}^{k}\sum_{w\in V}c(w,d)p(z_{d,w}=i')p(y_{d,w,i'}=1)}$$

$$p^{m+1}(w\mid\theta_i)=\frac{\sum_{d\in D}c(w,d)p(z_{d,w}=i)}{\sum_{w'\in V}\sum_{d\in D}c(w',d)p(z_{d,w'}=i)}\tag{4-4}$$

其中，$\{z_{d,w}\}$是隐变量，$p(z_{d,w}=i)$表示文档中的文本词 w 通过主题 i 生成的概率。$\{y_{d,w,i}\}$是另一个隐变量，$p(y_{d,w,i}=1)$表示词 w 由主题 θ_i 生成的概率，且 θ_i 根据时空主题覆盖分布 $p(\theta_i|t,l)$进行选择。

(3) 时空主题模式抽取

完成参数估计后，就可以使用这些参数计算时空主题情境模式。给定空间 l 的主题周期计算如下：

$$p(t\mid\theta_i,l)=\frac{p(\theta_i\mid t,l)p(t,l)}{\sum_{t'\in T}p(\theta_i\mid t',l)p(t',l)}\tag{4-5}$$

其中，$p(t,l)$根据时间周期 t 内空间 l 的词语总数除以数据集 D 中的词语总数计算得出。

给定时间周期 t 内的主题快照计算如下：

$$p(\theta_i,l\mid t)=\frac{p(\theta_i\mid t,l)p(t,l)}{\sum_{l'\in L}\sum_{i=1}^{k}p(\theta_i\mid t,l')p(t,l')}\tag{4-6}$$

通过主题周期和快照，可以分析获得多种时空模式。主题的迁移可以通过相同主题在不同地域的周期进行分析，主题的传播则可以通过比较不同时期的主题快照来发现。

4.2 基于情境主题的主题发现方法

本节根据4.1节提出的时空情境主题模型，提出基于情境主题的主题发现方法(Topic Detection Based on Contextual Topic Model, TDCT)在食品安全事件的文本数据集上进行模型参数估计和模式抽取，获得文本数据的文档主题概率分布，从而将文本数据从词语特征空间转换到主题特征空间。在主题特征空间上通过聚类实现主题的发现与跟踪。

4.2.1 主题特征空间的建立

实现主题发现的关键是找到一个高效的特征空间，本书采用时空情境主题模型获得文档的主题分布特征，从而将文档从词语特征空间转换到更低维且更具语义描述性的特征空间。

文档主题概率分布的准确性取决于主题模型参数估计和模式抽取的准确性，因此训练数据的质量十分重要。为了提高训练数据语义词选择的性能，本节首先对传统的基于评估函数的CHI特征选择算法进行了改进，加入了词频修正因子，从而进一步优化了训练数据语义词选择的效果。

从CHI计算公式可以看出，CHI值只与词语出现的文档数量有关，这样就会出现如下问题：如果A和B两个词语同时在同样的文档中出现，这样A和B计算的CHI值应该相等，但如果词语B在文档中出现频率比A大，那么B词语的重要性应该要比词语A高，但在使用CHI进行特征词提取时无法对这种情况做有效处理。因此本节将在特征词提取算法中加入词频(TF)因素。改进后CHI计算公式如下：

$$\mathrm{CHI}(t,c_i)=\frac{N\cdot(AD-BC)^2}{(A+C)\cdot(B+D)\cdot(A+B)\cdot(C+D)}\cdot f(\mathrm{TF}_{ci}) \qquad (4\text{-}7)$$

对于因子 $f(\mathrm{TF}_{ci})$ 的值的选取，需要进行一系列的对比实验来最终确定，从而选取最佳效果的因子。考虑到词频是个次要因素，如果其影响权重太大，反而会产生一定的副作用，将一部分通过原始CHI计算得到的权重度较高的词剔除。反复实验验证，使用 $\ln(\ln(\mathrm{TF}_{ci}))$ 是一个对CHI算法比较有效的修正因子。

传统的主题发现技术采用词语特征向量描述文档语义，尽管采用了诸如CHI等基于评估函数的特征选择方法，在一定程度上实现对特征空间中噪声词的剔除，但仍然存在着一定的高维稀疏性问题。主要原因在于，采用该种方法对词语的重要性进行评估打分时，存在着词语之间独立性的假设，没有充分考虑到词语间的语义相关性，从而导致一些同义和近义的词汇对主题发现与跟踪精度造成影响。

为了解决这一问题，本书将考虑语义相关性的情境主题分析方法引入进来提

出一种基于主题空间的主题发现方法，将以词为特征的文档空间转换到主题语义空间，将基于词的特征空间映射至更低维的主题特征空间中，实现降维。此时，文档特征以式(4-2)时空情境主题模型中的文档主题概率 $p(\theta_i|d)$表示，并且通过式(4-4)计算得到。这样就将文档特征从词语空间转换到了主题空间。

这种主题特征空间的好处是，一方面有效地实现了特征降维，另一方面也充分考虑了特征词间的语义结构，从而消除了同义和近义词对分类精度的影响，提高了主题发现与跟踪的效率和精度。

4.2.2　基于时序情境聚类的改进 EM 算法

在主题特征空间上，采用文本聚类的方法实现主题的发现。

由于主题是有生存期限的，因此可通过老化理论建立主题生存模型来测量其生存周期，从而在每次增量式主题发现过程中不需要将以前所有的报道信息参与新的聚类分析过程中，进而提升了实时主题发现的时间效率。按照事件相关信息的时序顺序，先出现的报道信息先聚成主题的候选集，后续的报道信息将被聚到已经形成的主题或者形成新的主题。在每次主题发现过程中，新来的信息不是与之前所有的语料信息进行重新聚类分析，而是基于主题的生存周期将已消亡的主题相关信息淘汰掉，只保留近段时间内尚处于生存周期之内的活跃主题相关报道信息。

本节基于该思想对传统的 EM 聚类方法进行改进，算法描述如下。

(1) 算法先决条件

所处理的信息为新来报道信息及之前近段时间内尚处于生存周期之内的活跃主题相关报道信息语义特征向量。经过特征词提取并建立主题特征空间之后，事件信息由文本词形式转换为文本主题形式。

(2) 算法终止条件

所有文档都经过了主题发现算法的检测。

(3) 算法输入

$\boldsymbol{X}=\{\boldsymbol{x}_1, \boldsymbol{x}_2, \cdots, \boldsymbol{x}_n\}$为包含 n 篇文档的输入数据集，其中，$\boldsymbol{x}_i=(v_1, v_2, \cdots, v_m)$为文档的主题特征向量，$v_m$ 为文档属于主题 m 的概率。

(4) 算法过程

① 随机初始化

对参数向量进行初始估计，包括随机选择 k 个对象代表簇的均值或中心估计其他的参数。

② 参数更新

循环以下 2 个步骤以求精参数或簇：

期望步(E step):计算每个对象 X_i 指派到簇 C_k 的概率,即对每个簇计算对象 X_i 的簇隶属概率。

最大化步(M step):利用前一步得到的概率估计重新估计模型参数,即对给定数据的分布似然最大化。

(5) 算法输出

聚类结果 $\boldsymbol{Y}=\{\boldsymbol{Y}_1,\boldsymbol{Y}_2,\cdots,\boldsymbol{Y}_n\}$,其中 $\boldsymbol{Y}_i=\{\boldsymbol{X}_i,c\}$,$c=\{c_0,c_1,\cdots,c_k\}$ 为聚类后 X_i 所属的主题类别号。

4.2.3 实验结果及分析

本节在食品安全事件数据集上对本书提出的主题发现方法进行了实验,并且从聚类粒度和主题数量两个方面分别与基于词语特征空间的 K-means 聚类主题发现方法进行了对比。

1. 不同聚类粒度下主题发现效果对比实验

在第一组试验中,预先采集了 600 篇食品安全领域突发事件相关文章,涵盖了两个食品安全主题,其中每个主题类别包含 300 篇文章。预处理过程首先进行了分词及停用词处理操作,并采用 CHI 特征选择方法选取了 1000 维特征对每一篇文章进行表达,从而获得了这些文章的特征空间。

(1) 基于词语特征空间的 K-means 聚类主题发现方法实验结果

为了将本书提出的方法与基于词语特征空间的 K-means 聚类主题发现算法进行对比,首先用 K-means 聚类主题发现算法进行实验,给定聚类结果为 2～4 类。

通过聚类计算,算法将现有的文章分成了 3 个类,其中第一个主题基本全部落到了 cluster1 里面,第二个主题比较均匀地落到了 cluster1～cluster3 里,效果并不理想,具体结果如表 4-1 所示。

表 4-1 K-means 聚类主题发现结果(3 个类)

	cluster1	cluster2	cluster3	准确度
主题 1	257 篇	33 篇	10 篇	85.7%
主题 2	94 篇	107 篇	99 篇	35.7%

接下来,用同样的数据,继续使用 K-means 算法,给定聚类结果为 50～100 类。通过聚类计算,算法将这些文章分成了 60 个 cluster,其中聚类有错误,即一个类中同时包含两个主题的文章的共有 7 个类,其余的全部为只包含单个主题的。另外,这些聚类的粒度要比上一个实验低很多,只有 3 个聚类里面包含超过 50 篇文章。具体结果如表 4-2 所示。

表 4-2　K-means 聚类主题发现结果(60 个类)

只包含主题 1	只包含主题 2	包含主题 1 和 2
17	36	7

通过第一组实验,不难发现 K-means 算法在聚类网络文章时,有两个比较大的缺陷:①聚类粒度需要预先控制;②更加适合于聚类粒度小的情况,而不适合聚类粒度大的情况。

(2) TDCT 主题发现方法实验结果

在第二组对比实验中,采用本书提出的基于主题特征空间的改进 EM 聚类主题发现方法 TDCT。首先,用 100 维主题特征来表达之前的 600 篇文章,而后采用 EM 算法,并且预先给定聚类的数量为 2,迭代次数为 50 次。

通过聚类计算,成功计算出了两个聚类,关于第一个主题的文章有 298 篇落入了第一个聚类,关于第二个主题的文章有 295 篇落入了第二个聚类,聚类效果令人满意,具体聚类结果如表 4-3 所示。

表 4-3　TDCT 方法的主题发现结果(2 个类)

	聚类 1	聚类 2	准确度
主题 1	298 篇	2 篇	99.3%
主题 2	5 篇	295 篇	98.3%

在不预先给定聚类数量的情况下,采用聚类过程中的参数对聚类粒度进行控制,采用本书提出的方法又进行了第二次实验。

在给定最小标准差为 10^{-6}时,用以上采用 100 维主题表征的文本数据,重新进行一次实验,得到了 3 个无监督情况下的聚类。在这三个聚类中,第一个主题的文章有 247 篇落入了 cluster1,第二个主题有 215 篇落入了 cluster3,具体聚类结果如表 4-4 所示。

表 4-4　TDCT 方法的主题发现结果(不预先给定聚类数)

	聚类 1	聚类 2	聚类 3	准确度
主题 1	247 篇	19 篇	32 篇	82.3%
主题 2	31 篇	54 篇	215 篇	71.7%

通过第二组实验,可以得出结论,TDCT 主题发现方法一方面在给定聚类数的时候,聚类效果明显好于 K-means 主题发现方法,且准确度很高,也就是说如果预先知道文档集涉及的主题数,TDCT 具有很好的效果。另一方面,TDCT 主题发现在不预先给定聚类数时,也可以对现有的文章进行聚类并找出主题,且效果好于 K-means 主题发现方法在给定聚类数情况下的结果。

2. 不同主题数下的主题发现准确性实验

为了评估情境主题模型在设置不同主题参数情况下的主题发现效果，分别对模型参数取5,8,10,15,20,30,40维主题空间进行实验，构成不同维度的主题特征空间。通过无监督不指定聚类数量的EM算法，可以发现，在主题特征维度为10维时，能够获得最好的聚类效果。聚类效果的好坏，一方面体现在聚类中包含的明显不相关的文章数量多少，另一方面体现在包含不相关文章的聚类的数量多少。表4-5展示了主题数为10的情况下的主题发现结果(EM算法，迭代20次，最小标准差10^{-7})。

表4-5　TDCT方法进行主题发现的准确性

聚类编号	文章数	错误文章数	聚类编号	文章数	错误文章数
0	59	5	9	32	8
1	27	0	10	28	1
2	44	0	11	50	0
3	39	0	12	32	0
4	54	0	13	98	0
5	76	0	14	77	0
6	33	0	15	84	0
7	57	0	16	69	0
8	36	0	17	63	0

通过本组实验，可以证明主题特征表达在主题发现上的有效性，能够达到比较理想的聚类效果。

4.3　基于情境主题的主题跟踪

4.3.1　主题跟踪框架

食品安全事件的主题是指与一个核心食品安全事件以及与其直接相关的事件。对Web文档进行主题追踪实际是一个同主题网页发现的过程，处理的是一种时序数据，主要任务是判断后续报道是否与给定的主题相关。随着相关Web文档的到来，食品安全事件的主题会随时间而变化，有时候会出现主题漂移的现象，即漂移至食品安全事件导致的一些次生事件和衍生事件上。

通常的主题追踪任务是通过计算Web文档距离、设置阈值的方法来实现。主题向量作为计算文档距离的标准，当距离大于阈值时，则认为Web文档是主题相关的。主题向量建立后，需要不断地使用Web文档进行学习和更新，使得主题向量始终能反映整个主题的主要特征，以优化追踪的效果。因此，需要为食品安全事件建立一个主题向量，该向量是时变的，即当 Web 文档出现超过追踪器重构阈值的时候，主题向量就会根据该 Web 文档进行重构。

虽然基于文档距离的主题追踪算法简单易用，但是这种方法对于初始主题向量的构建要求较高，且由于需要对跟踪器进行不断地学习和跟踪，只有处理完一个 Web 文档才能处理下一个，导致效率较低。因此，可以使用一种增量分类的方法进行主题追踪，增量的单位是一个时间片内的所有 Web 文档，其主题追踪的过程如图 5-2 所示。分类器在主题追踪中的作用是根据少量主题相关的 Web 文档作为训练集，然后以时间片为单位进行分类，将主题相关的 Web 文档和其他文档分开，从而实现对主题相关后续文档的追踪。

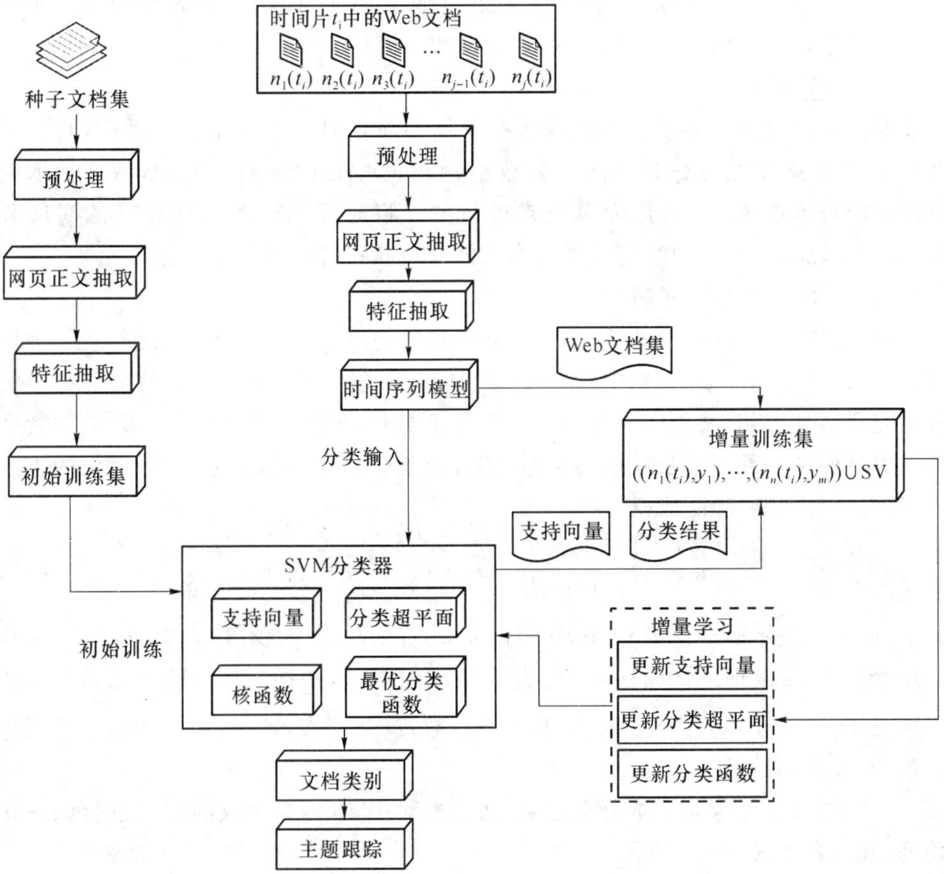

图 4-1　主题跟踪框架

这里采用 SVM 作为分类器，并将增量学习的方法引入时序数据的分类过程。这种方法的主要优点有两方面：一方面，主题追踪通常开始于较少的训练样本，相对于决策树分类、贝叶斯和 KNN 等传统分类算法，SVM 在处理正例较少的分类情况时有较好的效果;另一方面,增量学习中如果使用传统分类器,不能保证具有很好的泛化能力,学习的过程容易陷入局部最优。这是由于 SVM 的最优分类面仅与支持向量相关,而支持向量通常只占训练样本的很小一部分,大部分的支持向量是在增量学习的过程中逐步获得的。因此,SVM 增量学习的方法非常适合进行主题跟踪分类器的训练。

4.3.2 基于时序文档模型的主题跟踪

1. 基于时序数据的文档模型

由于食品安全事件 Web 文档的跟踪任务实际是建立在时序数据的基础上,本节建立了一个 Web 文档的时序模型,给出了词频特征加权、文档表示和文档距离计算的方法,为增量式的 SVM 分类建立了数学模型。

(1) 时间片划分

时间属性对于食品安全事件的状态评估和演化研究至关重要。因此,将食品安全事件 Web 文档看作是时间序列数据(Time Series Data)来处理,特征抽取时是以时间轴为序列、时间片为单位来进行的。将时间划分为合适长度的时间片 $\text{Time}=\{t_1,t_2,\cdots,t_k\}$,把时间片作为事件演化或状态评估的基本划分单元。

(2) 特征项词频特征加权

对地点(Location)、问题食品(Food)和致毒物质(Toxicant)属性进行特征抽取后,为了计算不同 Web 文档中这两个属性的相似度,需要对其进行特征加权。将食品安全事件 Web 文档作为时间序列数据来处理,使用普通的 TF-IDF 进行特征加权得到的结果并不能反映时序关系,因此这里使用了一种如式(4-8)所示的方法进行 TF-IDF 词频特征加权。

$$w_{jk}(t_i)=\frac{d_{\lambda_k}}{\max\limits_{l} d_{\lambda_l}}\cdot\log_2\left(\frac{N(t_i)}{D_{\lambda_k}(t_i)}+0.01\right) \tag{4-8}$$

其中,$w_{jk}(t_i)$表示时间片 t_i 中 Web 文档 n_j 的特征项 λ_k 的权值;d_{λ_k} 表示 Web 文档 n_j 中特征项 λ_k 出现的词频;$\max\limits_{l} d_{\lambda_l}$ 表示 Web 文档 n_j 中词频最高的特征项对应的词频;$N(t_i)$表示时间片 t_i 中的 Web 文档总数;$D_{\lambda_k}(t_i)$表示时间片 t_i 中包含特征项 λ_k 的 Web 文档数目。

为了更有效地保留文本分类效果,通常要对 Web 词频加权的结果进行归一化处理,其计算如式(4-9)所示。

$$w_{jk}(t_i)=\frac{\frac{d_{\lambda_k}}{\max\limits_{l} d_{\lambda_l}}\cdot\log_2\left(\frac{N(t_i)}{D_{\lambda_k}(t_i)}+0.01\right)}{\sqrt{\sum\limits_{k=1}^{n}\left[\frac{d_{\lambda_k}}{\max\limits_{l} d_{\lambda_l}}\cdot\log_2\left(\frac{N(t_i)}{D_{\lambda_k}(t_i)}+0.01\right)\right]^2}} \tag{4-9}$$

(3) Web 文档矩阵

对于食品安全事件 Web 文档中的特征项进行加权后，每个 Web 文档就表示为一个特征向量的形式。这样，m 个文档的特征向量构成一个特征矩阵的形式，矩阵中具体的特征项为 Location，Food 和 Toxicant 等属性的实例。对时间片 t_i 中所有文档 $n_j(1<j<m)$ 进行词频特征加权后得到的特征矩阵如式(4-10)所示。

$$\begin{array}{c} \\ \\ \text{文档 }1 \\ \text{文档 }2 \\ \vdots \\ \text{文档 }m \end{array}\begin{array}{c} \overbrace{\qquad\qquad\qquad\qquad}^{\text{Location 属性}}\quad \overbrace{\qquad\quad}^{\text{Food 属性}}\quad \overbrace{\qquad\qquad\qquad}^{\text{Toxicant 属性}} \\ \text{特征项 }1 \quad \text{特征项 }2 \qquad\qquad\qquad\qquad \text{特征项 } n \\ \begin{pmatrix} w_{11}(t_i) & w_{12}(t_i) & \cdots & w_{1n}(t_i) \\ w_{21}(t_i) & w_{22}(t_i) & \cdots & w_{2n}(t_i) \\ \vdots & \vdots & \vdots & \vdots \\ w_{m1}(t_i) & w_{m2}(t_i) & \cdots & w_{mn}(t_i) \end{pmatrix} \end{array} \tag{4-10}$$

(4) Web 文档特征表示和相似度计算

综合以上属性特征抽取方法和相似度，对于两个食品安全事件 Web 文档的相似性，通过地点、问题食品和致毒物质三个方面的特征相似度共同决定。现使用余弦距离的方法来度量文档的相似度，时间片 t_i 中文档 $\boldsymbol{n}_j$ 和文档 $\boldsymbol{n}_k$ 之间的距离定义如式(4-11)所示。

$$d_{t_i}(\boldsymbol{n}_j,\boldsymbol{n}_k)=\frac{\sum_{x=1}^{n} w_{jx}(t_i)\cdot w_{kx}(t_i)}{\sqrt{\sum_{x=1}^{n}(w_{jx}(t_i))^2\sum_{x=1}^{n}(w_{kx}(t_i))^2}} \tag{4-11}$$

2. 面向主题跟踪的分类算法

为了实现主题跟踪，需要不断地将最新的 Web 文档根据主题进行分类，故采用一种改进的增量 SVM 分类方法，通过对一个时间片内到达的 Web 文档进行成批的增量学习，学习的结果是得到更新后的支持向量(SV)和分类超平面。由于食品安全事件 Web 文档是一种时间序列数据，使用 SVM 分类中若不使用增量学习的方法则会导致每次有新的样本加入，这时需要对所有的训练样本重新训练。增量学习可以继承训练得到的知识，在不对整个训练样本集进行重新训练的前提下，增量地学习和更新支持向量的集合。

支持向量机具有直观的几何解释，它使用线性超平面定义样本空间进行分类。其本质是一个典型的带线性约束的凸二次规划问题，其目标在最大化分类间隔的前提下得出一个最优超平面，从而保证分类的经验风险和置信风险最小。因此，SVM 在理论上能够实现线性可分数据的最优分类。当数据线性不可分时，通过核映射的方法，将数据映射到一个高维空间进行线性划分。通常情况下，SVM 这种凸二次规划问题是通过转换为 Wolf 对偶问题进行求解的。

假设给定时间片 t_i 中的 Web 文档作为训练集 $T=\{(\boldsymbol{n}_1(t_i),y_1),\cdots,(\boldsymbol{n}_m(t_i),y_k)\}$，$\boldsymbol{n}_j(t_i)$为时间片内某个文档的特征向量。进行分类的 SVM 超平面和分类规

则的定义如式(4-12)和式(4-13)所示。

$$f(\boldsymbol{x})=\boldsymbol{w}\cdot\boldsymbol{x}+b=0 \tag{4-12}$$

$$y_j=g[\boldsymbol{n}_j(t_i)]=\mathrm{sgn}[\boldsymbol{w}\cdot\boldsymbol{n}_j(t_i)+b] \tag{4-13}$$

其中,$\boldsymbol{x}$ 表示输入向量,b 表示超平面的偏置量。这样,对于时间片 t_i 内的某个 Web 文档 $\boldsymbol{n}_j(t_i)$,分类间隔可表示成式(4-14)所示的形式。

$$\min_{\{\boldsymbol{n}_j(t_i)\mid g(\boldsymbol{n}_j(t_i))=+1\}}\frac{\boldsymbol{w}\cdot\boldsymbol{n}_j(t_i)+b}{\sqrt{(\boldsymbol{w}\cdot\boldsymbol{w})}}-\max_{\{\boldsymbol{n}_j(t_i)\mid g(\boldsymbol{n}_j(t_i))=-1\}}\frac{\boldsymbol{w}\cdot\boldsymbol{n}_j(t_i)+b}{\sqrt{(\boldsymbol{w}\cdot\boldsymbol{w})}}=\frac{2}{\|\boldsymbol{w}\|} \tag{4-14}$$

最大化分类间隔的问题就转化为如式(4-15)所示的二次规划问题。

$$\min\sigma(\boldsymbol{w})=\frac{1}{2}\|\boldsymbol{w}\|^2=\frac{1}{2}(\boldsymbol{w}\cdot\boldsymbol{w}) \tag{4-15}$$

如果对这类有约束条件的二次规划问题进行求解,通常需要引入拉格朗日乘子,并将其转换为包含不等式约束的拉格朗日对偶问题。拉格朗日乘子和对应的拉格朗日函数如式(4-16)和式(4-17)所示。

$$\boldsymbol{a}=(a_1,a_2,\cdots,a_n)^{\mathrm{T}}\in\mathbf{R}_+^n \tag{4-16}$$

$$L(\boldsymbol{w},b,\boldsymbol{a})=\frac{1}{2}\|\boldsymbol{w}\|^2-\sum_{j=1}^{n}\boldsymbol{a}_j\{y_j[\boldsymbol{w}\cdot\boldsymbol{n}_j(t_i)+b]-1\} \tag{4-17}$$

使用上述拉格朗日函数关于 $\boldsymbol{w},\boldsymbol{b}$ 的鞍点,即 $\boldsymbol{w},\boldsymbol{b}$ 分别取偏导数 $\nabla_w L(\boldsymbol{w},b,\boldsymbol{a})$ 和 $\nabla_b L(\boldsymbol{w},b,\boldsymbol{a})$,根据上述拉格朗日函数,时间片 t_i 内 Web 文档 SVM 分类的二次规划问题就转化为如式(4-18)所示的对偶问题。

$$\begin{aligned}&\min\sum_{j=1}^{n}a_j-\frac{1}{2}\sum_{j=1}^{n}\sum_{j'=1}^{n}a_ja_{j'}y_jy_{j'}[\boldsymbol{n}_j(t_i)\cdot\boldsymbol{n}_{j'}(t_i)]\\&\sum_{j=1}^{n}y_ja_j=0\\&a_j\geqslant 0,j=1,2,\cdots,n\end{aligned} \tag{4-18}$$

若上述对偶问题中得到的最优解是 $a^*=(a_1^*,a_2^*,\cdots,a_n^*)$,则 $\boldsymbol{w}^*=\sum_{j=1}^{n}y_j\cdot a_j^*\cdot\boldsymbol{n}_j(t_i)$ 为原问题中最优分类面的权系数向量。根据 KKT(Karush-Kuhn-Tucker)条件进行求解,可以计算出超平面的偏置量 $b^*=y_j-\sum_{j=1}^{n}y_{j'}a_{j'}^*(\boldsymbol{n}_{j'}(t_i)\cdot\boldsymbol{n}_j(t_i))$。在此基础上可以得到原分类问题的最优分类超平面和决策函数,如式(4-19)和式(4-20)所示。

$$\boldsymbol{w}^*\cdot\boldsymbol{x}+b^*=0 \tag{4-19}$$

$$g^*[\boldsymbol{n}_j(t_i)]=\mathrm{sgn}[\boldsymbol{w}^*\cdot\boldsymbol{n}_j(t_i)+b^*] \tag{4-20}$$

支持向量是训练集中的点,它之所以必然存在是因为分类间隔超平面上必然会包含样本中的点。如果某超平面没有包含到任何一个点的话,那么可以进一步扩大分类间隔，从而无法满足支持向量机分类间隔最大化的条件。由于 n 维向量空间里的一个点实际上是与以原点为起点、该点为终点的一个向量等价，所以将这些支撑分类超平面的点称为支持向量。支持向量代入超平面后满足 $y(w\cdot x+b)=1$，而对于训练集中非支持向量的点，则满足 $y(\boldsymbol{w}\cdot\boldsymbol{x}+b)>1$ 。

主题跟踪算法是建立在上述改进的增量 SVM 分类方法的基础上，它通过对一个时间片内到达的 Web 文档进行成批的增量学习，实现时间序列数据的主题追踪问题。该方法在增加新训练样本$(\boldsymbol{n}_j, y_j)$后，原 SVM 线性规划的对偶问题转化为式(4-21)所示的形式。

$$\min \boldsymbol{e}^{\mathrm{T}}\begin{pmatrix}\boldsymbol{a}\\ \boldsymbol{a}_j\end{pmatrix}-\frac{1}{2}\boldsymbol{a}^{\mathrm{T}}a_j\boldsymbol{Q}_{\mathrm{new}}\begin{pmatrix}\boldsymbol{a}\\ \boldsymbol{a}_j\end{pmatrix} \tag{4-21}$$

由式(4-22)可知，要得到新问题的解 a_{new} 关键是求 Q_{new}^{-1}。

$$\boldsymbol{a}_{\mathrm{new}}^{i}=\boldsymbol{Q}_{\mathrm{new}}^{-1}\{[(\boldsymbol{Q}_{\mathrm{new}}\boldsymbol{a}_{\mathrm{new}}^{i-1})-\lambda\boldsymbol{a}_{\mathrm{new}}^{i-1}]+\boldsymbol{e}\} \tag{4-22}$$

在 SVM 分类中，当最优超平面被确定后，训练集中的非支持向量点就失去了作用，因此在分类器中只需要记录支持向量点就可以，这体现了支持向量机在存储空间和计算速度上的优越性。但是，对于时序数据来说，非支持向量样本仍然可能会对后续分类器的训练起到作用。因此，主题跟踪算法中并不是仅仅将支持向量作为增量训练集，而是设置了训练样本的淘汰策略，通过阈值 ξ 淘汰对分类贡献度低的样本。其基本思想是，在最近 n 个时间片内，如果一个样本没有成为支持向量的次数超过 ξ，则将其从训练集中删除。

综合以上关于主题跟踪算法分析，对于时间片 t_i 内的食品安全事件 Web 文档 $T=\{(n_1(t_i), y_1),\cdots,(\boldsymbol{n}_m(t_i), \boldsymbol{y}_k)\}$ 作为训练集进行训练，能够得到新的分类超平面和分类函数，其算法描述如下。

输入：时间片 t_{i-1} 时的分类超平面 $\boldsymbol{w}_0\cdot\boldsymbol{x}+b_0=0$ 和支持向量集 SV_{i-1}，
　　时间片 t_i 中的样本 $T=\{(\boldsymbol{n}_1(t_i), y_1),\cdots,(\boldsymbol{n}_n(t_i), y_m)\}$，训练集样本 T_{i-1}
输出：批次增量学习后的分类超平面 $\boldsymbol{w}_{\mathrm{new}}\boldsymbol{x}+b_{\mathrm{new}}=0$，$\mathrm{SV}_{\mathrm{new}}$

1. set　$T_{Nkkt}=T_{ttk}=\varnothing$；$\xi>0$；$k=0$；$T_i=T_{i-1}\cup T$；
2. {for　$\forall(\boldsymbol{n}_j(t_i), y_j)\in T_{i-1}$
3. {if　$((\boldsymbol{n}_j(t_i), y_j)$　符合 KKT 条件)
4. $\mathrm{T_{kkt}}=\mathrm{T_{kkt}}\cup(\boldsymbol{n}_j(t_i), y_j)$；
5. else　$T_{Nkkt}=T_{Nkkt}\cup(\boldsymbol{n}_j(t_i), y_j)$；
6. }
7. for　$(\forall(\boldsymbol{n}_j(t_i), y_j)\in T_{kkt})$
8. if　$(\mathrm{nsv}((\boldsymbol{n}_j(t_i), y_j))>\xi)$　$T_{kkt}=T_{kkt}-(\boldsymbol{n}_j(t_i), y_j)$；
9. $T_i=T_{Nkkt}\cup T_{kkt}\cup SV_{i-1}$；

10. run SVM(T_i)→$\boldsymbol{a}_i$,$\boldsymbol{w}_i$,b_i,SV_i;

11. k++;

12. }

根据上述主题跟踪分类算法,可以得到一个时间片 t_i 后的特征超平面 $\boldsymbol{w}_i\boldsymbol{x}+b_i=0$。通过这个特征超平面对时间片 t_{i+1} 中的 Web 文档进行分类,将时间片 t_{i+1} 的 Web 文档分类并标记后再加入训练集,重新进行上述批次增量学习,依次类推。由于训练集的不断加入,特征超平面随着主题的变化而调整,这使得分类算法能够在主题出现漂移的情况下,很好地进行主题追踪。

4.3.3 引入主题模型的主题跟踪

为了提升主题跟踪的效率和精度,将情境主题模型引入主题跟踪框架,通过情境主题模型在主题空间中对文档进行建模;同时在主题跟踪器的构建中引入了基于时序特征的文档与主题相似度度量方法,引入主题模型后的主题跟踪框架如图 4-2 所示。

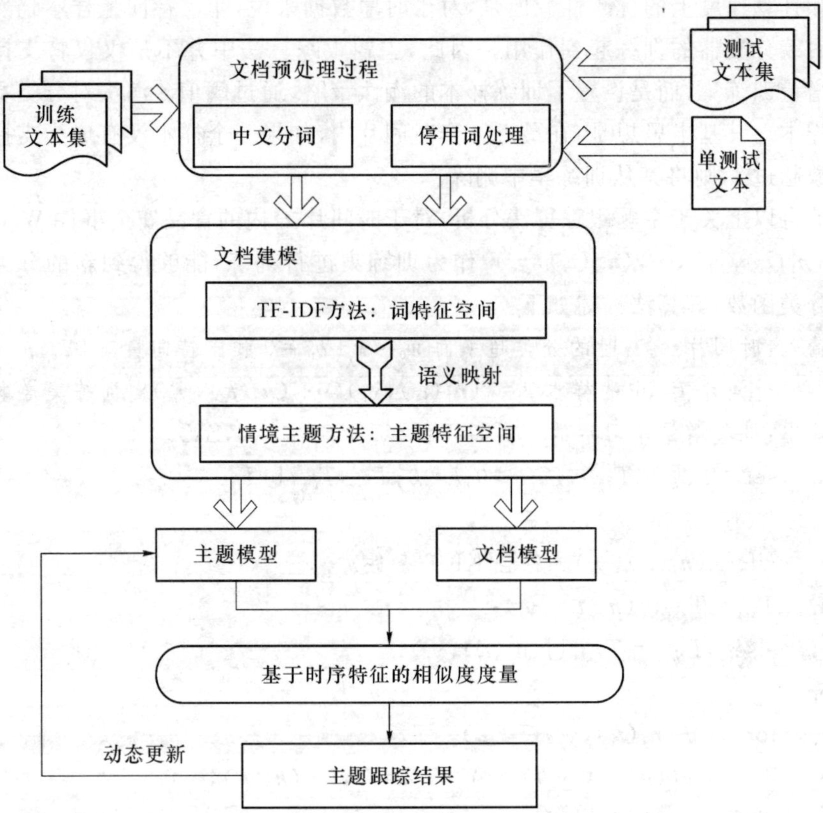

图 4-2 引入主题模型的主题跟踪框架

4.3.4 基于时序特征的相似度计算

通过分析突发事件信息的涌现特点可以发现：在事件刚发生时，相关报道数量比较多，随着时间的流逝和人们对该事件关注度的下降，相关报道越来越少。因而报道和事件的时间距离越远，事件的相关性越小，其后续报道的可能性越小。为此，在计算报道的文本和主题之间的相似度时，引入了时间衰减因子，记作 T_{dec}。设抽取到的事件发生时间为 T_E，事件 E 的报道时间为 T_d。则 T_{dec}的计算如下：

$$T_{\mathrm{dec}}=\begin{cases}\dfrac{1}{T_d-T_E} & \text{当 } T_E \text{ 在 } T_d \text{ 之前}\\ 0 & \text{其他}\end{cases} \tag{4-23}$$

采用情境主题方法构建出主题模型和相关报道的文档模型后，接下来需要采用合适的相似度度量方法来实现突发事件后续报道的有效跟踪。结合突发事件报道的特点，本节在传统基于内容的相似度计算方法的基础上引入了报道的时序特征，以进一步提升跟踪的效率。基于时序特征的报道文档 d 与事件 E 之间的相似度计算方法如式(4-24)所示。

$$\begin{aligned}\mathrm{Sim}(d,E) &= T_{\mathrm{dec}}\mathrm{Sim}_{\mathrm{content}} = T_{\mathrm{dec}}\frac{R\cdot E}{|R|\cdot|E|}\\ &= T_{\mathrm{dec}}\frac{\sum_{i=1}^{n}\bar{\omega}_{i,r}\cdot\bar{\omega}_{i,e}}{\sqrt{\sum_{i=1}^{n}\bar{\omega}_{i,r}^{2}}\cdot\sqrt{\sum_{i=1}^{n}\bar{\omega}_{i,e}^{2}}}\end{aligned} \tag{4-24}$$

4.3.5 主题跟踪器的构建

本章采用文本分类的方法来构建主题跟踪器。结合突发事件主题领域的特点，本章对传统分类方法进行了如下改进，主要表现在两个方面：一方面通过情境主题模型实现文档在主题空间上的表示和特征优化，另一方面结合文档的时序特征来度量文档和主题间的相似度。

主题跟踪器的构建过程如下。

(1) 训练过程

首先，读取突发事件相关的训练文档集并进行预处理操作。然后，采用时间抽取学习算法识别并规范化时间信息(主要是报道时间及事件时间)，对于训练集中的内容数据，采用 CHI 特征选择方法和情境主题分析方法，将原始的词一文本空间映射至隐含主题一文本空间，构建出文档主题模型。

(2) 跟踪过程

在突发事件新闻报道流中读取一篇待测试报道，按照与训练过程同样的方法抽取时间信息并对文档内容进行主题建模。然后,比较测试文档的时间信息和事件的时间信息,如果早于事件时间,返回第一步继续读取下一条测试数据,否则结合时序信息,按照式(4-9)计算出总的相似度 Sim(d, E)。最后,计算结果与设置的阈值进行比较,如果大于阈值,该报道属于后续报道,否则为不相关报道。

需要注意的是,在获得新的事件报道后,需要重新计算该主题模型中的主题混合分布情况及主题词的分布情况。这样做的原因是:随着事件的发展和深入报道,新的主题会随之出现并引起人们的关注,此时需要重新获得主题的分布情况,并且通过式(4-5)和式(4-6)抽取相应的主题模式。

4.3.6 实验结果及分析

为了验证本书提出的主题追踪方法,设计了两组实验分别从计算效率和准确度两个方面进行验证分析。实验数据集选取了 9 个主题类别,共 4 500 篇新闻语料,其中训练样例包含 2 700 篇(每个类别选取了 300 篇),测试样例包含 1 800 篇(每个类别选取了 200 篇)。两组实验中,分别选取基于词语特征空间的 CHI 方法和本书提出的情境主题空间 TTCT 方法进行对比分析,且均选择 SVM 分类器实现主题追踪。实验结果及分析如下。

1. CHI 和 TTCT 的主题跟踪时间效率比较

在建立主题模型后,对所有测试数据进行主题跟踪实验,实验结果如表 4-6 所示。

表 4-6 主题跟踪时间效率对比

	消耗时间/ms
CHI 方法	52 094
TTCT 方法	6 437

通过对以上实验结果的分析可知,采用 TTCT 方法在主题跟踪过程所消耗的时间要明显少于单纯依靠 CHI 词语特征的方法。这主要是因为 TTCT 方法在经过主题特征空间的转换后,将原来 1000 维的词语特征空间映射到一个基于语义的更低维的特征空间中(现选择的主题数为 100,即主题特征空间维度为 100)。相比单纯的 CHI 方法,特征空间明显降低,因而运算的时间复杂度降低,进一步缩短了主题跟踪的时间。

2. CHI 和 TTCT 的主题跟踪准确度结果比较

本实验的主题跟踪准确度采用准确率(P)、召回率(R)和 F-measure 值(F)三个指标来进行评估,计算方法如式(4-25)所示。

$$P=\frac{a}{a+b}\text{,}R=\frac{a}{a+c}\text{,}F=\frac{2\cdot P\cdot R}{P+R} \tag{4-25}$$

其中,a 为追踪到的相关文档数,b 为追踪到的不相关文档数,c 为未追踪到的相关文档数。

关于 CHI 方法和 TTCT 方法对食品安全领域突发事件主题跟踪效果的实验

结果对比如图 4-3 所示。

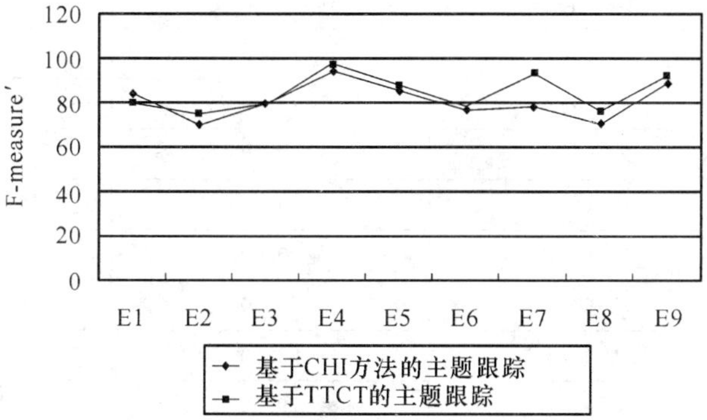

图 4-3　主题跟踪准确度对比

对于 9 个主题类别 $E_1 \sim E_9$，从图 4-3 中可以看出本书提出的方法整体上的 F-measure 值要好于基于 CHI 的主题跟踪方法，尤其是主题 E_7 的值要高出近 10%。两种方法在 9 个主题上 3 个指标的详细对比如表 4-7 所示。

表 4-7　主题跟踪准确度对比

	实验方法	CHI +SVM 方法	TTCT+SVM 方法
E_1	P/(%)	85.40	73.50
	R/(%)	82.00	87.50
	F/(%)	83.70	79.90
E_2	P/(%)	61.30	78.90
	R/(%)	81.50	71.00
	F/(%)	70.00	74.70
E_3	P/(%)	79.40	79.70
	R/(%)	79.00	78.50
	F/(%)	79.20	79.10
E_4	P/(%)	96.30	95.60
	R/(%)	92.00	98.00
	F/(%)	94.10	96.80
E_5	P/(%)	89.60	90.40
	R/(%)	81.50	85.00
	F/(%)	85.30	87.60

续 表

	实验方法	CHI +SVM 方法	TTCT+SVM 方法
E_6	P/(%)	79.40	76.20
	R/(%)	75.00	80.00
	F/(%)	77.10	78.00
E_7	P/(%)	89.20	95.80
	R/(%)	70.00	91.50
	F/(%)	78.40	93.60
E_8	P/(%)	63.60	76.30
	R/(%)	79.50	75.50
	F/(%)	70.70	75.90
E_9	P/(%)	96.00	93.80
	R/(%)	83.50	90.50
	F/(%)	89.30	92.10

通过以上实验结果分析可得,采用 TTCT 的主题跟踪方法在整体性能上有所提升。这主要是因为,除通过特征筛选过滤掉一些噪声词以降低文本矩阵的稀疏性外,重要的是使用主题建模方法进行主题分析,将具有某种分布特征的词语映射至某一主题,消除了同义词和多义词的影响,进一步提高了主题跟踪时进行分类的速度与精确度。

4.4 小 结

在情境主题分析模型的基础上,引入时空情境变量建立时空情境主题模型,将多主题分布与时空情境信息关联起来。同时,通过 EM 算法估计模型参数,实现了时空情境模式的抽取,能够获得主题在时间周期上的分布以及给定时期内主题在不同空间上的分布强度。本章还给出了基于情境主题聚类实现主题发现,基于时序特征建立主题跟踪器的方法,并将其用于食品安全事件的主题发现和跟踪,实验结果证明了情境主题分析方法在主题发现和主题跟踪方面的有效性。

第5章 情境主题模型的自动标注方法

情境主题分析以语义单元概率分布的形式描述主题，这使得一般用户较难理解主题的内容。通常的方法是取概率较高的若干个语义词来表示主题含义，但这种方法也常常不能准确表示整个分布所覆盖的全部语义。因此，本章将提出一种情境主题模型的自动标注方法，提取具有一定语义覆盖度和区分度的主题关联词来描述主题的内容。首先根据情境主题模式抽取候选标记词，然后通过相关性判别函数计算候选标记和主题的语义相关度，最后提出考虑语义区分度和覆盖度的标记选择方法。实验表明本章提出的方法在食品安全事件和旅游信息主题模型自动标注上的有效性。

5.1 候选主题词生成方法的提出

5.1.1 主题特征词的提取

在主题发现过程之后，为了使这些新发现的主题便于表达并被用户理解，本章用 χ^2 计算的方法来给出与某一个主题相关度最强的若干词汇作为该主题的特征词。χ^2 统计衡量的是一个单词与一个类之间的相关程度，其主要思想是假设特征与类别之间符合具有一阶自由度的 χ^2 分布。特征和某个类别的 χ^2 统计量的值越大，它们之间的独立性越小，相关性越强，也就是说特征对这个类别的贡献就越大。假设 A 表示包含特征 t 且属于类别 c_i 的文本数，B 表示包含特征 t 但不属于类别 c_i 的文本数，C 表示不包含特征 t 但属于类别 c_i 的文本数，D 表示不包含特征 t 且不属于类别 c_i 的文本数。那么其公式定义如下：

$$\mathrm{CHI}(t,c_i)=\frac{N\cdot(AD-BC)^2}{(A+C)\cdot(B+D)\cdot(A+B)\cdot(C+D)} \tag{5-1}$$

由公式可知，当特征 t 和类别 c_i 相互独立时，$\mathrm{CHI}(t,c_i)$的值为0。$\mathrm{CHI}(t,c_i)$的值越大，表示特征 t 和类别 c_i 之间的相关性越强，也就是说，在训练文本集中包含特征 t 的文本属于类别 c_i 的概率越大。

此公式计算的只是一个单词相对于某一个类的 CHI 值，整个文本数据的 CHI

值是其相对于所有类 CHI 值的综合。其计算方法通常有两种，如式(5-2)和式(5-3)所示。

$$\mathrm{CHI}_{\mathrm{avg}}(t) = \sum_{i=1}^{|C|} P(c_i)\mathrm{CHI}(t,c_i) \tag{5-2}$$

$$\mathrm{CHI}_{\max}(t) = \max_{i=1}^{|C|}\{\mathrm{CHI}(t,c_i)\} \tag{5-3}$$

为了对每一个词汇计算出它对应的每一个主题的相关程度大小，本文未采用传统的加和或者取极大值的方法来计算 χ^2 值，而是分别计算出每一个词和每一个主题之间的 χ^2 值。在对发现的主题进行主题描述时，用 χ^2 值较高的若干个词作为该主题的特征词。

5.1.2 关联主题词及其语义概念描述

关联词是依据上下文关系经常搭配使用的词。在自然语言中，为了表达的需要，文本中常常会大量出现关联词。例如，在旅游信息中"杭州"与"西湖"同时出现的概率非常大；在食品安全事件中，"婴儿"、"奶粉"与"三聚氰胺"同时出现的概率较大。如果这些关联词分别作为一个语义单元，则一方面会增加主题模型的维数，另一方面也降低了主题模型对文档的表达精度。虽然文本特征抽取可以通过预先设定的阈值来降低特征向量的维数，但它不是在基于保证语义精度的前提下，因此常常适得其反。由于关联词的信息冗余性大、计算复杂度高，因而漏判误判的问题也非常突出。

另外，为了解决主题的表达问题，也必须分析词与词之间的联系，不只对文本中词的概率统计描述，也应从语义上加以理解，此时就需要将具有语义关联性的词语抽取出来用于描述主题的内容。因此，利用关联规则挖掘构造关联词集是一个简单可行的方法，挖掘具有关联性的词语作为一个语义单元，既可以实现特征向量的降维，又可以增强主题表达的准确性。使用关联词集合可以有效地对文本特征空间的关联词进行归并，改进主题标注的效率和精度。

文章在对各类旅游事件报道信息进行关联词的挖掘的过程中，发现在挖掘过程中存在两个问题。

一是同义词问题。由于中文文本存在语法修饰，不同的词汇表示相同的概念，故关联规则算法无法根据中文文本中的深层语义信息挖掘关联词，影响了关联词归并的质量。

二是语义相关性问题。虽然关联规则挖掘可以发现特征词的同现关系，但因为主要反映的是一种统计规律，所以存在某些规则不能很好地反映特征词之间语义相关性的问题，即某些关联规则在语义上是无效的。

基于以上两个问题，本章将采用"知网"作为概念空间，将特征词映射到概念空间，解决同义词问题，同时提出基于语义概念分类的关联规则挖掘方法来提高关联词的语义相关性。

知网（*HowNet*）是著名的采用汉语描述的本体论。它将汉语和英语的词语所代表的概念作为描述对象，同时描述两两概念之间、概念所具有的属性之间的关系，并建立了反映这些概念和关系的知识库。知网中，单个或复杂的概念以及各个概念之间、概念的属性和属性之间的关系是通过义原或义原的组合来进行标注的。这样的好处是虽然新词不断出现，但义原的增加却极少。因此，在知网中，词义就被定义为各种义原的组合。

在主题的词语概率分布模型中引入知网作为背景知识，将主题词映射到义原，可以在一定程度上解决同义词替换的问题，使得相同概念不同描述的词可以进行归并。

经过分析发现，各类事件信息中的主题词根据语义可以分为 5 类，分别反映了信息中涉及的实体对象、环境、活动、事件和结果。它们从不同角度描述了事件信息的语义内容，如表 5-1 所示。

表 5-1　主题词的语义分类

语义类别	描述
实体对象	事件中涉及的实体，如“游客”、“大巴”等
环境	事件发生时的地理或自然环境，如“沙漠”、“小雨”等
活动	主体对象的活动，如“拍照”、“游泳”等
事件	事件描述，如“故障”、“溺水”等
结果	事件的结果，如“受伤”、“死亡”等

为了获得主题信息的概念集，首先对文本集 $D=\{d_1,d_2,\cdots,d_N\}$ 进行预处理，抽取每篇文本 d_i 中权重较高的特征词，构成基于特征词集的特征向量：

$$\mathbf{V}(d_i)=(\mathrm{TFI}(d_i,t_1),\mathrm{TFI}(d_i,t_2),\cdots,\mathrm{TFI}(d_i,t_n))$$

其中，TFI 为特征词 t_i 在网页 d_i 中出现的频率，n 为特征词的数量。

然后引入知网，将特征词映射到义原。在将文本 d_i 中的每个特征词 t 映射为义原时，先对具有两个或两个以上语义解释的词 t 进行语义排歧，获取其对应每个语义解释的概率 p，然后以 p 作为权重为语义解释涉及的每个义原 a 所对应的特征向量赋值。由于目前知网收录的词条有限，有些特征词没有被知网收录，对于这些特征词予以保留，这样就形成了义原加特征词的特征向量：

$$\mathbf{V}(d_i)=(w(d_i,a_1),\cdots,w(d_i,a_l),\mathrm{TFI}(d_i,t_1),\mathrm{TFI}(d_i,t_2),\cdots,\mathrm{TFI}(d_i,t_k))$$

其中，$t_i(1\leqslant i\leqslant k)$ 为没有被知网收录的特征词，$w(d_i,a_i)$ 为义原 a_i 在文本 d_i 中的权值：

$$w(d_i, a_i) = \sum_{j=1}^{n} \mathrm{tw}(d_i, t_j, a_i) \tag{5-4}$$

其中，$\mathrm{tw}(d_i, t_j, a_i)$为文档$d_i$中词条$t_j$对义原$a_i$的权重贡献：

$$\mathrm{tw}(d_i, t_j, a_i) = |\mathrm{ref}(t_j) \cap \{a_i\}| \cdot p_j \cdot \lambda \cdot \mathrm{TFI}(d_i, t_j) \tag{5-5}$$

其中，$\mathrm{ref}(t_j)$ 为词条 t_j 对应的义原集合，λ 为该义原类别的权重系数。

为了进一步缩减向量维度并提高关联规则挖掘的支持度和置信度，通过计算义原间的相似度可以进一步将相似义原进行归并。义原相似度的计算方法如下：

$$\mathrm{Sim}(a_1, a_2) = \frac{\alpha}{\mathrm{dis}(a_1, a_2) + \alpha} \tag{5-6}$$

其中，$\mathrm{dis}(a_1, a_2)$是义原 a_1 和 a_2 在知网层次结构中的语义距离，α 是一个可调节的参数。

5.1.3 基于语义分类的关联词集构造

(1) 关联主题词集的生成

在建立主题词的概念空间之后，文本特征向量中的义原和主题特征词分量被分为实体对象、环境、活动、事件和结果 5 类，并且可以根据其概率分布，即对主题语义的贡献度赋予不同的权重系数。通过挖掘这五类特征分量间的关联规则，在发现关联词的同时也有助于反映它们之间的语义联系。为了避免同类特征项出现在关联规则之中，定义基于语义分类的关联规则如下。

设文档特征空间中包含的所有义原和特征词构成集合：

$$W = \{a_1, a_2, \cdots, a_l, t_1, t_2, \cdots, t_k\}$$

其中的每个元素属于一个语义类别 K。则定义基于语义分类的关联规则 $A \rightarrow B$，其中 $A \subset W, B \subset W, A \cap B = \varnothing$，并且，对于规则左部 A 和右部 B 中包含的任意项 u, v，满足 $K_u \neq K_v$。

对于文本集 D，规则 $A \rightarrow B$ 的支持度为

$$s = P(A \cdot B) \tag{5-7}$$

置信度为

$$c = P(B|A) \tag{5-8}$$

基于语义分类关联规则的关联词集构造算法步骤如下。

① 利用关联规则算法挖掘基于语义分类的关联规则，获得所有支持度和置信度分别大于 s 和 c（式(5-7)、式(5-8)）的关联规则；

② 将关联规则右部包含的主题词从主题词集合中删除；

③ 在归并后的主题词集合中查找含有关联规则任意一边的主题词的归并主题词组合；

④ 如果找到，则将另一主题词加入到该归并主题词组合中；

⑤ 如找不到归并主题词组合，则以关联规则左右部的两个主题词构造一个新

的主题词组合,并放入归并后的主题词集合中。

⑥ 重复步骤②～⑤,对根据获得的每一条关联规则左右部包含的关联词进行归并。

⑦ 在完成所有关联规则的归并后,得到新的主题词集合,集合内包含多个关联主题词组合,即得到关联词集合。

(2) 语义分类关联规则挖掘

传统关联规则挖掘算法基于事务对项集的包含关系,这种关系只有包含和不包含两种状态。当应用于关联词挖掘时,主题词特征向量即为事务,主题词义原为项,主题词出现概率为权重。关联规则挖掘基于特征向量对义原的包含关系,因此主题词义原权重取值大于给定阈值表示包含,否则表示不包含。这样其实是假定了大于阈值的权重,即使具有不同的取值,对于关联规则挖掘的影响也是相同的。而实际上,由于主题词权重来自于主题词的概率分布,它描述了该主题下各个主题词出现的概率分布,因此可以认为不同概率的主题词对主题语义的贡献是不同的,传统关联规则挖掘方法没有充分利用这些信息。

量子信息论中,信息的载体被称为量子比特,它可以处于“0”、“1”两个本征态的任意叠加状态,而且两态的叠加振幅可以相互干涉,即量子相干性。一个量子比特的状态可以表示为:$|\Psi\rangle=\alpha|0\rangle+\beta|1\rangle$,其中,复数 α,β 代表相应状态的概率幅,$|\alpha|^2,|\beta|^2$ 分别表示量子比特处于状态 0 和 1 的概率,且满足归一化条件 $|\alpha|^2+|\beta|^2=1$。量子遗传算法采用量子比特进行编码,可以表征任意的线性叠加态,因此将量子遗传算法用于关联词挖掘可以利用主题词的概率分布来完成编码,充分利用文本语义信息。

QGA 的种群由量子染色体构成,第 t 代的种群定义为 $Q(t)=\{q_1^t,q_2^t,\cdots,q_n^t\}$,其中 n 为种群大小,m 为量子染色体的长度,q_i^t 为种群中的染色体个体,其定义如下:

$$q_i^t=\begin{pmatrix}\alpha_{i1}^t & \alpha_{i2}^t & \cdots & \alpha_{im}^t\\ \beta_{i1}^t & \beta_{i2}^t & \cdots & \beta_{im}^t\end{pmatrix},\qquad i=1,2,\cdots,n \tag{5-9}$$

基于 QGA 的关联规则挖掘过程如下。

① 初始化

确定种群大小 n 和量子比特位数 m,初始化种群 $Q=\{q_1,q_2,\cdots,q_n\}$。其中,染色体 q_i 量子比特 $\begin{pmatrix}\alpha_{ij}\\ \beta_{ij}\end{pmatrix}$ 的初始概率幅满足:

$$\frac{\alpha_{ij}}{\beta_{ij}}=\frac{m\cdot\sum_{k=1}^{N}w(d_k,a_j)}{\sum_{k=1}^{N}\sum_{j=1}^{m}w(d_k,a_j)} \tag{5-10}$$

这表明初始搜索时权重高的主题词项具有更高的搜索概率。

② 生成观测态 $P(t)$

根据 $Q(t)$ 中个体的概率幅构造出量子叠加态的观测态 $P(t)$：$P(t)=\{p_1^t,p_2^t,\cdots,p_n^t\}$，其中 $p_i^t(i=1,2,\cdots,n)$ 为每个个体的观测态，它是长度为 m 的二进制串。观测态采用概率方式产生，具体过程为：对于 $Q(t)$ 中个体 q_i^t 的每一个量子比特 $\begin{pmatrix}\alpha_{ij}^t\\ \beta_{ij}^t\end{pmatrix}$，产生一个(0,1)之间的随机数 r，若 $r<|\alpha|_i^2$，则相应的观测值为 0，否则为 1。

③ 适应度计算

根据群体中每一个体的观测态，计算个体的适应度函数值，从而对规则与数据集的匹配程度进行评价，得到适应度较好的个体。为了全面反映规则的性质，将适应度函数 f 定义为语义分类关联规则的支持度、置信度之和：$f(A\rightarrow B)=s(A\rightarrow B)+c(A\rightarrow B)$，其值介于 0～2 之间。在进化过程中，个体依靠自身的适应度与其他个体进行竞争，只有支持度、置信度均高的个体才能在竞争中生存下来。

④ 选择

根据适应度选择最佳个体，将其与此代以前的最佳个体进行比较，保留两者中较优者。同时判断算法是否满足终止条件，若满足，则算法终止，否则，执行下一步。

⑤ 使用量子门变换更新 $Q(t)$

采用量子旋转门 $\boldsymbol{G}$ 进行量子变换，对 $Q(t)$ 中的个体进行计算，生成第 $t+1$ 代种群 $Q(t+1)$。

$$\boldsymbol{G}(\theta)=\begin{pmatrix}\cos(\theta) & -\sin(\theta)\\ \sin(\theta) & \cos(\theta)\end{pmatrix} \tag{5-11}$$

其中，θ 为量子门的旋转角，$\theta=k\cdot h(\alpha,\beta)$，$k$ 是与算法收敛速度有关的系数，这里取 0.02π；$h(\alpha,\beta)$是搜索方向函数，其作用是使算法在解空间中朝着最优解的方向搜索，$h(\alpha,\beta)$的值如表 5-2 所示。

表 5-2　$h(\alpha,\beta)$的取值

p_{ij}	b_j	$f(p_i)>f(b)$	$h(\alpha_{ij},\beta_{ij})$			
			$\alpha_{ij}=0$	$\beta_{ij}=0$	$\alpha_{ij}\cdot\beta_{ij}>0$	$\alpha_{ij}\cdot\beta_{ij}<0$
0	0	false	0	0	0	0
0	0	true	0	0	0	0
0	1	false	0	0	0	0
0	1	true	±1	0	−1	+1

续表

p_{ij}	b_j	$f(p_i)>f(b)$	$h(\alpha_{ij},\beta_{ij})$			
			$\alpha_{ij}=0$	$\beta_{ij}=0$	$\alpha_{ij}\cdot\beta_{ij}>0$	$\alpha_{ij}\cdot\beta_{ij}<0$
1	0	false	±1	0	−1	+1
1	0	true	0	±1	+1	+1
1	1	false	0	±1	+1	−1
1	1	true	0	±1	+1	−1

表 5-2 中，p_{ij} 为当前个体观测态 p_i 的第 j 个比特位；b_j 为最优个体观测态 b 的第 j 个比特位；f 为适应度函数；α_{ij}，β_{ij} 为当前个体的概率幅。将量子旋转门作用于种群中的所有个体的概率幅，更新 $Q(t)$，即

$$q_i^{t+1}=G(t)\cdot q_i^t \tag{5-12}$$

其中，$G(t)$为第 t 代的量子旋转门，q_i^t 和 q_i^{t+1} 分别为第 t 代和 $t+1$ 代个体的概率幅。进行量子旋转变换后，种群中的个体都在最优解的引导下变异，从而使种群以较大概率向适应度高的模式进化。

⑥ 迁移操作

种群每进化 g 代执行一次迁移操作，即重新产生一代种群，并且用该种群中的最佳个体随机取代原种群最佳个体的某几位量子比特，从而使算法能够摆脱局部最优值，易于搜索到全局最优解。

⑦ 进化代数加 1，算法转②继续执行。

5.2　主题语义标签选择方法的提出

5.2.1　语义相似性计算

在抽取出主题词并得到关联主题词集合后，需要从其中选择与主题语义相关性高的词作为主题模型的标注词——标签，实现对主题模型的自动语义标注。而语义相关性计算的难点在于标签和主题模型（主题词的概率分布）之间的匹配。因此，本书将标签也以概率分布的方式表示，这样就可以直接与主题模型相比较。

假设标签 l 以语义词分布$\{p(w|l)\}$来表示，则可以使用 Kullback-Leibler (KL)距离算法计算$\{p(w|l)\}$与主题$\{p(w|\theta)\}$之间的相似度。为了获得标签 l 的语义词分布$\{p(w|l)\}$，本章采用一种近似方法，通过情境数据集 D 来估计$\{p(w|l,D)\}$，以代替$\{p(w|l)\}$。标签和主题之间的语义相似性通过式(5-13)进行计算。

$$
\begin{aligned}
S(l,\theta) &= -d(\theta\,||\,l) = -\sum_w p(w\mid\theta)\log\frac{p(w\mid\theta)}{p(w\mid l)} \\
&= -\sum_w p(w\mid\theta)\log\frac{p(w\mid D)}{p(w\mid l,D)} - \sum_w p(w\mid\theta)\log\frac{p(w\mid\theta)}{p(w\mid D)} - \\
&\quad \sum_w p(w\mid\theta)\log\frac{p(w\mid l,D)}{p(w\mid l)} \\
&= \sum_w p(w\mid\theta)\log\frac{p(w,l\mid D)}{p(w\mid D)p(l\mid D)} - d(\theta\,||\,D) - \\
&\quad \sum_w p(w\mid\theta)\log\frac{p(w\mid l,D)}{p(w\mid l)} \\
&= \sum_w p(w\mid\theta)\mathrm{PMI}(w,l\mid D) - d(\theta\,||\,D) + \mathrm{Bias}(l,D)
\end{aligned} \tag{5-13}
$$

从公式可以看出，标签 l 和主题 θ 之间的语义相似性包括三个分量，其中分量 $d(\theta||D)$ 表示主题和情境集之间的 KL 距离，它对于所有的标签都是相同的，因此在进行排序时可以忽略该值的影响。分量 $\mathrm{Bias}(l,D)$ 可以看作为通过情境数据集 D 推导标签 l 和主题 θ 之间相关性的偏差。当主题模型和候选标签均来自于集合 D 时，可以假定没有偏差。因此，标签和主题相近度的排序主要取决于第一个分量 $\sum_w p(w\mid\theta)\mathrm{PMI}(w,l\mid D)$，它可以写为给定情境下标签 l 和主题模型主题词之间互信息的期望 $E_\theta[\mathrm{PMI}(w,l|D)]$。

5.2.2 高语义覆盖度标签

好的标签应该对主题的语义内容有较高的覆盖度，语义相关性仅能保证所选择的标签与主题信息具有高相关性，但可能仅表达了该主题的部分语义。因此，当选择多个标签对主题进行标记时，希望选择的新标签能够覆盖主题其他的语义部分，而不是已有标签已经涵盖的内容。

本书采用最大边缘相关(Maximal Marginal Relevance，MMR)方法来选择高语义覆盖度标签。MMR 方法常常用于多文档摘要问题，是一种十分有效的去冗余并且取得最大相关性和差异性的方法。本章对 MMR 进行了一定简化以实现对标签的选择，通过最大化 MMR 来逐个选择标签，如式(5-14)所示。

$$
\begin{aligned}
\hat{l} &= \arg\max_{l\in L-S}[\lambda S(l,\theta) - (1-\lambda)\max_{l'\in S}\mathrm{Sim}(l',l)] \\
\mathrm{Sim}(l',l) &= -d(l'||l) = -\textstyle\sum_w p(w|l')\log\dfrac{p(w|l')}{p(w|l)}
\end{aligned} \tag{5-14}
$$

其中，S 是已经选择的标签，λ 是经验参数。

5.2.3 高区分度标签

以上标签选择方法仅考虑了对单一主题的标注，当对多个主题进行标注时，则需要考虑不同主题间的区分。因为若一个标签在多个主题内都具有较高的相关度，则该标签对于人们区分不同的主题是缺乏帮助的，所以为多个主题选择标签既需要考虑相关度，也需要考虑区分度。在这种情况下，本节对式(5-13)进行了修正，提出了考虑区分度的语义相似性计算方法：

$$\begin{aligned} S'(l,\theta_i) &= S(l,\theta_i) - \alpha S(l,\theta_{-i}) \\ S(l,\theta_{-i}) &= -d(\theta_{-i} \mid\mid l) \\ &\approx E_{\theta_{-i}}[\mathrm{PMI}(w,l \mid D)] \\ &\approx \frac{1}{k-1}\sum_{j=1,\cdots,i-1,i+1,\cdots,k}\sum_{w} p(w \mid \theta_j)[\mathrm{PMI}(w,l \mid D)] \\ &= \frac{1}{k-1}\sum_{j=1,\cdots,k} E_{\theta_j}[\mathrm{PMI}(w,l \mid D)] - E_{\theta_i}[\mathrm{PMI}(w,l \mid D)] \end{aligned} \tag{5-15}$$

其中，θ_{-i}表示除主题θ_i之外的其他$k-1$个主题，即$\theta_{1,\cdots,i-1,i+1,\cdots,k}$，$k$为主题数。

通过$S'(l,\theta_i)$计算跨主题的标签语义相似度并进行排序，从而可以为多个主题生成语义相关且具有一定覆盖度和区分度的标签。

5.3 实验结果及分析

1. 候选主题词生成实验结果

现选择旅游信息和食品安全事件信息中的 4 200 条文本数据构成训练文档集，采用 5.1 节提出的候选主题词生成方法进行主题词的提取和关联词集构造。考虑所选语料的每篇文章最多一千字左右，大多数文章为三四百字，设定主题数为 30，抽取主题词数 $N = 1000$，为了控制程序运行时间设定概念空间维数为 20，关联归并的支持度 $s=1\%$，置信度 $c=1.5\%$。最后生成 386 个关联主题词，每个关联主题词对应 1～8 个主题词，构成主题的候选标签。部分候选标签如表 5-3 所示。

表 5-3　部分候选标签

食品安全候选标签		旅游信息候选标签	
婴儿奶粉	消费者	门票票价	进入景区
记者采访	专家	游览路线	交通
医院治疗	毒	气候宜人	旅游
政府监管	致癌	游客	机票
问题食品	报道	品尝	景点
企业生产	健康	味道	参观

2. 主题语义标签选择实验结果

在前述构成候选标签的关联主题词集合上，采用 5.2 节提出的标签选择方法选取能够描述主题语义的标签进行自动标注。

采用第 4 章的主题发现方法获得各个主题后，为了对比实验效果，将本书提出的自动标注方法与人工标注和概率主题词标注方法进行了比较。

最大概率主题词标注方法从各个主题中选择概率分布较高的 3 个主题词作为主题标签。人工标注的具体方法是将每一主题的主题模型（主题词概率分布）及代表性文档展示给志愿者，由他们给出人工标注。

表 5-4 列出了部分主题及每一主题中概率分布最高的 12 个主题词，其中前三个词为最大概率主题词标注方法选出的主题标签，可以看出仅通过这些主题词较难判断主题的内容。人工标签和本书提出的方法自动标注的标签也分别在表 5-4 中列出。

表 5-4　部分主题及标签示例

	食品安全事件信息			旅游信息		
主题 θ	Topic0	Topic1	Topic2	Topic0	Topic1	Topic2
本书标注方法	婴儿奶粉 患 结石	鸡蛋 含有 苏丹红	有关部门 标准 管理	游客 游览路线 门票票价	食品制作 品尝 风味	酒店价格 游客 住宿
人工标注	问题奶粉	红心鸭蛋	政府监管	景区游览	地方美食	景区住宿
主题词 （最大概率主题词标注）	医院 奶粉 患 出现 婴儿 结石 治疗 发现 食用 专家 记者 原因 孩子 时 肾结石	鸡蛋 含 发现 苏丹红 中 含有 进行 鸭蛋 蛋 问题 超市 食品 健康 时 报道	销售 生产 还有 造成 我们 事件 标准 作为 有毒 发生 需要 部门 危害 应该 管理	门票 气温 参观 园 人 气候 直接 路线 之间 票 购买 进入 值得 地区 不宜	菜 味 小 肉 风味 制作 味道 茶 中 时候 食品 食 吃 品尝 香	景区 酒店 游客 旅游 价格 宾馆 市区 当地 方便 他们 很多 最好 附近 选择 景点

为了对主题标注的有效性进行评价，现通过另外 5 名志愿者对标签的准确性进行打分，分别比较最大概率主题词标注方法、人工标注方法和本文标注方法的准确性。现将随机排序的主题及其主题词分布、本文标签和该主题的最相关文档提供给志愿者，由志愿者对两种方法产生的标签分别打分，然后统计平均得分。打分规则是总分为 5 分，由志愿者将这 5 分按照其对标签准确性的评估分别分配给三种方法生成的标签。并且，要求志愿者对主题的第一个标签和前三个标签分别打分，结果如表 5-5 所示。

表 5-5　主题标注的有效性对比

数据集	标签数	人工标注	最大概率主题词标注	自动标注
食品安全	1	2.16	0.89	1.94
食品安全	3	1.92	1.41	1.67
旅游	1	3.04	0.76	1.22
旅游	3	2.28	0.97	1.76

5.4 小　结

本章提出了情境主题模型的自动标注方法，通过主题词提取和语义概念空间上的关联词挖掘方法来生成候选主题词，并且给出了主题词语义相关性计算以及高语义覆盖度和区分度标记的选择方法，实现了主题模型的自动语义标注，解决了对主题词模型进行语义理解的问题。该方法被用于食品安全主题和旅游信息主题的自动标注。实验证明该方法的标注效果优于最大概率主题词标注方法，尤其在食品安全主题标注方面已经比较接近人工标注的准确性，取得了良好的效果。

第6章　跨媒体情境主题分析方法

随着互联网上多媒体数据的大量涌现，单纯依靠文本的主题发现方法已经不能满足需要。尤其对于短文本来说，由于文档中的文本词数量少，导致在进行文本主题模式抽取时的准确度下降，文档的主题概率分布不能准确反映文档特征。在此情况下，需要将文档中包含的图像等媒体信息与文本一起进行跨媒体的主题分析，从而得到文档在跨媒体数据空间上的主题概率分布，准确反映文档特征。本章首先对跨媒体主题分析要解决的主要问题进行了分析，然后给出了一个进行跨媒体主题分析的框架，并且在第3章情境主题模型的基础上，提出了跨媒体视觉主题建模方法，解决了跨媒体数据统一表示的问题，实现了对跨媒体数据的主题发现。

6.1　跨媒体主题分析的主要问题

互联网上的信息具有海量性、高动态性、非结构化以及内容理解的主观性与多义性等特点，对主题分析提出了新的挑战。尤其是不同媒体底层特征与高层语义之间存在的鸿沟使针对单一媒体建模的主题分析方法不再可行，相对于单一媒体的主题分析方法，跨媒体主题分析要解决的主要问题包括以下3种。

(1) 跨媒体数据的统一表示和建模方法

跨媒体数据的自然属性和社会属性具有异构、多阶、高维等特点，并且随时间、空间动态变化。蕴含关联性语义的异构属性之间也存在着内在一致、相互互补和动态演化等特性。因此，如何建立跨媒体数据关联性语义结构的一致性描述，对高层语义进行整体性表达，最终实现跨媒体数据自然属性、社会属性以及交互行为等上下文之间存在的复杂关系建模，是关键的科学问题。

(2) 跨媒体数据的关联推理和深度挖掘

蕴含着相同语义、主题和事件的文本、图像、视频等跨媒体数据在不同网络平台上瞬时涌现，然后迅速传播和演化，最终引发热点主题。因此，如何对跨媒体数据所蕴含的主题、事件和模式进行语义理解，建立跨媒体推理模型，挖掘主题、事件和模式之间的隐性关联，进而对用户交互情况下新主题、事件和模式的产生和迁移进行预测预警，也是重要的科学问题。

(3) 跨媒体数据综合搜索和内容合成

由于事件、主题和模式往往是通过文本、图像、视频和空间位置等多种媒体数据从不同侧面进行展现。因此，为了充分利用这些数据，需要理解用户以自然语言和跨媒体样例来表达的检索意图，研究考虑内容、质量和热度等属性的跨媒体排序方法和相关反馈机制，建立从一类媒体数据检索另一类媒体数据的综合检索理论和方法。同时，提取跨媒体数据所蕴含的热度因素和阈值，选择重要性单词、文本、图像、视频、空间位置和评价等，提取热点主题的代表性语义单元，进一步通过类比和联想等手段，合成潜在性热点主题，对于高效利用跨媒体数据也具有重要的作用。

6.2　跨媒体主题分析方法的提出

6.2.1　跨媒体主题分析框架

本章提出一种跨媒体主题分析框架来解决跨媒体数据建模、关联推理和热点发现，以及综合搜索的问题。该框架分为三个主要阶段。第一阶段的基本任务是建立跨媒体数据的主题模型，并通过参数估计抽取主题模式；第二阶段结合领域本体推理的方式挖掘关联主题；第三阶段利用主题模型、模式和关联主题进行进一步的分析以实现高层应用，如主题发现和综合搜索等，如图 6-1 所示。

为了分析文本和图像间的关联性语义，本书采用词袋模型，通过特征聚类的方式获得图像的视觉词描述。这样的好处是，图像和文本一样也可以采用概率生成方法挖掘它的潜在主题，从而使文本和图像均以主题概率分布的方式描述。但是，因为文本和图像的主题空间不同，文本主题是通过词语分布来进行描述，图像主题是通过视觉词分布描述，所以主题映射的关键是要建立跨媒体的主题模型，即建立以视觉词分布描述文本主题的视觉主题模型，从而确定图像主题和文本主题的相关度，这样才能对跨媒体数据的主题进行整体性表达。本节提出一种视觉主题模型的建立方法，实现跨媒体主题映射和主题发现。

在建立视觉主题模型并获得了跨媒体数据的整体描述后，7.1 节将通过结合领域本体的方式进行语义推理，进一步挖掘跨媒体主题间的关联关系，并最终实现食品安全跨媒体数据的热点主题发现、搜索和展现。

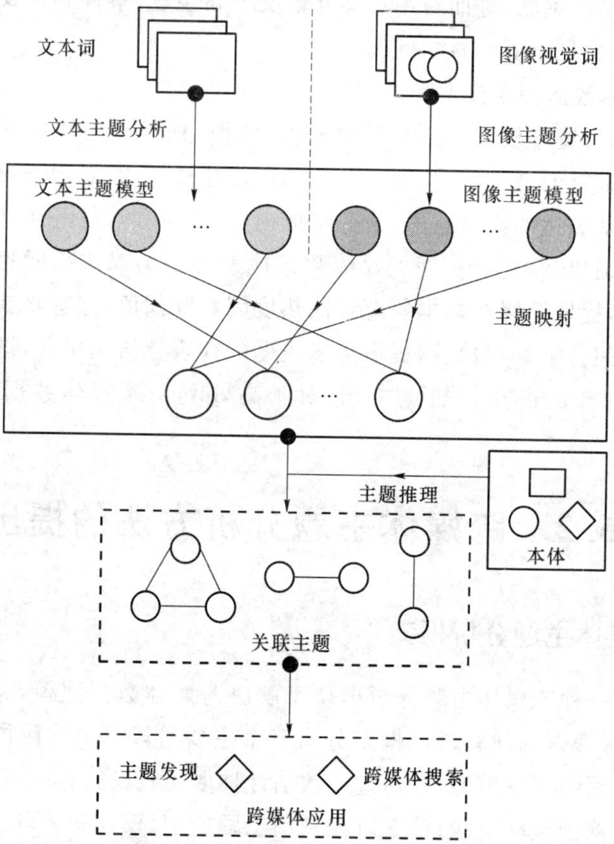

图 6-1 跨媒体主题分析框架

6.2.2 基于词袋模型的跨媒体文档语义描述

本节将使用词袋(Bag of Words,BOW)模型来实现图像数据的表示。首先,提取图像的 SIFT 特征,经过聚类分析形成由视觉词汇构成的视觉词典,然后将图像量化为视觉词出现的频率,得到图像在视觉词汇本上的概率分布。对于文本模态,需要经过中文分词,并去除停用词,得到其离散化表示。然后,将图像和文本双模态信息映射至同一模态空间中。接下来采用改进 CHI 算法实现初步的特征提取后,采用概率主题模型来实现对跨媒体信息的语义主题建模,实现特征空间的二次优化降维,同时结合突发事件相关报道信息的时序特征来进一步提升主题自动发现与跟踪的性能和精度。

(1) 图像视觉特征提取

SIFT 特征在图像旋转、比例缩放、亮度变化和一定程度的仿射变换中具有良好的不变性,因此本书采用 SIFT 特征建立图像视觉部分的特征表示。

SIFT 特征提取的第一步是关键点检测，其基本思想是在图像的不同尺度上应用高斯滤波，然后通过高斯差分(Difference of Gaussians，DoG)计算极值点，即关键点。

首先，图像的尺度空间 $L(x,y,\delta)$ 由原始图像 $I(x,y)$ 与一个可变尺度的二维高斯函数 $G(x,y,\delta)$ 卷积运算得到：

$$L(x,y,\delta)=G(x,y,\delta)\cdot I(x,y)$$
$$G(x,y,\delta)=\frac{1}{2\pi\delta^2}\mathrm{e}^{-(x^2+y^2)/2\delta^2} \tag{6-1}$$

然后，计算高斯差分 $D(x,y,\delta)$，即相邻尺度高斯平滑图像相减：

$$\begin{aligned}D(x,y,\delta)&=[G(x,y,k\delta)-G(x,y,\delta)]\cdot I(x,y)\\&=L(x,y,k\delta)-L(x,y,\delta)\end{aligned} \tag{6-2}$$

对应 DoG，可以得到 DoG 金字塔，即不同尺度的高斯差分图像，如图 6-2 所示，通过这些图像可以看出像素值的变化情况。

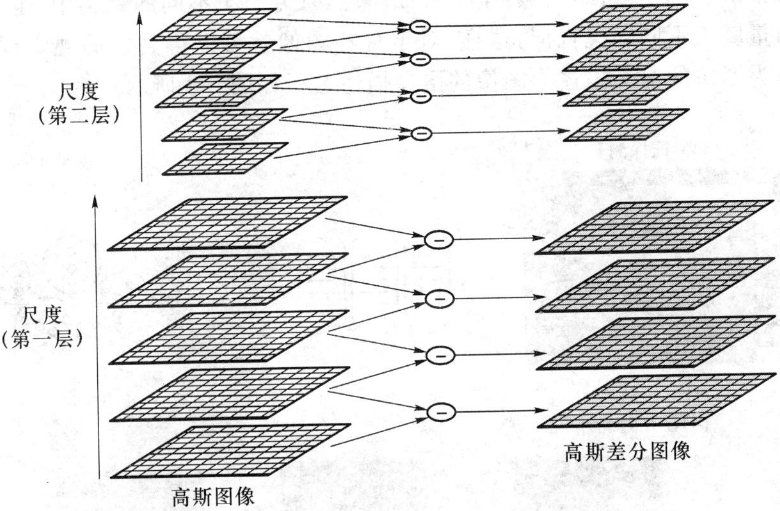

图 6-2　高斯差分金字塔

图像的关键点是由 DoG 空间的局部极值点组成的，为了寻找 DoG 函数的极值点，每一个像素点要和它所有的相邻点比较，看其是否比它的图像域和尺度域的相邻点大或者小。如图 6-3 所示，中间的检测点和它同尺度的 8 个相邻点和上下相邻尺度对应的 9×2 个点共 26 个点比较，以确保在尺度空间和二维图像空间都检测到极值点。

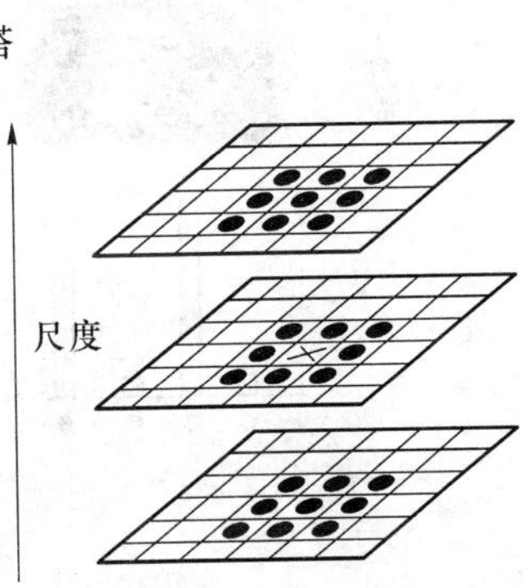

图 6-3　局部极值点检测

由于 DoG 值对噪声和边缘较敏感,因此,在上面 DoG 尺度空间中检测到局部极值点还要经过进一步的检验才能精确定位为特征点。通过去除那些对比度较低的不稳定极值点并且排除边缘响应后,最终得到关键点。

在关键点计算后,用一组向量将关键点描述出来,这个描述不但包括关键点,也包括关键点周围对其有贡献的像素点。描述方法的主要思路是通过对关键点周围图像区域分块,计算块内梯度直方图,生成具有独特性的向量。每个关键点的局部描述符用一个由大小、方向、位置构成的向量表述。

(2) 基于 BOW 模型的图像语义描述

对于每幅图像,本章运用 SIFT 算法提取图像的特征向量,每幅图像包括若干个特征向量。在得到所有图像的特征向量后,采用 K-means 聚类算法对所有训练图像的特征向量进行聚类,每个聚类被作为一个视觉词 w,视觉词的集合就构成了一个视觉词典 $V=\{w_1, w_2, \cdots, w_n\}$,接下来就可以利用视觉词典来描述每幅图像的语义。由于每幅图像包含若干个特征向量,且分布于不同的聚类中,也就是每个特征向量属于不同的视觉词,这样,对于每幅图像就可以得到它的视觉词分布,它可以作为图像的语义描述。图像的语义描述过程如图 6-4 所示。

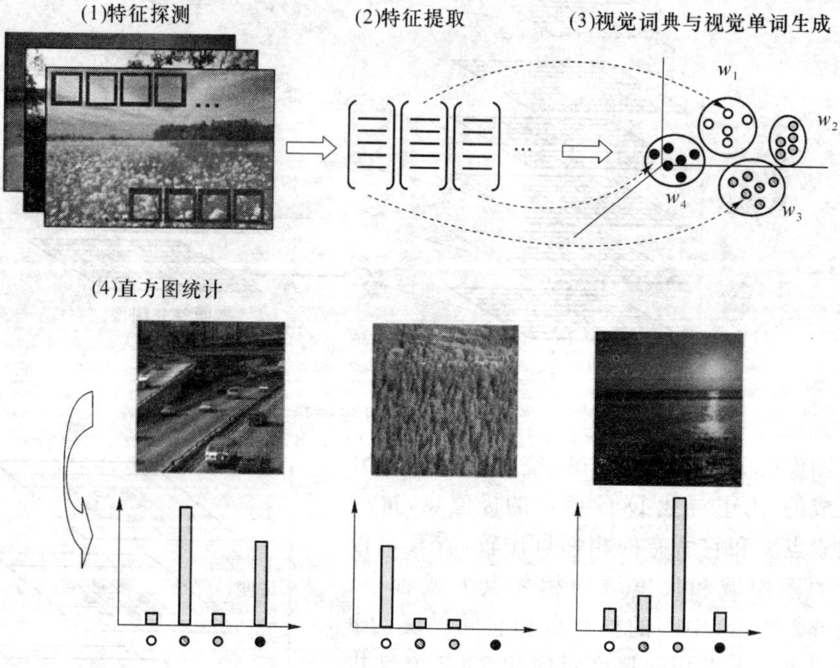

图 6-4 图像的语义描述

本节将图像模态和文本模态信息融合在统一的特征空间中实现跨媒体语义分析及主题挖掘。假设跨媒体文档 T_i 中,图像数据用 I_i 表示,文本数据用 T_i 表示,于是跨媒体文档信息 T_i 采用如下形式进行描述:$T_i=\{I_i,d_i\}$。

设图像集经过语义描述后形成的视觉词汇的个数为 k。因为每幅图像中的每个视觉词具有一定的概率分布,所以图像 I_i 可描述为 k 个视觉词的概率分布$\{p(w_1,I_i),\cdots,p(w_k|I_i)\}$。又设文本集包含 m 个隐含主题 $\Theta=\{\theta_1,\theta_2,\cdots,\theta_m\}$,因此每篇文档可以表示成 k 个主题上的概率分布 $d_i=\{p(\theta_1|d_i),\cdots,p(\theta_m|d_i)\}$。

6.2.3 视觉主题模型的建立

为了建立文本主题模型和图像主题模型之间的映射关系,本节提出一种视觉主题学习方法建立主题的视觉模型。

首先采用第 5 章的方法对跨媒体文档 $T_i=\{I_i,d_i\}$中的文本 d_i 进行主题分析,建立主题模型并得到文档主题概率分布,然后使用这些主题模型对训练图像进行标注。之后,本章提出视觉主题学习算法建立主题标签的视觉主题模型,即将文本主题标签以视觉主题分布的形式描述,这样,图像与文本之间的相似度就可以通过计算它们视觉主题间的相似度来得到。跨媒体主题映射过程如图 6-5 所示。

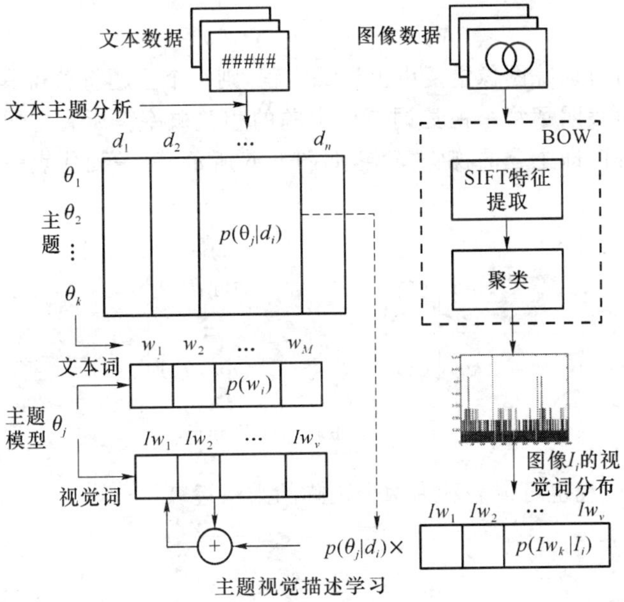

图 6-5 视觉主题模型的建立过程

具体步骤如下。

① 通过 SIFT 算法获得每幅训练图像的特征向量集合，然后将所有训练图像的特征向量进行 K-means 聚类，每幅图像都会有一定数量的特征向量被分配到某一聚类中，而每个聚类可以被看作是一个视觉词，因此每幅图像的特征向量都会与相应的视觉词对应，这时就获得了图像的视觉词描述，每一视觉词出现的频度与属于该聚类的特征向量数相同。除此之外，每幅训练图像还与其所在跨媒体文档中的文本相关联，而文本部分可以通过文本的情境主题分析获得其主题分布，本书假定跨媒体文档及其中的图像与文本数据具有相同的主题分布，这样也就得到了每幅图像的主题分布。但是，此时的主题模型是以文本词的概率分布描述的，即 $\theta_i=\{p(w_1|\theta_i),\cdots,p(w_k|\theta_i)\}$，接下来需要通过视觉主题学习建立主题的视觉词概率分布描述，即求主题模型的视觉词概率分布。

② 本节提出视觉主题学习算法进行主题的视觉词描述学习，使每个主题获得用来描述主题内容的视觉词分布。初始情况下，设主题 θ_k 的视觉词分布为空，然后每个主题依次从每幅训练图像中学习其视觉词分布，具体过程如下。

首先，读入训练图像 I_i，设其视觉词分布为 W_{I_i}，主题为 θ_k，图像 I_i 所在跨媒体文档 d_i 的文档主题概率为 $p(\theta_k|d_i)$。则主题 θ_k 第 $t+1$ 次迭代产生的视觉词分布 $W_{\theta_k}^{t+1}$ 通过如下计算得到：

$$\boldsymbol{W}_{\theta_k}^{t+1}=\boldsymbol{W}_{\theta_k}^{t}+p(\theta_k|d_i)\boldsymbol{W}_{I_i} \tag{6-3}$$

然后，对所有训练图像重复以上训练过程，则每个主题将获得其最终的视觉词分布，该分布也表明了每个视觉词与该主题的相关概率。所有主题的视觉词分布构成了一个矩阵，即主题的视觉模型，如图 6-6 所示，每一列代表一个主题的视觉词分布。

$$\begin{array}{c} \\ w_1 \\ \vdots \\ w_k \end{array}\begin{array}{c} \begin{array}{ccc} \theta_1 & \cdots & \theta_m \end{array} \\ \begin{pmatrix} (w_1,\theta_1) & \cdots & (w_1,\theta_m) \\ \vdots & & \vdots \\ (w_k,\theta_1) & \cdots & (w_k,\theta_m) \end{pmatrix} \end{array}$$

图 6-6　主题的视觉分布

以上训练过程也可以表示为两个矩阵的乘法运算：

$$\boldsymbol{W}_\theta=\boldsymbol{W}_I\cdot\boldsymbol{W}_D$$

$$=\begin{array}{c} \\ w_1 \\ \vdots \\ w_k \end{array}\begin{array}{c} \begin{array}{ccc} I_1 & \cdots I_j\cdots & I_n \end{array} \\ \begin{pmatrix} p(w_1,I_1) & \cdots & p(w_1,I_n) \\ \vdots & p(w_i,I_j) & \vdots \\ p(w_k,I_1) & \cdots & p(w_k,I_n) \end{pmatrix} \end{array}\cdot\begin{array}{c} \\ d_1 \\ \vdots \\ d_n \end{array}\begin{array}{c} \begin{array}{ccc} \theta_1 & \cdots\theta_j\cdots & \theta_m \end{array} \\ \begin{pmatrix} p(\theta_1\mid d_1) & \cdots & p(\theta_m\mid d_1) \\ \vdots & p(\theta_j\mid d_i) & \vdots \\ p(\theta_1\mid d_n) & \cdots & p(\theta_m\mid d_n) \end{pmatrix} \end{array}$$

$$
\begin{array}{c} \\ w_1 \\ \\ = \vdots \\ \\ w_k \end{array}
\begin{array}{ccc} \theta_1 & \cdots\theta_j\cdots & \theta_m \\
\left(\begin{array}{ccc}
\sum_{l=1}^{n} p(w_1,I_l)p(\theta_1 \mid d_l) & \cdots & \sum_{l=1}^{n} p(w_1,I_l)p(\theta_m \mid d_l) \\
\vdots & \sum_{l=1}^{n} p(w_i,I_l)p(\theta_j \mid d_l) & \vdots \\
\sum_{l=1}^{n} p(w_k,I_l)p(\theta_1 \mid d_l) & \cdots & \sum_{l=1}^{n} p(w_k,I_l)p(\theta_m \mid d_l)
\end{array}\right) \end{array}
$$

(6-4)

其中，$\boldsymbol{W}_I$ 为训练图像集 I 中每幅图像的视觉词分布矩阵，$\boldsymbol{W}_d$ 为文本集 D 在 m 个主题 θ 上的概率分布，矩阵相乘后的结果 $\boldsymbol{W}_\theta$ 为主题的视觉词分布，每一列为一个主题 θ_j 在 k 个视觉词上的视觉词典。

③ 设测试图像的视觉词分布为 $I=(p(w_1|I),\cdots,p(w_k|I))$，则该图像与每个主题的相关概率按公式(6-5)计算：

$$p(\theta_j \mid I) = \sum_{w_i \in I} p(w_i \mid I)p(\theta_j \mid w_i) \tag{6-5}$$

这一过程实际上是将测试图像的视觉词分布作为一个向量，与之前得到的主题标签视觉词分布矩阵相乘，得到测试图像的主题分布向量，即该图像与每一主题的相关概率，过程如图 6-7 所示。

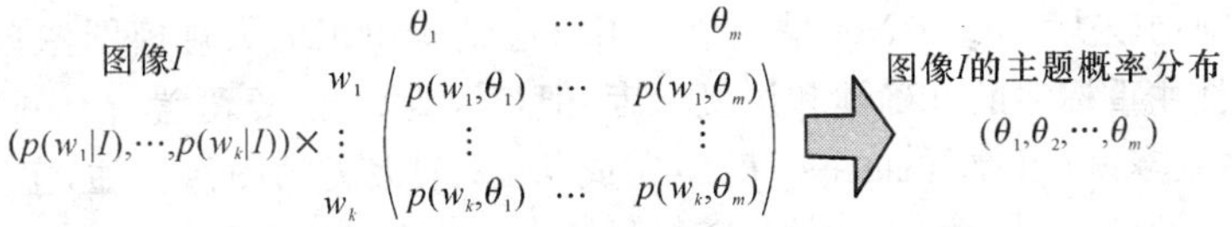

图 6-7　图像主题概率分布的计算

为了获得图像最终的主题标签，设定阈值 t，若图像与主题 θ_j 的相关概率大于最大相关概率与 t 之积，即如果 $p(\theta_j|I) \geqslant t \cdot \max_{i=1,\cdots,k}(p(\theta_i|I))$，则 θ_j 为该图像的主题标签。

6.3　领域视觉词典的建立

6.3.1　领域图像数据集的作用

丰富多样的高质量图像数据集对于研究复杂、鲁棒的模型和算法，实现图像数据的组织、索引、检索以及视觉理解具有重要的意义和作用，主要体现在以下方面：

- benchmark 数据集——在目标识别和场景分类的研究中，需要通过高质量、多样性的大规模图像数据来建立 benchmark 数据集。

- 训练资源——大多数目标识别算法集中于普通对象的研究，如汽车、人脸等，这主要是因为这些类别的图像集更容易获得，即使是目前最大的数据集，它们对各种类型对象的覆盖性仍然是有偏差的，如食品图像就缺乏完整的体系。
- 为视觉建模引入新的语义关系——如果图像集与语言本体中的概念相对应，而这些概念在语言本体内具有丰富的语义关系，就可以挖掘不同的语义关系来建立新的视觉模型。
- 人类视觉的研究——图像集丰富的结构和对图像世界的广泛覆盖可以提高对人类视觉系统的理解，如是否能够以图像的方式来描述某种概念是一个十分复杂的问题，因此认知体系与视觉体系之间的联系是一个有待探索的领域。

基于此，国内外建立了众多的图像集来解决不同领域的问题。

Caltech101/256，MSRC，PASCAL 等是一批较早建立的小规模的标注图像集，用来进行各种计算机视觉领域算法的训练和测试，但由于规模较小，已经不能适应当前研究任务的需要。TinyImage 是一个采集了 80M(分辨率 32×32)互联网图像的数据集，这些数据通过图像搜索引擎获得，准确性不高，且由于分辨率较低而限制了它的应用。ESP 数据集通过在线游戏的方式由游戏者对图像进行标注，从而建立图像数据集。这种方法的问题是游戏者通常倾向于选择语义比较宽泛的标注词，如“狗”、“猫”等，而不是更为具体的标注词，如“哈士奇”、“波斯猫”等。LabelMe 和 RGB-Object 数据集则不仅提供了准确标注的图像，而且标注了图像中对象的位置和轮廓，但图像的类别均较少。ImageNet 是一个采用分层结构组织的大规模图像数据集，涵盖内容广泛且注重标注的准确性和语义深度，但正因为如此，要覆盖所有领域也是一项非常巨大的工程。目前 ImageNet 已经完成了 12 个大类的图像标注，主要涉及视觉理解领域关注较多的动物、车辆等，还未包括完整的食品领域图像。

近年来我国各类食品安全事件频繁发生，通过对此类事件互联网信息的主题分析，可以对事件发生、发展及影响情况进行监测，并在控制决策方面提高应急处理能力。随着多媒体数据逐渐成为网络信息的主要载体，基于文本的主题分析方法越来越难以全面、准确地挖掘相关主题内容及其影响范围和深度，研究融合各类媒体信息的跨媒体数据处理方法已经成为亟待解决的关键问题。

多媒体数据的语义描述、语义词典的建立是进行跨媒体主题分析研究的基础，尤其是建立能够较为全面准确地反映领域内数据语义特征的图像集及相应的视觉词典更是一项基础性工作，对于后续跨媒体主题分析的研究及算法评估具有重要意义。目前，在食品安全领域还缺乏相关数据集及视觉词典，这也对食品安全事件的互联网信息监测带来了困难。

由于饮食习惯、食品品种等与西方国家的差异，我国的食品领域图像有自己的特点和分类体系，因此建立我国的食品领域图像数据集不但对于国内食品安全互联网信息的监测有重要意义，对于该领域视觉理解的研究也有重要作用。

6.3.2　食品图像数据集的建立

根据我国的食品质量安全准入 28 类分类目录,另外增加新鲜蔬菜和水果两个大类,共 30 类,建立食品安全领域本体。根据其实例及属性构造关键词,从多个图像搜索引擎及社会化标注网站当中采集候选图像数据,并进行去重等预处理工作。为了获得尽可能丰富的数据,通过中文语言本体 HowNet 进行扩展,或者利用父类词共同构造检索词,并通过多种语言检索获得图像数据。

食品图像数据集根据食品安全领域本体,采用层次化树形结构建立,拟包括 30 个子树,目前已经建立了新鲜水果、蔬菜、乳制品、蛋制品、粮食加工品 5 个子树,如图 6-8 所示。为了保证数据集的准确度,采用人工标注的方式将候选图像分类到相应的子类中。在每项标注任务中,将候选图像及目标类的定义分配给志愿者进行标注。人工标注的关键是建立质量控制系统保证标注的准确性,具体办法是采用投票方案,将相同的图像分配给多名志愿者进行独立标注,根据多人标注获得图像标注结果的评分。对于存在争议的图像,将提交到更大范围的志愿者或互联网进行标注,直到获得可以接受的评分。

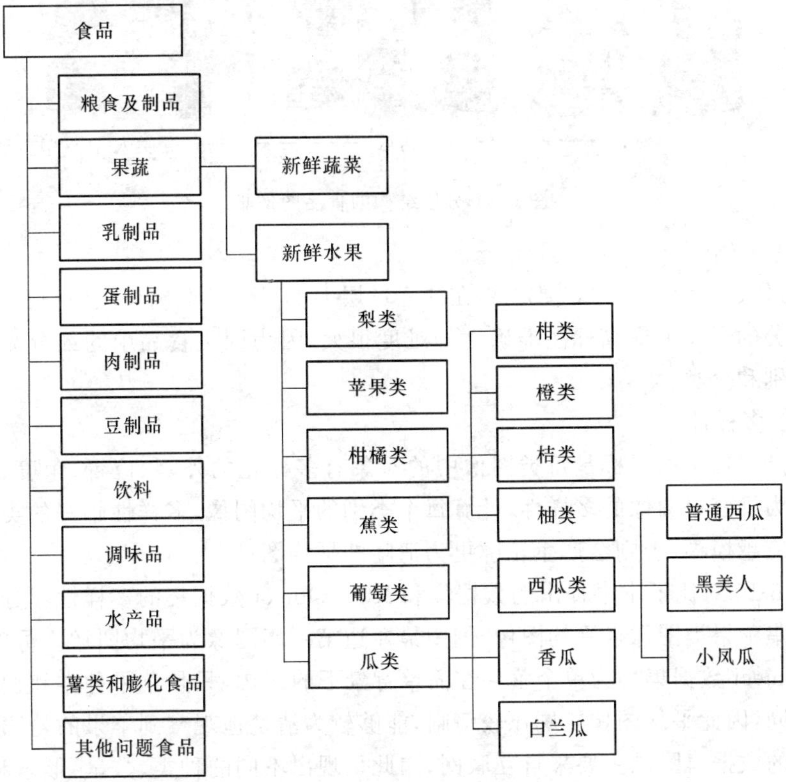

图 6-8　食品图像数据的分类组织

6.3.3 食品图像数据集的特点

食品图像集根据食品领域本体和语言本体而建立，完成后的最终目标是包含30个大类、128个子类，近千种准确标注的食品图像(每种食品包含200～300幅图像)。目前，已经包含了新鲜水果、蔬菜、乳制品、蛋制品、粮食加工品5个大类，本书的大多数分析将基于水果类。食品图像数据集具有以下特点：

(1) 分层结构

食品图像集以层次化的语义结构来组织不同类别的图像，并且通过类别从属关系建立相互间的关联。如图6-9所示，水果类中瓜类的图像数据按照“瓜”→“西瓜”→“黑美人”这样的层次组织，越靠近底层分类越细越具体。虽然也有其他数据集采用类别标签根据语言本体进行语义层次上的组织，但在食品领域本书数据集的层次类别更为完整。

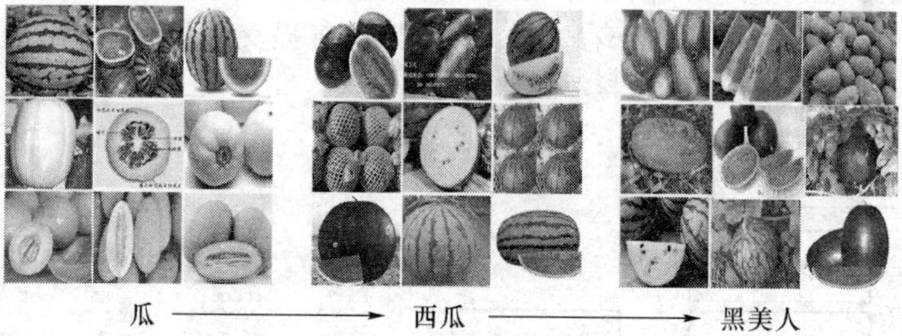

图6-9 分层结构的食品图像集

(2) 准确性

通过人工标注的方式，数据集在最高三层上都提供了准确标注的图像集，但在更为细分的子类上提高标注准确性的难度很大，因为同类食品中的细分品种更难进行识别和分类。

(3) 多样性

食品图像集的目标是每类图像中的对象有多样化的外观、位置、角度、形态和背景。为了获得图像的多样性，计算每个类别的平均图像，多样性越好的类别其平均图像应越模糊，否则会产生轮廓更为清晰的平均图像。

图6-10对比了本书提出的数据集和RGB-Object数据集的多样性。分别对两个数据集苹果类图像求平均图像，图中最左边第一幅图像为平均图像。可以看出，RGB-Object数据集均为单个苹果在简单背景下的图像，只是苹果种类和摆放角度略有不同，因此平均图像轮廓比较清晰，能够较为清楚地观察到苹果的轮廓。而本书提出的数据集图像主要来自互联网，因此呈现出不同的种类、数量、形态和背景，图像多样性好，平均图像较为模糊，轮廓特征不明显。

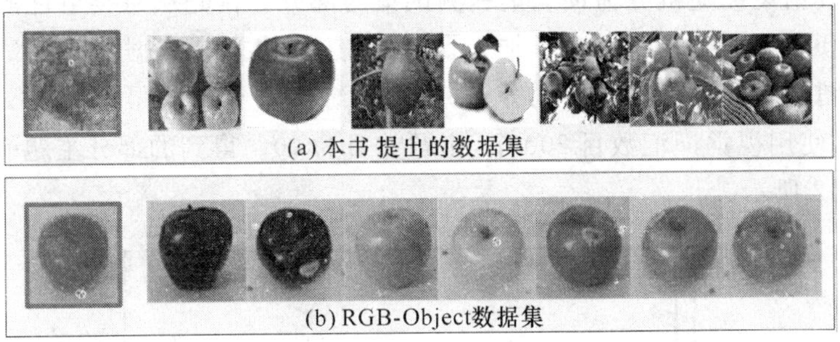

(a) 本书提出的数据集

(b) RGB-Object数据集

图 6-10　图像多样性对比

6.4　视觉主题模型实验结果及分析

本章在食品安全事件相关网页文档中的文本和图像数据集上建立了视觉主题模型，并采用 4.3 节提出的方法进行了跨媒体主题跟踪的实验。实验数据主要来自于食品伙伴网、掷出窗外网等专业食品安全网站以及国内一些主流门户网站（如新浪、搜狐、网易等）、专业新闻网站（如人民网、新华网等）。采集了 2006—2010 年 10 类热点食品安全突发事件的相关报道信息，共 5 000 条。所涉及相关主题主要有婴幼儿奶粉查出三聚氰胺事件、红心鸭蛋查出苏丹红事件、多宝鱼查出致癌物事件、金浩茶油致癌物超标事件、麦乐鸡添加剂事件等。

1. 视觉主题模型建立的实验结果

本节从食品安全事件相关网页中分别抽取文本和图像建立跨媒体数据集，该数据集共涉及 10 类食品安全事件，每一类由 400 ～ 500 幅图像及对应的文本组成，图像的平均大小为 300 ×250。因为要对图像进行均匀分块来生成图像分块，而不同大小图像所得到的分块大小也不相同，所以可能会对最终的分块潜在语义模型生成带来一定影响。因此，在本书提出的数据集中，将图像的大小都归一为 256 ×256 像素来进行处理。部分图像数据如图 6-11 所示。

图 6-11　部分实验图像

整个数据集被随机分为训练集和测试集两部分。首先从每类事件的数据集中随机选择 300 幅图像及对应文本加入训练集，然后将剩余数据加入测试集。本节通过训练图像集合来构建视觉词分布，通过训练文本集来获得跨媒体文档的主题概率分布，使用视觉词汇数目 200 个，主题数目为 20。得到的部分主题的视觉词描述如图 6-12 所示。

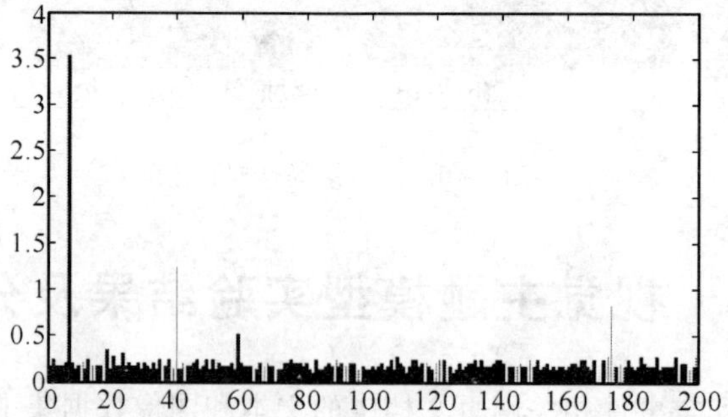

Topic1:苏丹红(0.0913)，红心鸭蛋(0.0823)，饮料(0.0585)

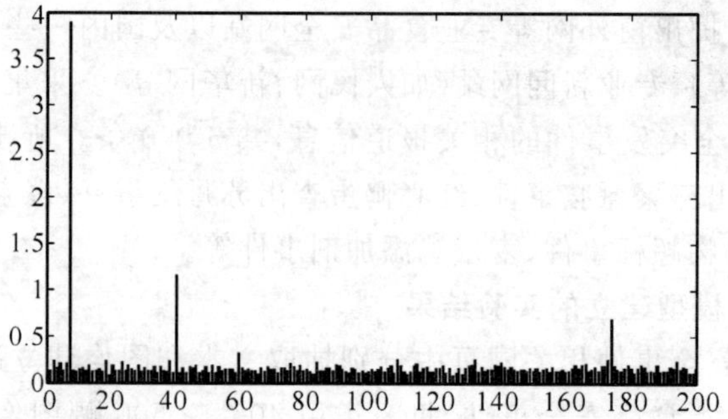

Topic5:奶粉(0.1438)，三鹿(0.1350)，三聚氰胺(0.1310)

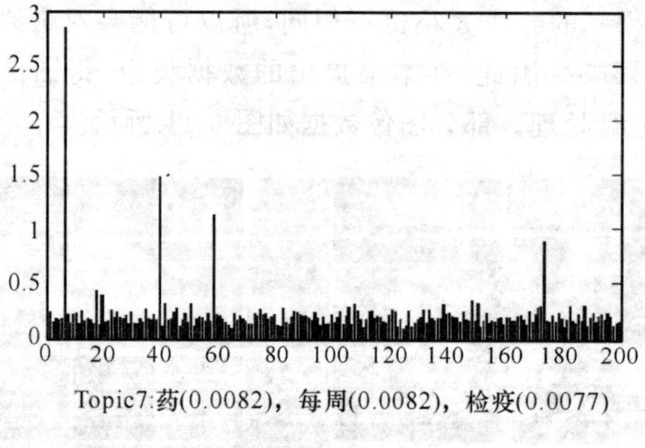

Topic7:药(0.0082)，每周(0.0082)，检疫(0.0077)

图 6-12　主题的视觉词描述

图 6-12 展示了按照图 6-5 所述方法进行视觉主题学习后得到的部分主题的视

觉词描述，分别是 Topic1，Topic5 和 Topic7。图 6-12 中，对于每个主题，上方是由 200 个视觉词构成的主题视觉描述，下方则是该主题对应的文本词描述（取前三个主题词），主题的文本词描述采用本书第 4 章的主题分析方法在与图像数据相对应的文本数据集上计算得到。

在获得了主题的视觉词描述后，则利用测试图像对视觉主题模型进行验证，部分训练图像及其视觉词描述如图 6-13 所示。

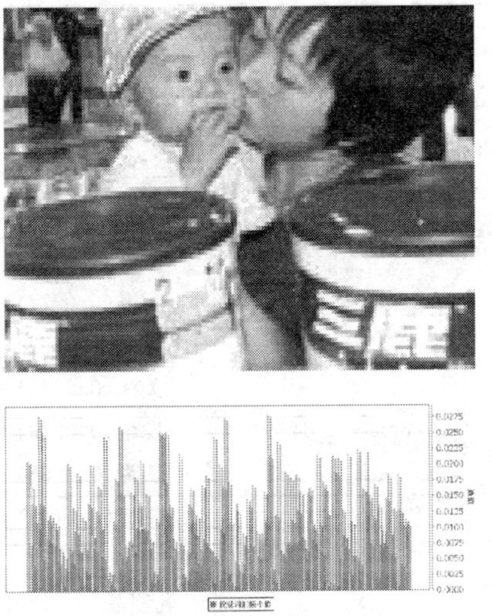

图像1

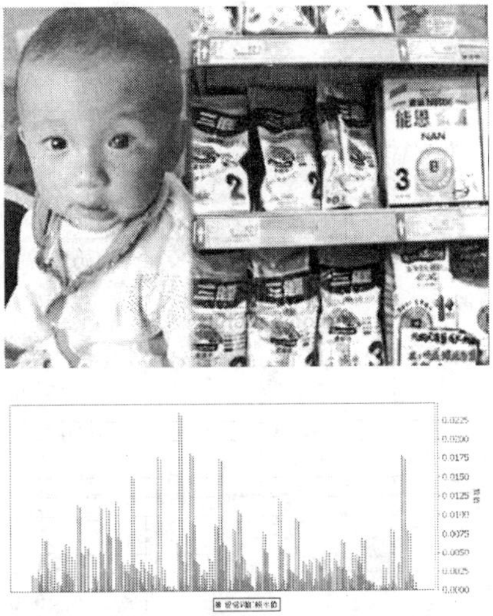

图像2

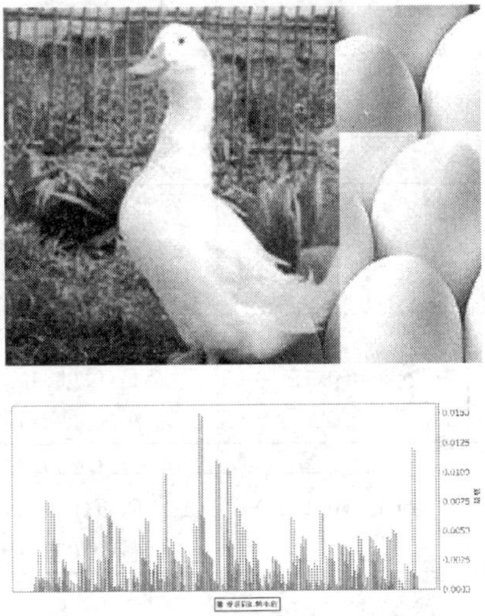

图像3

图像4

图 6-13　测试图像及视觉词描述

将测试图像按照式(6-5)的方法与每个主题的视觉模型进行计算,得到该图像在各个主题上的概率分布。表 6-1 中的第二列展示了以上 4 幅测试图像根据图像视觉分布得到的主题概率分布。为了进行对比,利用这 4 幅图像的关联文本计算了它们的主题概率分布,在第 3 列列出。可以看出,通过本书提出的算法能够较好地获得图像的主题分布模型。

表 6-1　图像主题分布的计算结果

图像	图像主题分布		文本主题分布	
	主题	主题词	主题	主题词
图像 1	Topic 2(0.5341)	患(0.0191) 部分(0.0177) 牌(0.0162)	Topic 5(0.1758)	奶粉(0.1438) 三鹿(0.1350) 三聚氰胺(0.1310)
	Topic 5(0.5185)	奶粉(0.0994) 三鹿(0.0931) 三聚氰胺(0.0908)	Topic 8(0.1354)	含量(0.0336) 配方(0.0277) 标准(0.0277)
	Topic 6(0.4899)	超标(0.0104) 乳制品(0.0094) 测出(0.0081)	Topic 9(0.1239)	关注(0.0315) 发生(0.0273) 认为(0.0262)
图像 2	Topic 8(0.1605)	含量(0.0207) 配方(0.0179) 乳(0.0168)	Topic 6(0.6726)	超标(0.0149) 批(0.0137) 乳制品(0.0134)
	Topic 2(0.1565)	患(0.0191) 部分(0.0177) 牌(0.0162)	Topic 5(0.1062)	奶粉(0.1438) 三鹿(0.1350) 三聚氰胺(0.1310)
	Topic 5(0.1474)	奶粉(0.0994) 三鹿(0.0931) 三聚氰胺(0.0908)	Topic 4(0.0575)	生产(0.1003) 检验(0.0825) 产品(0.0773)
图像 3	Topic 7(0.1193)	药(0.0082) 每周(0.0082) 检疫(0.0077)	Topic 7(0.3613)	药(0.0138) 每周(0.0132) 检疫(0.0130)
	Topic 2(0.1152)	患(0.0191) 部分(0.0177) 牌(0.0162)	Topic 0(0.1513)	我们(0.0396) 都是(0.0384) 这种(0.0381)
	Topic 1(0.1092)	苏丹红(0.0691) 红心鸭蛋(0.0620) 饲料(0.0411)	Topic 1(0.1261)	苏丹红(0.0913) 红心鸭蛋(0.0823) 饲料(0.0585)

续 表

图像	图像主题分布		文本主题分布	
	主题	主题词	主题	主题词
图像 4	Topic 7(0.3105)	药(0.0082) 每周(0.0082) 检疫(0.0077)	Topic 3(0.2138)	河北省(0.0241) 咸鸭蛋(0.0224) 禽蛋(0.0221)
	Topic 1(0.2991)	苏丹红(0.0691) 红心鸭蛋(0.0620) 饲料(0.0411)	Topic 1(0.2069)	苏丹红(0.0913) 红心鸭蛋(0.0823) 饲料(0.0585)
	Topic 2(0.2854)	患(0.0191) 部分(0.0177) 脾(0.0162)	Topic 4(0.1172)	生产(0.1003) 检验(0.0825) 产品(0.0773)

2. 跨媒体主题跟踪实验结果

在获得了图像的主题概率分布后，即可以采用 4.3 节的 TTCT 主题跟踪方法对跨媒体数据统一进行主题跟踪，比较跨媒体和单一文本模态上的主题自动跟踪的准确度，如图 6-14 所示。

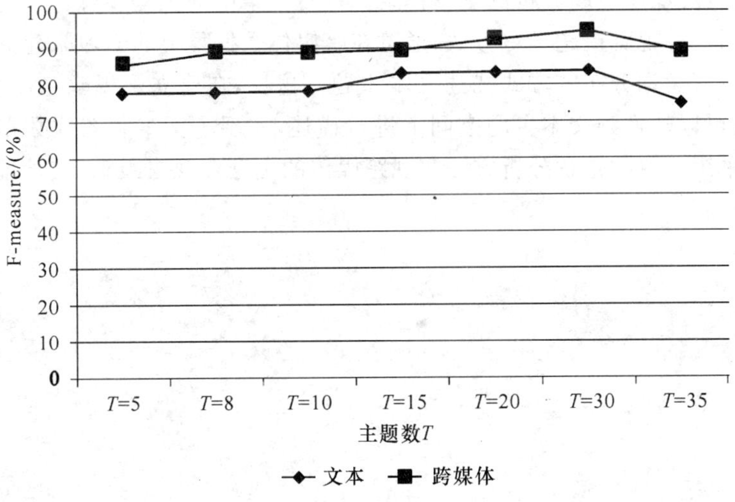

图 6-14　跨媒体主题跟踪实验结果对比

跨媒体主题跟踪方法比单纯的文本主题跟踪方法在准确度上有所提升，尤其是使用视觉主题建模方法进行语义分析。将语义相关的图像与文本映射至同一主题，消除了部分短文本主题概率偏低的影响，提升了主题跟踪的精度。同时，随着主题建模中主题数的不断递增，两种方法的主题跟踪效果均表现出逐渐递增的趋势，当增长到主题数为 30 之后，主题跟踪效果开始有下降的趋势，因此主题数的最佳取值相对本实验数据集取 30 时效果更好。表 6-2 重点列出了“三鹿婴幼儿奶粉事件”和“河北红心鸭蛋查处苏丹红”这两类主题的自动跟踪实验对比结果。

表 6-2　两类主题的实验结果对比

	实验方法	文本主题跟踪($T=30$)	跨媒体主题跟踪($T=30$)
E_1	P/(%)	92.9	97.9
	R/(%)	95.8	96.8
	F/(%)	94.3	97.4
E_2	P/(%)	95.7	96.9
	R/(%)	92.6	97.9
	F/(%)	94.1	97.4

6.5 小　结

为了解决单一媒体进行主题分析时存在的问题，本章给出了一种运用情境主题模型进行跨媒体主题分析的基本框架。针对框架中的关键步骤——跨媒体主题映射，提出一种视觉主题学习方法，通过在跨媒体数据集上的学习来建立视觉主题模型，即以视觉词分布的方式描述文本主题。这样，在建立了视觉主题模型后，图像数据就可以转换到文本主题空间上进行描述，实现了文本和图像数据的统一描述，进而采用一致的主题分析方法实现跨媒体的主题发现与跟踪，实验证明了该方法的有效性。

第7章　主题分析在食品安全事件监测中的应用

近年来我国食品安全类突发事件频繁发生，通过对这类事件的发生、发展情况进行实时监测，对相关数据进行及时准确的分析，可以在资源配置和控制决策方面提高应急决策能力与处理效率。

互联网作为一种新的社会媒体，能够比传统媒体做出更为迅速、灵敏的反应，其大众参与性充分体现了人群的价值取向和意愿，对此类信息进行快速有效的主题分析也成为一种监测食品安全突发事件，及时了解事件发生、发展状况和公众反应的重要手段。对事件发生发展过程的准确监测也已经成为各级政府部门进行科学应对、及时处置的迫切需求。基于此，各种网络舆情监测系统随之出现。现有网络舆情监测系统在大量采集互联网信息的基础上，通过主题发现和跟踪来汇集舆情，发现热点，在突发事件的监测和应对中发挥了重要作用。但是，传统的舆情监测方法是一种被动监测方法，还不能满足突发事件信息监测的时效性、全面性和交互性要求。要达到这一目标需要能够从海量、分散、非结构化的数据中挖掘出有价值的信息，并且及时提供给最需要的人，既能使决策者采取及时恰当的应对措施，同时也能使公众获得正确的信息，采取正确的行为。同时，因为事件进程中出现和传播的信息，其表现形式也从单一的文本，发展到图像、视频等多种媒体形式相互呈现，相互补充，所以本章采用之前章节提出的文本及跨媒体主题分析方法，从事件相关的文本和图像信息中提取主题信息，并统一到相同的主题空间进行处理，实现热点主题的发现、跟踪与综合搜索，全面反映当前热点食品安全事件的主题并对其状态进行准确评估。

本章在基于软件人社会网络的信息监测系统结构和运行模式下，将时空情境主题分析、自动标注和跨媒体主题分析方法应用于食品安全信息监测领域，实现了互联网食品安全事件监测系统的热点主题发现、跟踪、关联主题挖掘和跨媒体主题搜索功能。

7.1 互联网食品安全事件信息监测系统的总体结构

食品安全事件监测系统从海量的互联网动态网络信息流(包含网络新闻、BBS、Blog 等多种信息来源)中挖掘食品安全相关主题,反映当前互联网中食品安全领域突发事件热点主题和发展趋势,并以多维度多形式展示给相关决策人员,从而为相关人员科学、高效、有序地应对食品安全领域突发事件提供决策参考。

食品安全事件监测系统由信息层、跨媒体信息采集层、情境主题分析层、食品安全事件监测层以及系统管理和数据存储层构成,系统的整体结构如图 7-1 所示。

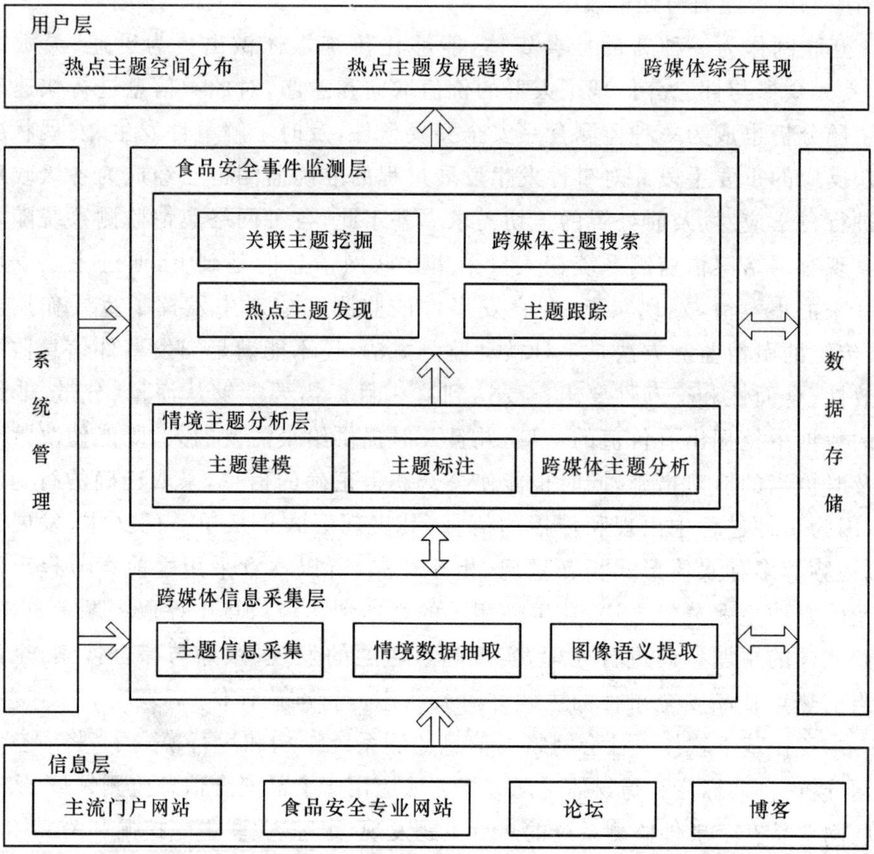

图 7-1　食品安全领域突发事件热点主题发现与跟踪系统的整体框架

(1) 信息层

信息层是进行监测食品安全事件的互联网数据来源，是信息采集的对象，包括主流门户网站（如新浪、搜狐、腾讯、网易等）、专业类的食品安全网站（如掷出窗外、食品伙伴网等）、论坛及博客等多种信息渠道。

(2) 跨媒体信息采集层

跨媒体信息采集层主要负责海量互联网跨媒体信息的抓取，针对的是各类食品安全事件主题的相关文本和图像信息。其中主题信息采集模块根据所定义的信息来源、食品安全事件主题词集合等进行初步的主题信息采集和过滤。初始主题词集根据食品安全主题知识库进行构建，并且根据主题分析后获得的主题词对其进行不断反馈修正，以进一步提升采集的准确度。

情境数据抽取模块从采集到的原始数据中抽取时空等情境信息，并且根据情境信息对数据进行初步分类，获得情境数据集并进入数据存储层保存。同时，采集到的图像通过图像语义提取模块进行语义分析，获得视觉词描述并保存在数据存储层。

(3) 情境主题分析层

情境主题分析层是整个系统的核心部分，对采集到的食品安全信息进行时空情境主题分析、主题标注和跨媒体主题分析，将文本和图像构成的跨媒体信息转换到主题空间上来，以主题概率分布的形式进行描述，从而使食品安全事件监测层可以在主题空间上进行主题发现和跟踪等操作。

情境主题分析层次主要包含主题建模、主题标注和跨媒体主题分析几个模块。主题建模模块采用第 3 章提出的情境主题模型作为基本模型，并且根据第 4 章的时空情境建模方法进行了实例化，建立了时空情境主题模型，实现了对主题空间强度和时间周期变化的比较，作为监测层实现主题发现和跟踪的依据。

主题标注模块采用第 5 章提出的自动标注方法对主题建模模块获得的主题模型进行语义标注，同时将获得的主题词集合保存在数据存储层，供信息采集层对主题信息的采集进行修正。跨媒体主题分析模块则根据获得的主题模型，采用第 6 章的方法对图像数据进行视觉主题建模，将文本和图像数据都统一到主题空间进行描述，供监测层进行跨媒体主题发现、跟踪和搜索。

(4) 食品安全事件监测层

食品安全事件监测层利用情境主题分析层获得的主题模型，以及转换到主题空间的文本和图像数据，综合进行主题发现和跟踪，并实现跨媒体主题信息搜索。

主题发现模块采用 4.2 节提出的聚类分析方法来发现新主题，并提取出各个主题的描述信息。主题跟踪模块采用4.3节提出的方法对给定主题的相关数据进行学习，构建主题追踪器，从而发现所有与该主题相关的后续信息。

在主题发现和跟踪的基础上，关联主题挖掘模块建立了食品安全事件的主题知识模型，并且实现了关联主题的推理，从而发现与某一事件有关的各个主题，对事件进行全面的分析。而且，通过分析事件涉及的各要素之间的关联关系，还可以进一步获得具有关联性的多个事件的主题信息。

跨媒体主题检索模块允许用户通过文本或图像形式的查询请求对食品安全的跨媒体信息进行检索。查询请求可以是食品安全事件涉及的主题或其他要素，检索模块将利用关联主题挖掘模块进行推理，实现查询扩展，为用户提供与事件有关的多个方面的主题信息。

(5) 用户层

用户层提供友好的用户界面，为用户综合展现食品安全突发事件各种主题的跨媒体信息，对事件主题在全国各个城市的分布情况以图形化方式进行展现，同时对主题信息的发布情况、传播情况以及热点主题的发展演变进行展示，从而为科学、高效、有序地应对食品安全事件提供决策参考。

(6) 系统管理和数据存储层

系统管理层负责整个系统的配置、运行和维护管理。同时，系统管理层负责对情境主题模型的参数进行设置，并且可以通过设置不同的规则和约束条件对模型进行调整，以适应不同的主题分析任务。

数据存储层负责对各种数据的维护和管理。数据存储层包括食品安全事件主题知识库、食品安全事件原始信息库、主题信息库、情境数据库、图像语义库以及主题词库等。

7.2 关联主题挖掘

关联主题挖掘在具有共同属性的食品安全事件及主题间建立关联关系，并且通过语义推理来获得食品安全事件多方面的关联主题，从而对事件进行全面反映和监测。

(1) 主题知识库的建立

为了描述食品安全事件各个主题中涉及的问题食品、致毒物质及受害人群等之间的关联关系，关联主题模块通过食品安全主题知识库实现关联主题的推理。

食品安全突发事件是指突然发生，已经造成或可能造成严重社会危害，需要采取紧急处置措施进行应对的食品安全事件。它涉及的知识主要包括事件涉及的食品、物质以及发生原因、发生过程和应对等方面的知识。根据食品安全类事件的特征，设计了食品安全事件主题知识的概念模式，如图 7-2 所示。

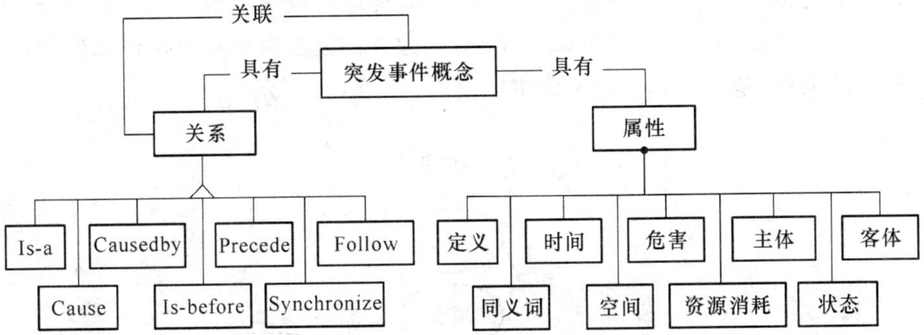

图 7-2　食品安全事件主题知识的概念模式

该概念模式包含概念、属性和关系三类元素。

- 概念：指构成食品安全事件本体的基本单位的名称。
- 属性：包括"定义"、"同义词"、"时间"、"空间"、"危害"、"资源消耗"等，行动有动作的"主体"、"受体"、"时间"、"空间"属性，每个过程包含过程的"开始时间"、"结束时间"、"状态"几个属性。
- 关系：突发事件知识之间的关系包括 Is-a、Cause、Causedby、Precede、Follow、Is-before、Synchronize。

食品安全突发事件的描述性由知识指定类、层次和突发事件的组成，存在的关系主要是分类关系 Is-a；因果性知识阐释了突发事件发生的原因和结果知识，因此分别定义了 Cause 和 Causedby 关系；过程性知识描述了突发事件发生的过程和涉及的一系列状态，前态经过一系列过程转入终态，存在的关系主要是 Is-before；突发事件发生过程中采取的一系列行动，各行动之间存在先后关系定义了 Precede、Follow 和 Synchronize 关系。

根据以上概念模式，建立食品安全事件主题知识本体，包括类、属性、关系和实例的概念。类是关于问题食品、致毒物质、中毒事件类别的所有概念；属性如中毒事件发生的时间、地点，发生的单位，致毒物质的简介、类别、危害等。关系如等价(equivalent)，is-a，property of，导致(cause、causedby)，含有(has、exist)，相关(relate)，对称(Symmetric)，互逆(Inverse Of)等，实例主要是食品安全事件、问题食品和致毒物质的实例。部分主题知识本体如图 7-3 所示。

(2) 关联主题推理

关联主题挖掘模块采用本体推理工具 Jena 实现食品安全事件主题知识的推

理。基于 Jena 进行推理时，首先由推理注册机根据已经创建或读入的 RDF 三元组描述的信息资源和 Ontology 内包含的信息利用规则创建出推理机；然后将推理机和需要进行查询推理的本体绑定在一起，得到进行检索的模型对象(InfGraph)；最后借助 Ontology API 和 Model API 对已建立的模型对象进行操作和处理，通过对概念的推理，基于语义得到关联主题信息，如图 7-4 所示。

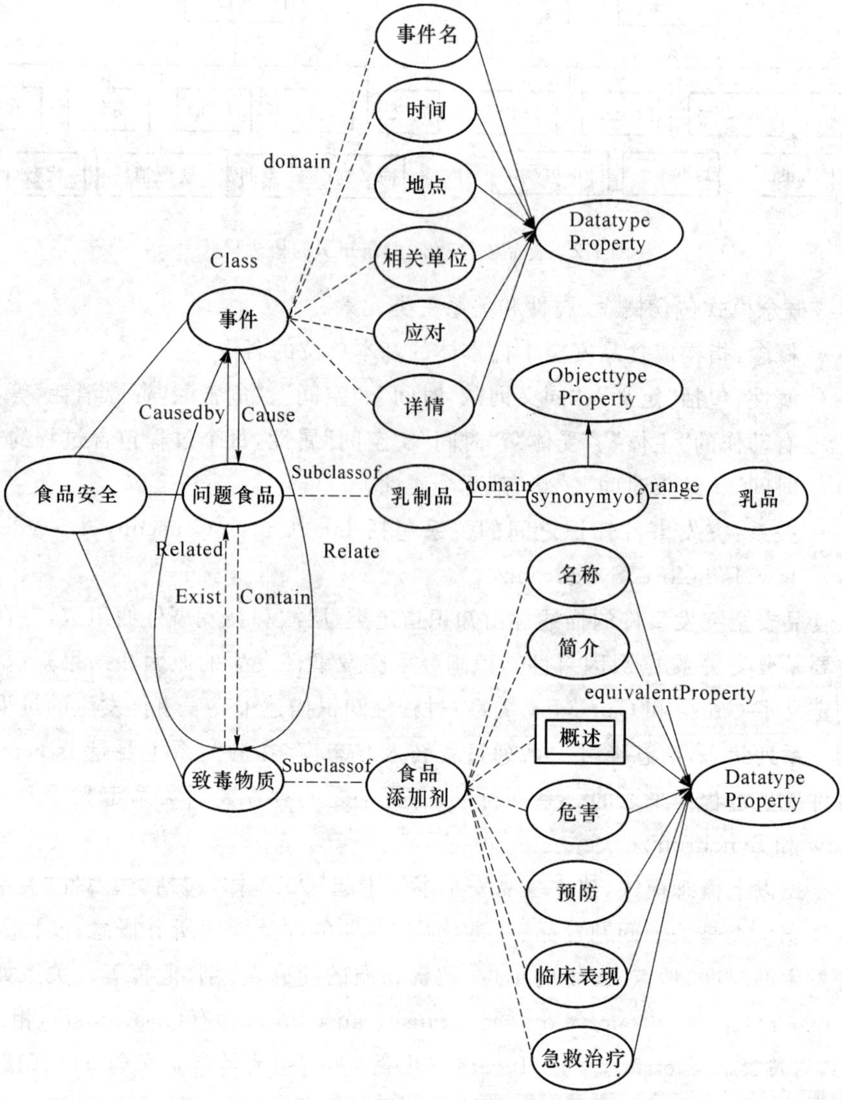

图 7-3　食品安全突发事件主题知识本体

关联主题挖掘模块可以根据主题模型中涉及的食品安全事件、问题食品或致毒物质主题词进行关联主题推理，无论是哪一类主题词，都可以通过本体获得与其存在语义关系的另两类主题词。例如，通过问题食品类主题词“牛奶”可以获得其同义词“奶粉”（synonym 语义关系），含有的致毒物质“三聚氰胺”（has 语义关系）和引发的食品安全事件（cause 语义关系）等主题信息或主题词。

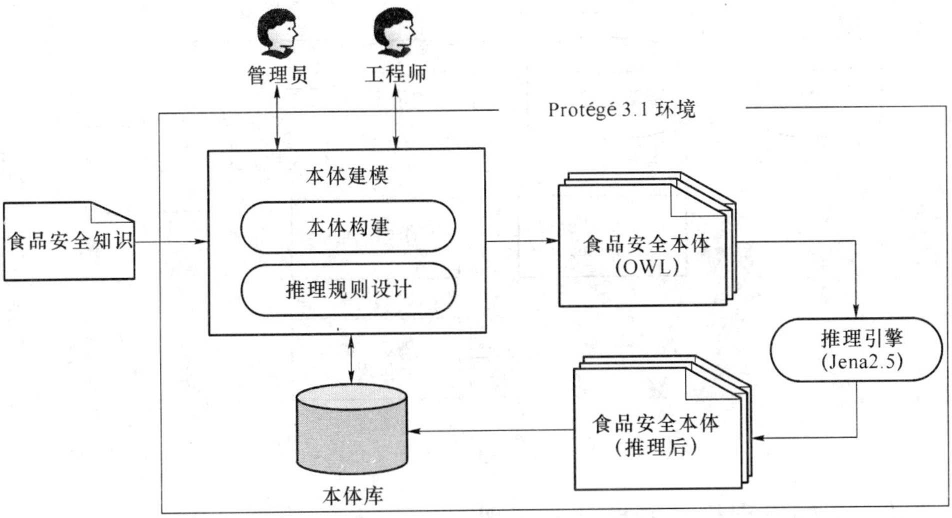

图 7-4　推理的实现环境

7.3　热点主题发现与跟踪

7.3.1　热点主题发现与跟踪子系统结构

热点主题发现与跟踪主要包括主题信息抽取、跨媒体主题建模、主题聚类、主题热度评估、主题标注、时空信息定位和热点主题呈现几个子模块，如图 7-5 所示。完成主题发现时，首先从原始数据中抽取情境数据和跨媒体数据，通过主题建模转换到主题空间，然后调用主题聚类子模块完成主题聚类，对聚类结果进行评估并过滤掉不相关的主题数据。接下来调用热度评估模块计算主题热度，获得主题的空间分布热度和时间分布热度，同时调用主题标注并通过主题呈现子模块，将发现和跟踪到的热点主题以地图方式进行呈现。

当采集到新的跨媒体数据后，抽取新数据的时空情境数据。然后将这些数据与原有的主题信息进行时序相似度计算，判断与之具有相关性的主题，实现主题跟踪。同时，新数据被加入主题信息库进行更新。

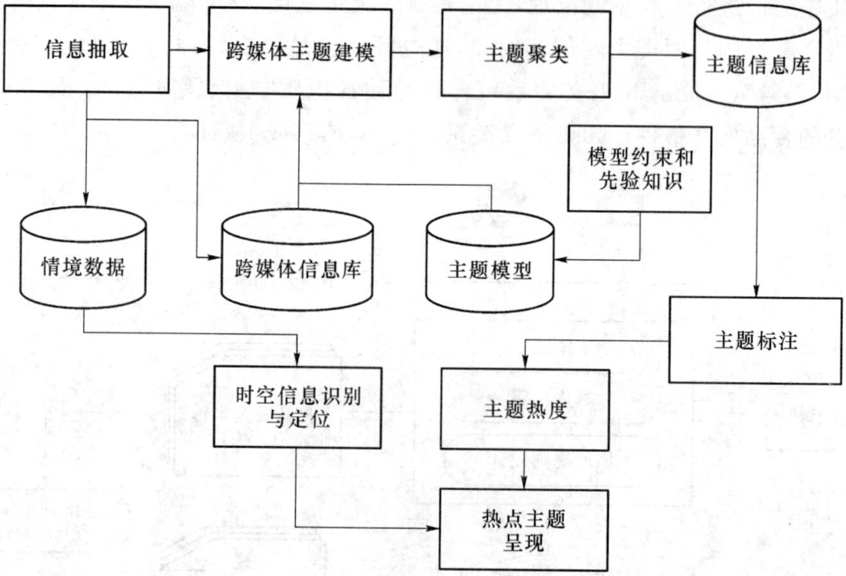

图 7-5　热点主题发现与跟踪子系统结构

7.3.2　话题发现模块的设计与实现

话题发现模块采用主题建模技术，同时结合突发事件信息流的时序特征，构建自动化的话题检测器，实现话题模型的自适应性更新学习，从而实现从动态的互联网信息流中实时挖掘出食品安全领域突发事件话题，并实现话题的自动描述、关键词群提取及自动摘要。实时话题发现功能模块的实现如图 7-6 所示。

话题发现模块的用户界面包含如下几个方面的内容：展示新发现的话题列表，列表中的话题标题信息采用自动化的标注形式，同时给出话题的关键词群及自动摘要信息。对于每个话题展示出其相关的文本及图像报道信息，对于每则新闻报道可以查看其具体的新闻标题、发布时间、网站来源及正文等信息，同时可以提供链接至每则报道的原始网页。除此之外，系统前台还对各个话题的概率主题语义模型进行展现，给出各个话题前三个概率较大的主题混合概率分布及相应的主题-词概率分布。

系统后台功能主要是话题检测器的构建过程，对 7×24 小时实时监控的互联网信息，每 24 小时运行一次增量式 EM 聚类分析方法，实时检测互联网发布的食品安全突发事件新话题，及时更新话题模型库，以动态跟踪话题漂移的现象，进一步提高话题检测的精度。同时在每一次识别出新的话题后，实现话题标题的自动标注、话题关键词群的自动提取及自动话题摘要，并将这些话题信息保存到相应数据库表中。

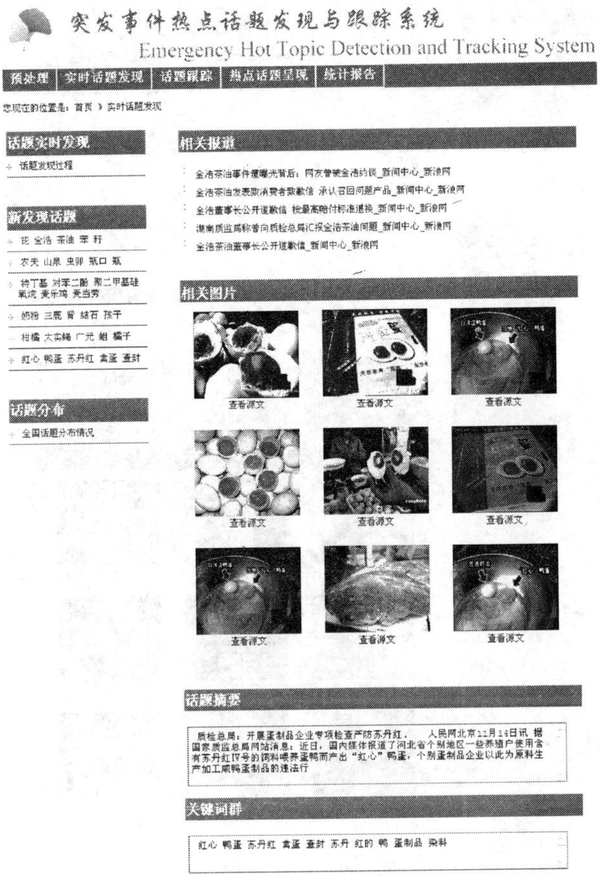

图 7-6　实时话题发现

7.3.3　话题跟踪模块的设计与实现

话题跟踪模块采用主题建模技术，同时结合突发事件信息流的时序特征，构建自动化的话题跟踪器，从而实现将所定制采集并完成信息抽取后的食品安全类突发事件新闻报道语料按话题（基于事件粒度）的形式进行组织和管理。

话题跟踪模块的实现如图 7-7 所示。

话题跟踪模块的用户界面包括如下几个方面的内容：展示话题列表并给出每个话题的相关描述信息及跟踪到的最新消息；对于每个话题展示出相关的文本及图像报道信息，对于每则新闻报道可以查看其具体的新闻标题、发布时间、网站来源及正文等信息，同时可以提供链接至每则报道的原始网页。

系统后台功能主要包括训练过程和追踪过程两个方面的内容。

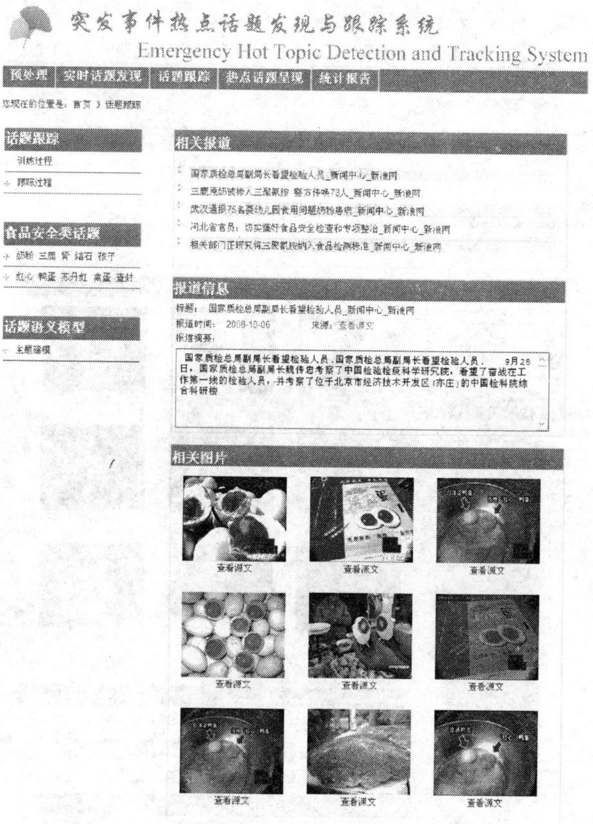

图 7-7　话题跟踪

训练过程：当系统接收到话题跟踪的任务请求后，会根据请求中的话题类别及训练样例集运行本系统中的训练算法对话题进行训练学习。

追踪过程：当话题跟踪模块运行后，如果发现有新的报道信息被监控到，就对其进行追踪计算，计算结果保存到系统的追踪结果数据表中，并将结果返回前台显示。该过程自动运行，无须外界干预。

7.3.4　热点话题评估模块的设计与实现

热点话题评估模块从动态的互联网信息流中检测追踪到食品安全突发事件话题后，进一步从中挖掘出受关注程度比较高的热点话题。通过分析热点话题的特征，从媒体关注度和用户浏览行为两个角度来构建热点话题的热度评估模型，通过热点特征的量化来建立数学模型，实现热点话题的自动发现。热点话题的重要度按照话题的热度从高到低进行排序并展示给用户。

同时，系统给出各个热点话题的话题发展趋势曲线，以方便相关人员掌握热点话题的整个演化过程。针对各个话题，系统首先计算出一段时间内该话题每天的热度指数，然后绘制出该时间段内的发展趋势曲线。利用该曲线可以描述整个话题在某段时间内的发展演变过程，从而反映出该话题受关注程度的动态变化。

用户交互界面除了展现出近段时间的食品安全突发事件热点话题信息及其相应的文本及图像报道信息，还提供给用户关于热点话题的检索接口。用户可以自由选择相应的时间范围来搜索某一时间段的热点话题。热点话题评估模块的实现如图 7-8 所示。

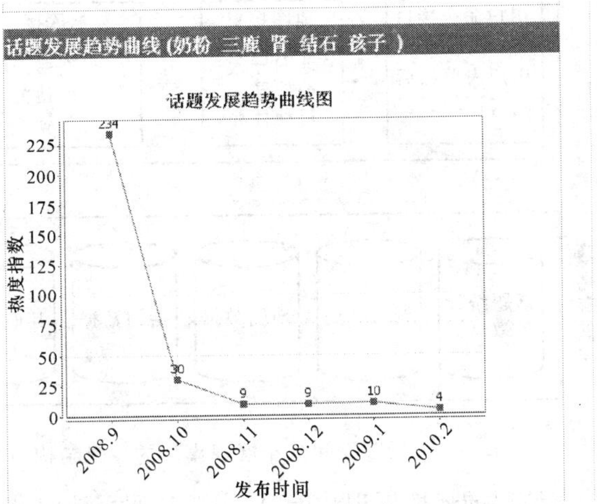

图 7-8　热点话题评估

7.3.5　话题空间分布展现

话题空间分布展现模块将系统所检测跟踪到的突发事件相关话题在全国各个城市的分布情况以结合地图的形式进行展现。该模块通过地图服务，将数据库中的城市话题信息动态展示在地图上，并在地图对应城市上做出标记，将城市与话题相对应，同时在标记处展示话题详细信息。

该模块主要包括数据存储层、逻辑接口层以及界面展现层。数据存储层主要使用数据库技术来存储需要展现的话题信息、城市信息及其相关统计信息等数据。逻辑接口层主要负责调用数据库的接口信息、地图服务器的接口信息以及负责传递用户的命令。界面展现层主要采用动态的 Web 结构来展现地图信息，以及突发事件相关话题信息，主要包括地图的展现以及地图话题信息的展现两个部分。该模块的逻辑结构如图 7-9 所示。

界面展现层通过 Javascript 技术来调用地图控件，展示数据库中的相关话题分布情况及相关话题详情信息，同时使用 Javascript 技术调用地图操作 API，设置地图标记、触发器等。

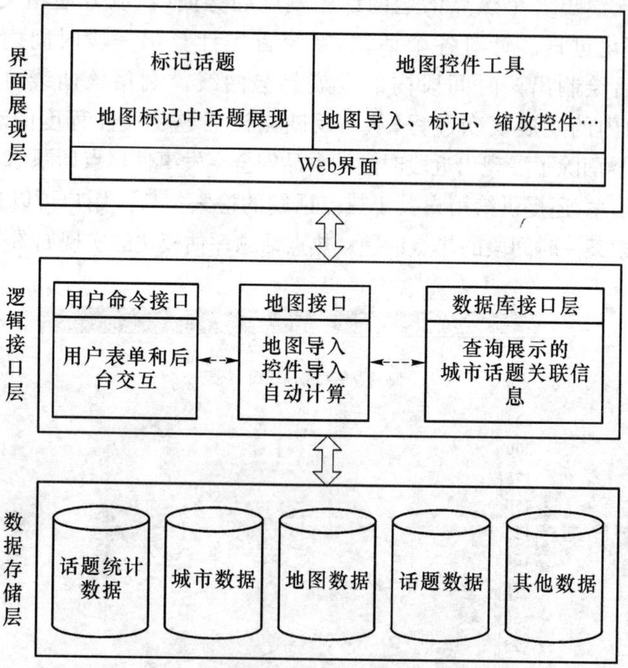

图 7-9　话题空间分布展现模块的逻辑结构

实现话题分布情况的界面展现功能时,主要是调用地图 API 中的如下方法:

① 通过 Javascript src 引入地图服务器的地图接口。

② 利用 Javascript 中调用 map 的构造函数来新建一个地图对象,通过 map. centerAndZoom(point,n)来设置地图聚焦中心和缩放程度。

③ 通过 enableDragging()启用地图拖拽事件,map. enableScrollWheelZoom()启用地图滚轮放大缩小,map. enableDoubleClickZoom()启用鼠标双击放大,map. enableKeyboard()启用键盘上、下、左、右键移动地图。

④ 通过 addControl()函数来调用地图中缩放控件、缩略图控件、比例尺控件。

⑤ 使用 markerArr[]数组接受 Java 接口从话题数据库所查询出的数据。

界面展示地图话题信息的方法如下:

① 使用 addMarker()实现对数据库中所查出的城市话题在地图上的标注,同时使用 Javascript 中的闭包函数处理多个事件监听器,用监听器 addEventListener()实现标记的点击弹窗,从而实现展示话题详情信息的功能。

② 利用 Javascript 中 DOM 技术实现对弹出展板显示话题信息的动态效果。同时利用 Ajax 提交方式来处理话题在全国各个城市分布情况的地图展现的异步加载,从而达到动态地图的效果。

该模块将突发事件话题在各个城市的分布情况以地图的形式进行展示,其中主要包括两方面的功能：一方面展示出某一时间段内系统中检测跟踪到的所有话题在全国各个城市的分布情况，另一方面展示出某指定话题在全国各个城市的分布情况。地图展示可实现按比例尺放大、缩小、全图、前图、初始图等操作。

对于所有话题在全国各个城市分布情况的地图展现，当页面加载时，列出系统所检测并追踪到的全部突发事件相关话题的城市分布，并在地图上用标记标注，同时标注出该城市的话题总数，点开标记展现出该城市所涉及话题的相关详情信息。如果某城市只发生了一个话题，则显示出该话题的名称、具体的摘要信息及发布时间；如果有多条话题信息，则显示出一个话题名称列表，并支持分页显示，在该列表中给出各个话题的具体名称，若点击各个话题名称，可展示出话题的详细摘要信息及发布时间等信息。同时，还可以根据话题发布时间分时间段查询话题的分布情况，当用户输入时间段信息并提交后，系统为其搜索出该时间段内的话题分布情况，并在地图上做出标注，点击标注展现出该时间段内的具体话题信息。所有话题分布情况的地图展示图如图 7-10 所示。

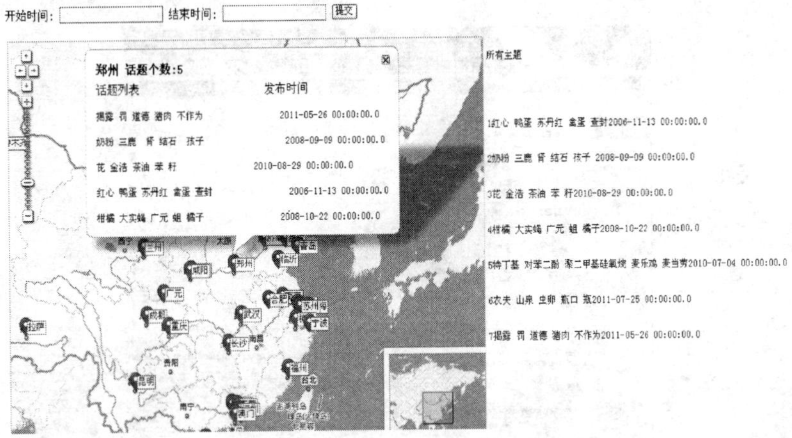

图 7-10　所有话题的分布情况展示

对于某一话题在全国各个城市分布情况的地图展现，当用户点击系统检测跟踪到的话题列表中的某个话题时，在地图上动态展现出该话题涉及城市的分布图。点开地图标记，显示该选择话题摘要、发布时间等详细信息。单个话题分布情况的地图展示图如图 3-32 所示。

主题发现与跟踪、热点主题评估与空间分布等几个模块相互配合，既可以获得当前互联网上传播的热点食品安全事件的主题信息，又可以进一步得出事件主题信息的地理分布情况。同时，通过对获取到的主题的不断跟踪，可以分析主题随时间的发展趋势，进而对事件的发展情况进行推测。如图 7-12 所示，“红心鸭蛋”事件在 2006 年 9 月间集中爆发，在我国中东部大部分地区都有分布。但随着政府部门的紧急处置，至 10 月该主题热度已快速下降，事件逐渐进入平息期。

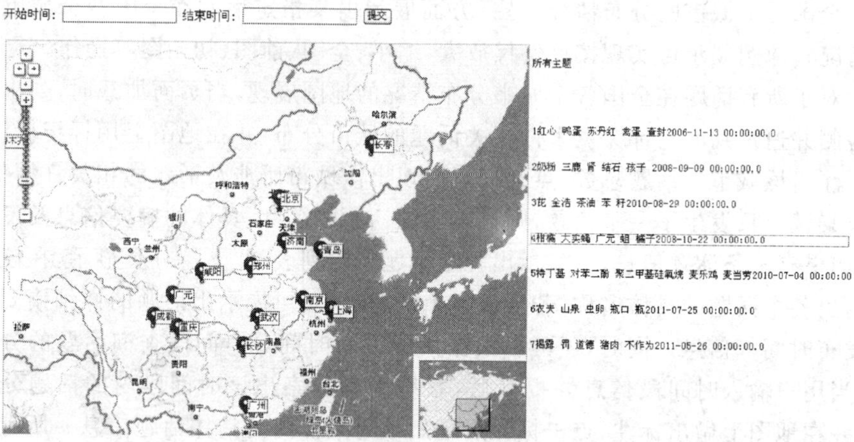

图 7-11　单个话题的分布情况展示

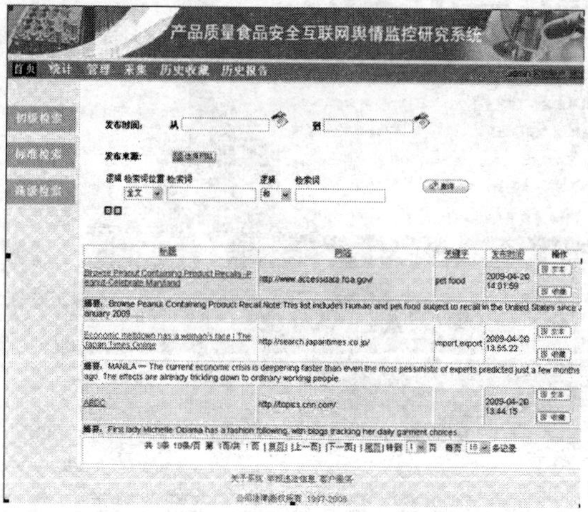

图 7-12　基于空间分布的热点主题发现与跟踪

7.3.6　统计分析模块的设计与实现

对于系统所检测跟踪到的食品安全突发事件话题，可以对各个话题相关的报道信息进行统计分析。对于跟踪到的食品安全类突发事件新闻话题，可以统计某一时间段内某个话题的新闻信息发布情况，也可以统计某一时间段内某话题在哪些站点的传播数量情况（即对站点的统计）。统计报表可以以柱状图、折线图或饼状图等多种形式进行展示。统计信息可以供相关人员进行进一步决策分析。

根据后台数据库中存储的由实时话题发现模块和话题跟踪模块所检测跟踪到的话题及其相关报道详情信息,可以统计出某一时间段内所发布的新闻报道情况。当用户指定一个话题作为统计对象时,点击前台页面中的日历控件选定统计开始时间和结束时间后,系统会根据该话题涉及的主题和时间信息实现数据统计。统计信息可以供相关人员进行进一步决策分析。图 7-13 和图 7-14 分别展示了新闻发布情况和站点传播情况的统计数据。

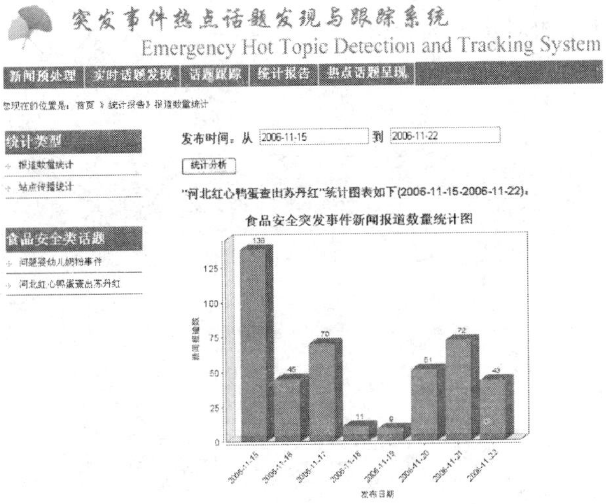

图 7-13　新闻发布情况统计

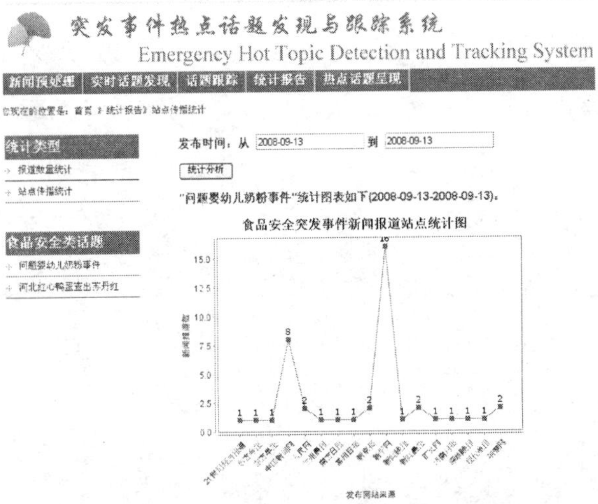

图 7-14　站点传播情况统计

7.4 小　结

采用跨媒体情境主题分析技术可以建立食品安全事件监测系统，从而对互联网食品安全事件的主题信息进行发现、跟踪和评估，为掌握事件的影响程度、人群反应提供可靠的决策依据。系统将互联网信息以主题的形式进行描述和分类，并且通过建立领域知识库进行关联主题的挖掘，最终实现了热点主题的发现、跟踪、热度评估、空间分布和演化情况分析。

第8章　软件人主题分析在智慧旅游中的应用

旅游信息涉及的主题众多,且大多来自于不同的旅游信息系统,且由于游客的个性化需求,如何将合适的主题信息根据用户所处的情境准确进行推送是智能旅游信息服务系统的关键问题。本章采用软件人技术将主题分析方法应用于智慧旅游,建立旅游信息智能推拉系统,为游客提供个性化、智能化的主动信息服务。

8.1　智慧旅游

随着社会的发展和人民生活水平的提高,旅游业已成为全球经济发展势头最强劲、规模最大的产业之一。根据世界旅游理事会发表的年度报告,自1992年起,旅游业已成为世界上规模最大的产业,在总收入、就业、增值、投资以及纳税等方面,旅游业的发展对于世界和各国经济的发展都作出了重大的贡献。旅游业是创造高附加值的产业,全球旅游业每年所创造的附加价值一直处于稳定增长的状态,它的增值水平明显高于其他产业。近年来,我国旅游业发展迅速,产业规模不断扩大,产业体系日趋完善。到目前为止中国已成为世界第四大入境旅游接待国、亚洲最大的出境旅游客源国和世界上最大的国内旅游市场,旅游业也已成为我国经济发展的支柱产业之一。据中国旅游研究院统计,2011年国内旅游人数约26亿人次,国内旅游收入约1.9万亿元,入境旅游人数1.34亿人次,旅游外汇收入465亿美元。

智慧旅游也称为智能旅游,指利用云计算、物联网等新技术,通过互联网和移动互联网,借助便携的终端上网设备,主动感知旅游资源、旅游经济、旅游活动、旅游者等方面的信息并及时发布,让人们能够及时地了解相关信息,及时安排和调整旅游计划,从而达到对各类旅游信息的智能感知、灵活利用的效果。目前,全球范围内建设"智慧旅游"的呼声和热情都很高涨,日本大阪、瑞士斯德哥尔、美国爱荷华州的迪比克市等城市以及中国北京、上海、广州、台湾、宁波、无锡、南京等城市都纷纷将"智慧旅游"作为城市规划纳入政府工作议程,有些甚至已经投入实施,并取得一定成果。2005年美国科罗拉多州Steamboat滑雪场第一个推出为游客配置的RFID定位装置反馈系统Mountain Watch。该装置反馈系统由有源RFID、无源RFID标签和RFCODE组成，能够实时监测游客的位置、推荐滑雪路线、反馈游客消费情况，为游客提供安全便捷的科技化服务，Mountain Watch的推出成为智慧旅游的发端。英国伦敦基于3G通信系统，推出了伦敦智能导游系统，使自助游客能够轻松地游玩娱乐。韩国针对自助游客推出了“I Tour Seoul”智慧旅游系统，为游客提供低价Iphone手机租赁服务，游客可以通过固定网络或手机网站来进行旅游咨询服务，查询观光信息、网上预约和网上淘宝服务，还可以通过“trip planner”订制私人旅游线路，合理安排个人日程，最大化地利用旅游时间，即使不懂韩语，也能轻松游首尔。

在国内，一些地方政府将智慧旅游的发展提升到了一个前所未有的高度，福建省在“十一五”期间提出了发展智慧旅游，在“十二五”期间更是重点打造本省的智慧旅游体系，建设智慧旅游发展先导工程，提升福建旅游服务与社会的整体质量。苏州旅游局在昆明旅交会上向参观者全面推荐“智慧旅游”服务，也引起了广泛关注。

但是，智慧旅游作为一个发展中的概念，尚无技术标准和建设发展模式，因此，深入地开展智慧旅游关键理论与技术的研究具有重要的理论意义和广泛的应用前景。要实现智慧旅游的数据化、互联化和智能化，有必要深入研究以下三大关键技术问题：基于物联网的智慧旅游数据的全面感知技术、个性化的旅游服务提供技术和智能化的海量旅游数据处理技术。概括来说，就是要解决智慧旅游所必需的数据获取、数据处理和服务提供等关键理论与技术问题。

在旅游数据的感知方面，随着无线网络技术的快速发展以及车载终端、智能手机等移动设备的大量使用，游客可以越来越方便地通过文本（短信）、图像、视频等方式来描述和获取各类旅游信息。因此，如何实现新兴旅游模式下跨媒体旅游信息数据的有效获取以及对跨媒体旅游信息的自然属性、社会属性以及交互行为等上下文之间存在的复杂关系建模，是构建智慧旅游体系所需要解决的问题之一。

在旅游数据的处理方面，对文本、图像、视频等跨媒体旅游信息进行智能处理和融合，可提高游客获取旅游信息的能力，还可为游客提供实时的自助导游、旅游救援等旅游服务。然而，跨媒体信息的非结构化数据格式以及内容理解的主观性与多义性对数据处理技术提出了新的挑战。传统的数据挖掘往往关注单一媒体，缺乏将各种媒体联系到一起的能力。基于自然语言理解的文本挖掘虽然在过去十年取得了很多成果，但由于可挖掘的特征越来越有限，文本挖掘技术遇到了前所未有的困难；而图像、语音和视频的挖掘则由于特征提取技术的不成熟以及数据的海量、高维性，导致挖掘的准确性和效率不高。如何对跨媒体旅游信息进行智能信息处理和挖掘，建立一个技术先进、稳定可靠的信息基础智能处理系统，是构建智慧旅游体系面临的又一关键问题。

在旅游服务的提供方面，智慧旅游通过互联网、物联网、通信网络平台和云计算的支持以及多种先进信息技术的应用，为旅游企业提供及时的旅游信息，为企业的市场营销、线路设计提供技术上的支持。然而，面向游客的智慧旅游服务需要对旅游环境具有较强的动态自适应性，且应为游客提供个性化、针对性的服务。因此，如何快速有效地感知游客的状态和需求，自适应地提供智能导航、旅游信息推介、出行线路规划等方面的个性化信息及服务，是构建智慧旅游体系面临的另一个关键问题。

针对以上三个问题，软件人主题分析技术可以提供有效的解决方案。软件人作为游客的个人软件代理，其优势在于可以利用物联网取得与游客同步的感知数据，同时凭借其个性化、拟人化的跨媒体数据处理能力，根据游客特征及其个性化主题模型对数据内容进行主题分析，从而根据游客所处情境及时主动地提供个性化服务。因此，软件人在智慧旅游中具有很好的应用前景。

8.2　基于软件人的旅游环境信息动态感知

8.2.1　物联网环境下的软件人感知模型

为了实现集约化、智能化、统一化的智慧旅游服务，必须构建物联网环境下的海量跨媒体旅游信息动态感知模型，以可靠快速的方式、互联互通的应用功能为游客、涉旅企业和旅游管理部门提供标准化的旅游信息获取服务。在物联网环境下引入软件人技术来研究和解决海量跨媒体旅游信息动态感知问题，实现智慧化服务驱动的软件人部署与管理技术，建立基于软件人的海量跨媒体旅游信息的动态感知模型，实现对旅游环境全面、动态的感知。以传感器网络为物理基础架构，通过软件人的智能协作，提高上下文感知服务的动态性与有效性。

根据软件人的技术特点及旅游行业的应用需求，可以建立一种物联网环境下基于软件人的海量跨媒体旅游信息动态感知模型，利用智能软件人的驻留与迁移实现对设备、上下文、物理环境等构成的计算环境进行管理、协调和调度。软件人在一个执行环境中被创建后，能够携带自身状态和代码在网络中迁移到另一个环境中恢复执行。如图 8-1 所示，服务主体（游客）进入物理空间（旅游环境），无线传感器网络在通信支撑网络以及外部计算资源的协同下，感知和采集服务主体产生的服务意图（体现为一系列传感数据），创建软件人，实时地与驻留在智能传感设备

(传感器、RFID、摄像头等)上的软件人进行协作和交互,对服务主体的意图进行表达和处理,驱动和控制智能设备为服务主体提供服务,并完成信息感知。

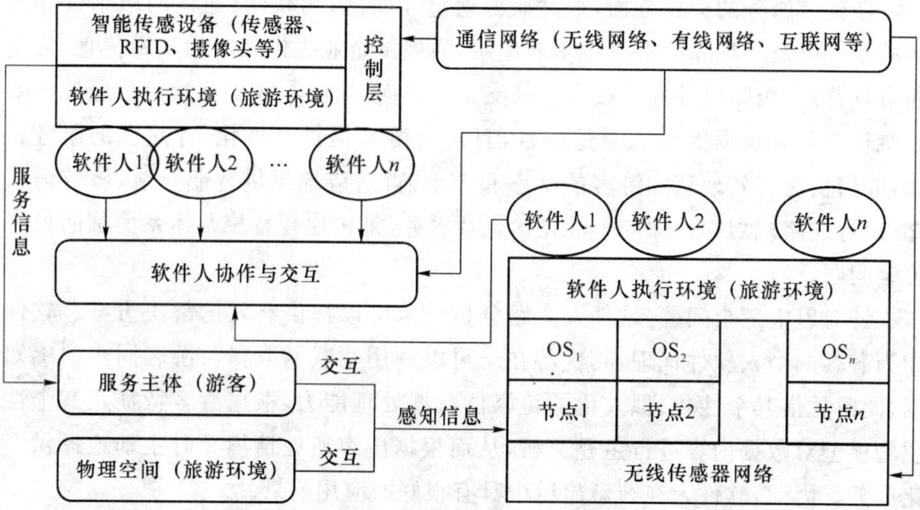

图 8-1 物联网环境下的软件人感知模型

软件人在迁移过程中需对所要执行的任务操作进行性能分析,以此来决定采用本地远程调用方式执行还是迁移执行。同时要考虑两种迁移方式,一种是主软件人独立移动到目标设备,另一种是派遣子软件人移动到目的设备。在制定软件人的迁移策略时,需考虑任务执行环境、操作特征、数据特征等多方面因素,通过监测主机性能、网络连接带宽、负载、可靠性等参数作为本地执行或迁移执行的依据。依据目标主机多媒体数据的类型、数量以及访问历史来判断任务成功的概率,并根据概率判断来优化迁移路线,使完成任务的时间代价最小。

由于用户数量和任务复杂性,存在大量的软件人及其派出的子软件人,它们之间需要不断地进行交互和协作。为了减少交互带来的开销,提高整体性能,采用主题社团模型对软件人的交互结构和智能通信进行建模,使软件人选择最佳的交互对象和交换数据,从而对软件人的行为策略施加约束。根据软件人的增加或减少以及交互结构的变化,自适应调整行为策略,选择能够提高自己效能的策略,并保证整个感知系统综合效能的提高。软件人的智能通信模型将在 8.3 节中详细介绍。

8.2.2 跨媒体旅游时空数据的感知与表达

来自旅游环境层的文本、图像、视频等跨媒体数据中隐含了丰富的时空信息,它们对于感知旅游环境和游客状态、按需提供个性化服务具有重要意义。采用如图 8-2 所示的感知方法来获取与表达跨媒体旅游数据中的时空信息。媒体层提供由感知设备获取的原始数据，包含文本和图像等多种媒体形式。逻辑层首先建立基于层叠条件随机场的旅游位置名称识别模型，分别通过低层和高层的条件随机场模型处理和识别简单和复杂的旅游位置术语，添加到知识库中。然后建立旅游时空信息中的关系抽取模型。具体方法是先从训练语料库中提取句子，形成句子的文本集，然后通过已有知识库中的旅游位置术语，形成术语集，再根据术语集从句子集中抽取在同一句子中出现的术语对，最后利用模板法对句子集进行模式分析，从中发掘经过分析后句子的语义关系。

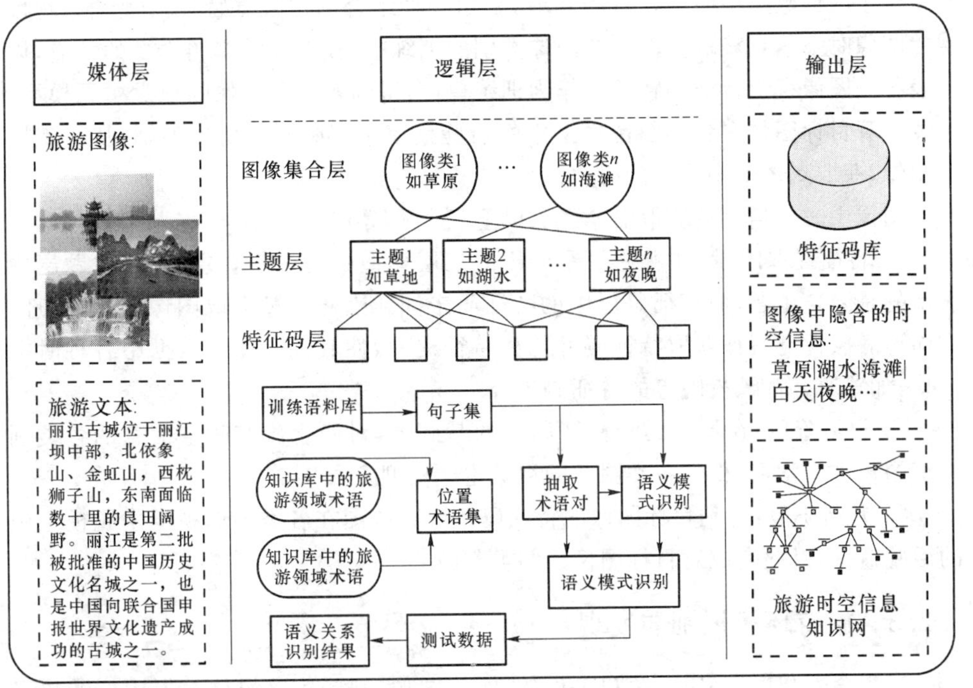

图 8-2　跨媒体旅游时空信息的感知与表达方法

由识别出的语义关系，与术语对相联系，从而发现术语的语义关系，并根据这些位置之间的关系及其相关地理特征建立旅游位置信息知识网络。

对于图像数据，采用结合图像视觉特征与视觉主题模型的方法获取其中隐含的时空信息。图像的低层视觉特征由特征码表示，特定类图像由若干隐含主题构成，并利用概率推断将单幅图像表示为这些隐含主题特定比例的混合。一个主题由特征码库中的若干特征码组成，通过概率可以推断出某一主题中特征码的混合比例，从而识别出图像所属类别，进而确定其所包含的时空信息。输出层输出基于从文本和图像中获取的旅游时空信息建立的旅游时空信息知识网、旅游图像特征码库以及针对具体图像得到的时空信息。

在抽取旅游领域中的位置信息时，涉及的命名实体有旅游目的地、景区景点及相关地理特征（如草原、森林、海滩等）。针对旅游景点等经常出现嵌套和上下文成词的现象，采用层叠条件随机场模型进行时空信息的识别和抽取，低层的条件随机场模型以字为粒度，对地名、简单景点（即不嵌套地名、人名等的景点，如世博园、大观楼等）进行识别。识别结果传递到高层模型，在高层模型中，以词为基本单位，结合低层识别结果，综合运用词性、指界词、特征后缀等信息，从而提高复杂的旅游位置名称的识别效果。

对于图像数据中时空信息的获取，采用一种结合图像视觉特征与视觉主题模型的图像时空信息获取方法。在图像类别的训练中，根据视觉主题模型的特点，以代表各类图像视觉特征的特征码作为训练单位，得到各类别图像的视觉主题模型；通过计算目标图像在各类图像模型中的后验概率来判断图像所属类别，从而识别出图像，获取到图像中隐含的时空信息。

图像中时空信息的获取需要经历以下三个阶段。

① 特征提取阶段：在视觉主题分析的三层模型中图像集合层已知，主题层中表示的是隐含主题，而特征码层中的特征码未知。因此通过提取图像颜色、纹理、方向等底层视觉特征获取特征码并构建特征码库，使其涵盖图像数据中各种时空信息，如草原、海滩、夜晚等的特征码集合。

② 学习阶段：在特征码和特征码库的基础上，对隐含旅游时空信息的各类别训练图像进行学习，得到各类图像的视觉主题模型。

③ 判断阶段：得到目标图像的特征码。计算该图在各类图像视觉主题模型中的后验概率，以此完成对目标图像的归类判断。

8.2.3 旅游环境识别与发现

对蕴含着相同语义、主题和事件的文本、图像、视频等跨媒体数据中旅游热点事件进行挖掘，提取热点事件的评价、位置、时间等特征信息，用于识别与发现旅游环境信息。旅游环境识别与发现过程如图 8-3 所示。

在跨媒体数据预处理阶段，对跨媒体数据进行语义分析，建立跨媒体数据语义知识库。之后在语义知识库的基础上，进行热点事件挖掘，采用基于时空特征的二次聚类热点事件挖掘算法挖掘旅游热点事件。该算法根据数据的时间和空间信息对大量数据进行高效过滤，有效降低聚类数据的维数，提高算法的执行效率。

在事件描述阶段，首先对事件发现阶段发现的在某些地点、某一时间段发生的热点事件根据事件热度进行排序，选取排在前 n 位的事件作为最终的热点事件。

之后结合跨媒体数据语义关联算法在跨媒体数据中搜索与热点事件相关联的特征数据，跨媒体语义关联采用典型相关性分析方法实现图像、音频、视频和文本等跨媒体特征的关联分析。对获取的与热点事件相关的跨媒体数据进行融合，形成统一的表达，再进行热点事件特征的自动提取，提取热点事件的摘要信息、相关评价、地点、时间以及多媒体特征等数据；对于提取出的特征属性，进行属性约简，降低特征空间的维度，提高数据处理的效率；根据事件特征包括的自然属性和社会属性，聚合数据的摘要和主旨等信息，结合旅游环境先验知识库中关于环境的特征信息，利用数据分析方法对旅游环境进行分析和预测，对分析结果进行评估、决策，得到旅游环境分析报告，实现预测特定时间和地点的旅游环境信息目的，为游客的出行提供建议，如景区的拥挤程度、景区的配套设施、景区工作人员的服务态度等环境信息。

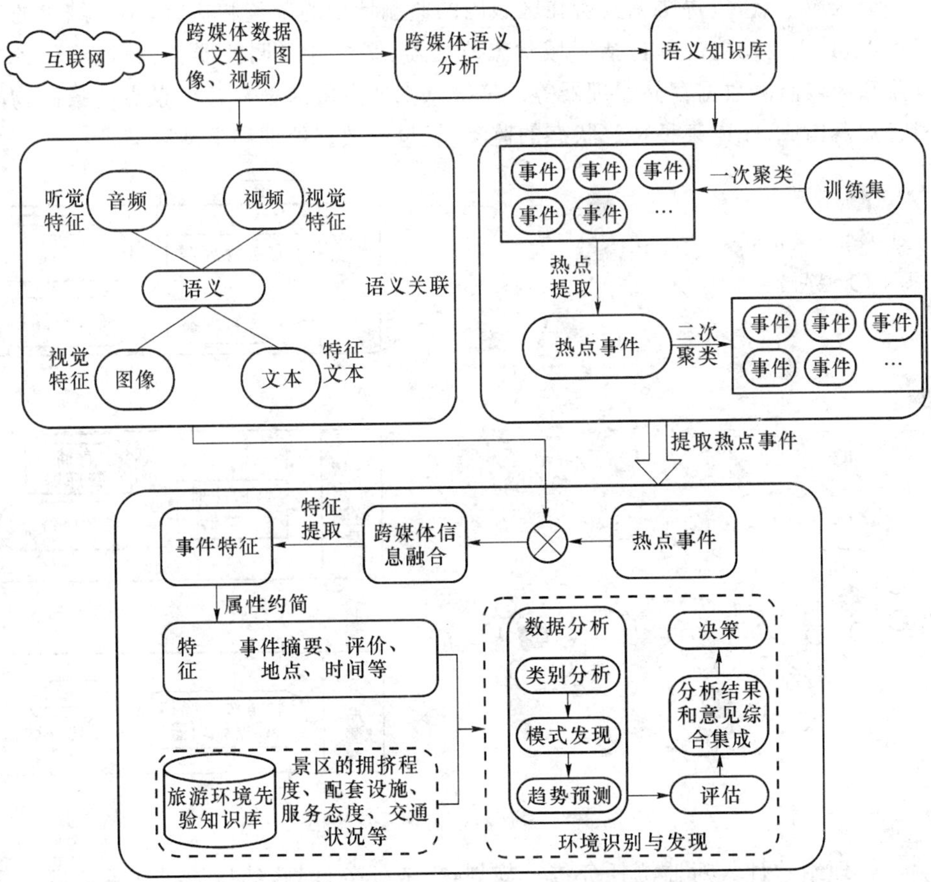

图 8-3　旅游环境识别与发现过程

8.2.4 基于多源感知的景区状态监测

软件人通过感知游客状态和行为，除可以为游客提供个性化服务之外，还可以通过感知游客群体状态、设备设施运行状态、环境承载状态，为景区状态监测提供有效的数据支持。

景区状态监测可以利用软件人建立一种分布式的感知与监测系统架构，如图8-4所示。包括一级管理站、二级区域节点和三级感知节点，每个感知节点由若干监测软件人和相应的传感设备构成。一级管理站软件人负责根据监测任务生成任务执行计划、规划并分配子任务，汇总来自二级区域节点的监测结果，其主要功能部件包括景区状态分析器、监测任务规划器、任务调度管理器、任务执行器和监测数据存储管理器等。监测范围分为多个区域，每个区域通常为一个景区，内有一个二级区域节点，负责协调其所在区域内的监测计划的调整和执行，中间结果的存储管理，其主要功能部件包括区域状态监测器、区域计划调整器、区域监测任务执行器和区域监测数据存储管理器等。三级感知节点由部署在各个景点的景区物联网感知器构成，完成某种特定状态的监测、轻量级数据处理和本地存储。

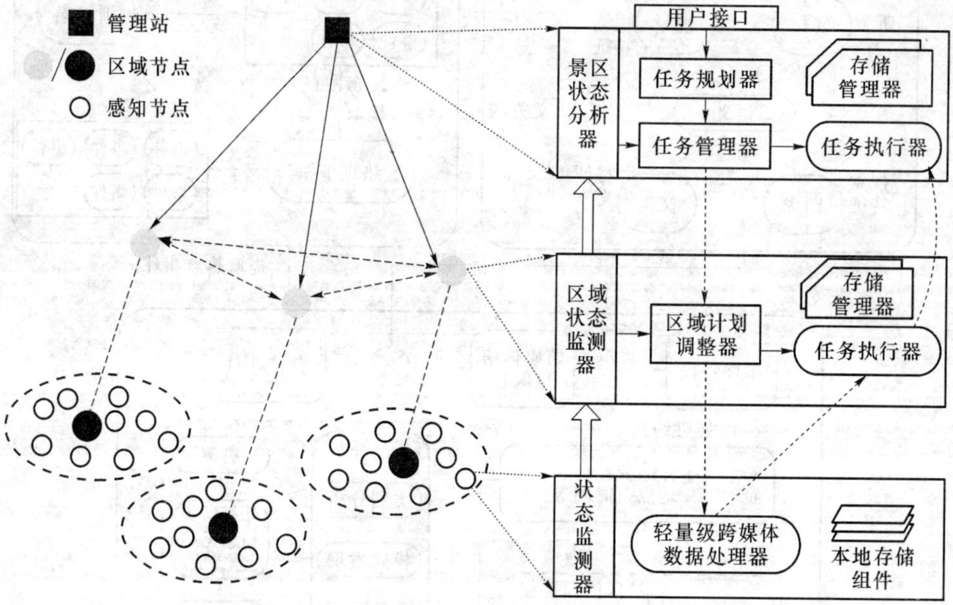

图8-4 景区状态监测系统架构

管理站软件人对监测任务进行规划，生成任务计划，然后通过任务调度把任务计划分发到区域节点。区域节点软件人根据区域状态和感知能力进行必要的局部任务调整，并将调整后的任务计划转发给区域内的感知节点。每个感知节点利用本地感知设备实现监测任务的动态执行。在数据采集过程中,区域节点软件人实现区域内跨媒体数据的处理和融合,并返回给管理站做最终的景区状态分析。

通过部署在各景点的移动通信系统还可以感知游客的来源地,即通过手机号码归属地进行游客来源地分布及变化趋势分析,为景区的市场营销提供决策支持。同时,通过感知景区范围内游客的手机信号,判断景区内携带手机的游客数量,进而采用概率统计方法推算景区内总的游客数量,实现景区客流量的监控和决策支持,便于景区和管理部门在客流高峰阶段采取有效的应对措施。通过对景区内的不同景点进行分区域的游客数量采集,得到景区内客流分布情况的数据。对采集到的游客手机信号数据以及采集到的游客位置数据进行汇总、分析和挖掘,可以得到大量游客在游览路线、游览景点、停留时间等方面的特征和规律,在景区游览路线的设计与引导,所需服务设施的类型、数量和地点的设置上提供决策支持,为景区旅游规划提供科学依据。

监测软件人通过结合组件式 GIS 软件平台,为游客的定位、环境容量的实时监控、旅客流量的流向监控和管理、游客导游、基于游客流量和游览路线景点各指标分析等建立决策支持工具,用于管理、显示景点地理空间数据以及受控目标信息,为管理人员提供直观、形象的信息服务。软件人对某一个时间点或时间段内景点的游客容量进行统计和分析,以实现指定景点的环境容量的监控和分析。同时,也对整个景区的游客流量和环境容量按各种时间粒度进行时段分析,并通过辅助决策功能实现对景区游客的管理,如通过对环境容量过载的景点暂时限制售票等措施来进行游客分流。

8.3　基于主题社团的软件人互动智能通信

8.3.1　基于主题社团的软件人通信体系结构

旅游信息智能推拉系统通过软件人之间的互动智能通信形成软件人主题社团。热点主题信息通过社团内软件人之间建立的社会关系网络进行传播,实现软件人之间的智能信息推拉。软件人主题社团的通信体系结构如图 8-5 所示。

主题社团管理软件人负责维护社团名字服务器。社团内的所有软件人在名字服务器内注册,名字服务器完成地址映射,为软件人之间提供透明的数据通信。同时,名字服务器还维护了软件人的角色模型。名字服务器即每个成员软件人在社团内的角色(例如,具有更高关注度的软件人将成为社团内的意见领袖)。每个成员软件人还维护各自的社会关系模型,表示它所关注的其他软件人或朋友软件人。软件人之间的互动智能通信优先在其社会关系中进行。

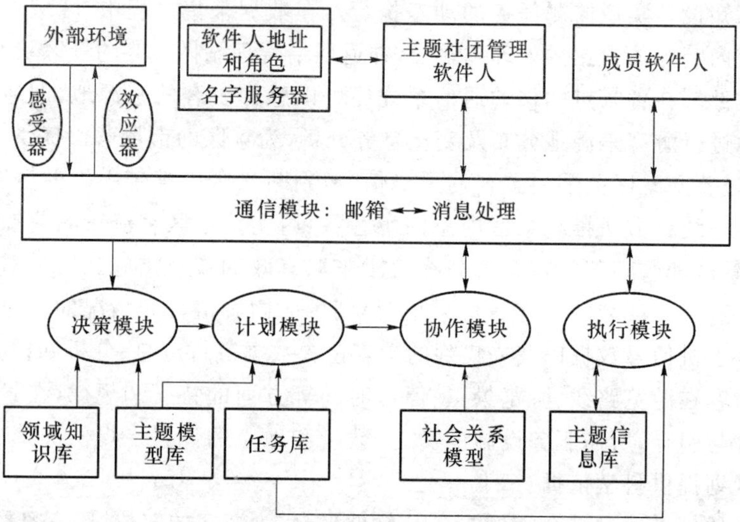

图 8-5　软件人主题社团的通信体系结构

软件人的通信模块采用消息传递模型，通过邮箱进行发送和接收，消息处理模块对传递的消息使用 XML 格式进行封装和解析。软件人通过感受器感知用户状态或取得用户输入，并且获得来自社团管理软件人的社团状态信息，经过决策模块来确定通信任务，包括主题过滤、主题拉取、主题推送、更新社会关系等。计划模块根据任务要求从任务库中取得任务操作序列的逻辑描述，对于需要与其他软件人协作完成的任务则通过协作模块进行协商，最后通过执行模块完成通信任务，并对主题信息库进行操作。

8.3.2　软件人主题兴趣模型的建立

采用基于向量空间模型的表示法来标识用户对目的地的兴趣。向量空间模型(vector space model)一般是文档表示的常用方法，现使用它来标识景区目的地特征。用户的兴趣表示为

$$\boldsymbol{C}=((t_1,c_1),(t_2,c_2),\cdots,(t_i,c_i)) \tag{8-1}$$

其中，t_i代表第 i 个特征，c_i 代表该特征所占的权重。c_i 的计算按照被用户浏览的目的地信息(即景区信息)v 来计算。通常用户更倾向于浏览他们喜欢的景区主题内容，因此可以利用浏览历史来确定用户兴趣。

c_i 的计算如下：

$$c_i = h(v_i,n) = \frac{\sum_{k=1}^{n} v_{k,i} \cdot g(n)}{n} \tag{8-2}$$

基于向量空间模型的表示法能够很好地表示用户兴趣模型，但是随着用户感兴趣文档的增加，用户模型会不断地增大。这种用户模型表示方法需要一定的物理空间和计算开销。实际上，随着时间的推移，用户会选择不同的旅游目的地和主题内容，用户的兴趣会随着时间变化而发生转移，单独使用以上的兴趣模型并不能反映这一特征，因此可以设置遗忘函数，以便更好地描述用户的兴趣。即

$$c_i = h(v_i, n) = \frac{\sum_{k=1}^{n} v_{k,i} \cdot t(v_k) \cdot g(n)}{n} \tag{8-3}$$

其中，$t(v)$是遗忘函数，$t(v) \in [0,1]$。令景区信息 v 被浏览的时间是 t_1 当前时间 t_{now}，则 t 是关于 $\Delta t = t_{\text{now}} - t_1$ 的函数。这样不同时期用户对旅游信息的浏览对计算用户兴趣的影响就不再相同，即越早的浏览记录在计算当前用户兴趣时的影响越小。至此，已经可以根据用户浏览景区信息的历史来确定用户的真实兴趣。这一兴趣甚至可能是用户自己也不了解的。

用户兴趣还需要考虑多种因素，用公式表示为：

$$S = \alpha \cdot D + \beta \cdot d + \gamma \cdot F \tag{8-4}$$

其中，S 为用户对旅游主题的兴趣，系统将主题按照该值由高至低向用户推荐；α，β，γ 为权重系数，调节各项影响因素对推荐度的贡献；D 为用户兴趣与景区景色特征的距离；d 为网友推荐度；F 为其他影响因素，包括用户的购买力因素、天气因素、距离因素等。D 的计算如下：

$$D(\boldsymbol{P}, \boldsymbol{C}) = \sqrt{(p_1 - c_1)^2 + (p_2 - c_2)^2 + \cdots + (p_i - c_i)^2} \tag{8-5}$$

在本章描述的旅游信息智能推拉系统中，由于比较重视用户兴趣与旅游主题的匹配情况，所以 $\alpha > \beta$。由于该原型系统暂时没有考虑其他因素的影响，因此 $\gamma = 0$。由此可以计算出每个主题用户的兴趣。对所有的兴趣进行排序，将兴趣最高的 10 个主题向用户推荐即可。旅游信息智能推拉系统可以从所有主题中选择与用户模型最匹配的部分景区及其主题信息向用户推荐。

8.3.3　软件人主题社团的建立

社会网络的研究表明互联网社团用户和信息具有更高的相似度，通过社团实现信息的搜索和推荐具有更高的准确性。因此，旅游信息智能推拉系统也通过建立不同主题的软件人社团实现更为个性化的主题信息服务。

软件人主题社团采用静态和动态两种建立方法：静态主题社团通过对用户兴趣的分析建立用户兴趣模型，从而将具有相近兴趣的用户划分到同一个社团内；动态主题社团则通过软件人之间的信息推拉这种交互关系形成。

(1) 静态主题社团的建立

社团成员软件人通过对用户发布、访问或关注的信息进行主题分析，可以获得用户的情境主题模型，作为用户在主题空间上的兴趣模型。社团管理软件人依据各个成员软件人的主题兴趣模型来发现具有相似性的软件人静态主题社团。

静态主题社团的形成主要包括 3 个步骤。

① 生成软件人一主题分布矩阵。所有成员软件人的主题兴趣模型可以用一个 $m \times n$ 阶软件人—主题分布矩阵 $\boldsymbol{R}$ 来表示。m 行代表 m 个成员软件人，n 列代表 n 个主题，第 i 行第 j 列的元素 r_{ij} 代表软件人 i 对主题 j 感兴趣的概率。

$$R=\begin{pmatrix} r_{11} & r_{12} & \cdots & r_{1n} \\ r_{12} & r_{22} & \cdots & r_{2n} \\ \vdots & \vdots & & \vdots \\ r_{m1} & r_{m2} & \cdots & r_{mn} \end{pmatrix} \tag{8-6}$$

② 软件人相似性度量。根据软件人一主题分布矩阵计算软件人的相似度，可以采用余弦相似性度量、修正的余弦相似度度量（即 Spear 相关系数度量）或相关相似度度量（即 Pearson 相关系数度量）等方法进行计算。

③ 形成主题社团。完成这一步骤有两种方法，一是根据预先确定的相似度阈值，选择相似度大于该阈值的软件人作为主题社团成员；二是根据预先确定的成员数 N，选择相似度最大的前 N 个软件人作为主题社团成员。

对于静态主题社团形成方法来说，获得用户关注的信息是建立软件人兴趣主题模型的关键。这就需要追踪并分析用户的浏览行为。一般来说，个性化信息服务系统可以根据处理位置的不同分为服务器端系统和用户端系统。服务器端处理速度快，但是不太方便跟踪用户行为。在客户端处理能准确跟踪用户行为，但处理速度和用户的机器相关。现有的系统倾向于在客户端处理。采用软件人的优势在于可以综合两种处理方式的优点，利用其可迁移性实现在服务器端或客户端的处理。

软件人在客户端的主要任务是根据用户的行为和反馈来准确计算用户对页面的关注度。用户对页面的关注反映了用户对网页感兴趣的程度，可以通过分析用户在浏览网页时的行为、动作、时间、频率等来获得直接的参数。现采用多元线性回归方程来拟合这些参数。

$$I(P)=a \cdot \mathrm{IDG}(P)+b \cdot v(P)+c \tag{8-7}$$

其中，$v(P)$ 为翻页/拉动滚动条次数、鼠标点击次数等（简称 V 行为），而 $\mathrm{IDG}(P)$ 为

$$\mathrm{IDG}(P)\ln\frac{\mathrm{time}}{\ln(\mathrm{length})} \tag{8-8}$$

其中，P 表示用户浏览的 Web 文档；time 表示用户浏览 Web 的时间，单位以秒计算；length 表示从对应 Web 页面提取的不同特征词的个数。在公式中对特征词个数取对数是为了增强用户浏览时间的重要性。

(2) 动态主题社团的建立

软件人主题社团采用软件人社会模型建立，软件人之间的信息交换则通过智能信息推拉的方式进行，主题信息的拉取和推送通过软件人之间存在的社会网络关系来实现。“拉取方”软件人通过自己所在的社会网络向其他软件人发出信息获取请求，获得符合自己需求的信息；“推送方”软件人则通过竞争努力把自己掌握的最相关信息推送出去，以获得更多软件人的关注。双方软件人通过这种信息交换建立一种“关注”和“被关注”的关系，或者是一种双向互动的“朋友”关系，并最终形成社团。

“推送方”软件人可以设计自己的推荐策略，向主题社团中的其他软件人推送相关的主题信息；“拉取方”对这些主题信息进行评估，同时作出是否与某些“推送方”软件人建立关注或朋友关系的判断。每个软件人都会维护它自己的关注列表或朋友列表，并且根据推荐信息的质量对列表进行更新。这种根据对相似主题的关注所建立的软件人社会网络将软件人组织到同一个主题社团内，由于主题社团成员间对各类主题信息的兴趣度具有更高的相似性，因此主题信息的推送也将优先通过主题社团进行。

每个主题社团由管理软件人检查主题信息发布和推送是否符合社团规则，控制每个软件人的行为。

8.3.4　软件人之间的主题推送

为了通过软件人之间的协调来实现软件人社团的主题信息推送，需要设计软件人社团主题信息推送协议。该协议支持采用协同过滤方法来实现主题信息在社团成员软件人之间的推送，社团内的每个成员软件人维护其关注列表和朋友列表，列表中朋友软件人的排列顺序根据对其推送内容质量的评分进行排序，一旦收到来自朋友软件人推送的主题信息则更新其评分向量，具体的计算公式如下：

$$\boldsymbol{F}_i=\begin{cases}\boldsymbol{P}_j & \boldsymbol{F}_i\text{不存在}\\(\boldsymbol{F}_i+\alpha\cdot\boldsymbol{P}_j)/(1+\alpha) & \boldsymbol{F}_i\text{存在}\end{cases}\tag{8-9}$$

其中，$\boldsymbol{P}_j$ 是朋友软件人 i 推荐的主题信息评分，$\boldsymbol{F}_i$ 是软件人 i 的评分向量，α 是推荐主题信息的权值。

主题社团推荐协议包括两个阶段的子协议：主题社团建立协议和主题推送协议。

主题社团建立协议在推荐协议之前执行，用来使软件人在初始阶段寻找并加入主题社团，建立与其他软件人的社会关系，协议描述如图 8-6 所示。

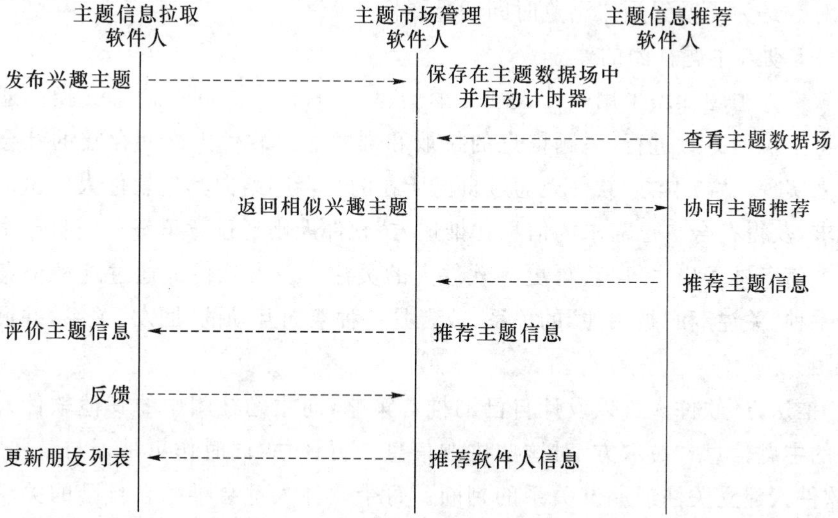

图 8-6　软件人主题社团建立协议

主题社团的形成主要通过以下 5 个步骤实现。

① 当软件人初始寻找一个社团或希望与其他软件人建立朋友关系时，它作为“买方”可以将其兴趣向量发布到市场当中。管理软件人检查该兴趣向量的规范性并将其连同“买方”软件人的 ID 一同保存在市场信息列表当中。

② 其他“卖方”软件人周期性检查市场信息，检查频率根据过去的推荐效果来确定。

③ “卖方”软件人采用协同过滤算法根据它掌握的社团评分矩阵来选择推荐项目。如果推荐项目的评分超过系统预定的阈值，则从资源库中检索该项目的相关资源并提交一项推荐到市场中。

④ 当管理软件人在市场中登记一项“买方”兴趣后，则启动与之相关的时钟，在窗口时间到期之前等待其他“卖方”软件人的推荐。如果有多个软件人推荐，则在时钟到期后将评分最高的推荐发送给“买方”软件人。

⑤ 收到推荐后，“买方”软件人根据用户的操作和反馈来对推荐项目进行评分，然后使用式(8-9)更新其朋友列表。

在推荐阶段，软件人可以直接与社团内的其他软件人通信而无须再通过市场。该阶段使用朋友列表来完成社团成员间的协同，推荐阶段的协议描述如图 8-7 所示。

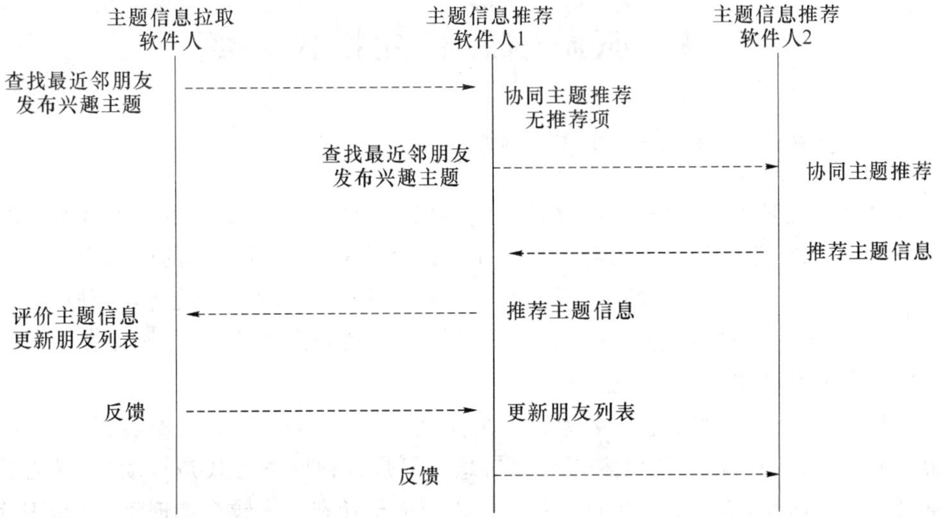

图 8-7　软件人主题推荐协议

主题推送过程主要包括以下 3 个步骤。

① 当软件人希望从社团内获取信息时，它从朋友列表中计算相似度最高的作为其最近邻，然后从最近邻获取最新推荐信息。

② 最近邻软件人从资源库中选择与高评分推荐项目相关的页面信息来完成推荐。

③ 收到推荐后，软件人根据用户的操作和反馈来对推荐项目进行评分，然后使用式(8-9)更新其朋友列表。

社团成员软件人作为用户的代理，通过采集用户的行为数据和相关信息来获取用户兴趣并建立用户－项目评分矩阵。因为用户对一般 Web 文档的评分并不是显式进行的，所以可以通过记录用户对文档的操作，包括发布、浏览、评论、收藏、转发等，并且赋予不同的评分权重，最终生成评分。软件人采用传感器来感知当前环境的状态，主要捕获用户对页面的操作行为，从而判断用户对页面内容的评分，即兴趣度。随后软件人通过信息处理模块采取相应的动作，如更新评分矩阵或资源库等。这里除采用协同过滤策略进行评分之外，还采用内容过滤方法对用户评分高的页面进行语义分析，从而获取该页面的主题和特征词，保存在自己的资源库中。

软件人通过协同模块与社团内的其他成员进行通信和协调，完成社团内的信息获取或推荐。它根据朋友列表从其他成员获得推荐信息，计算推荐信息和用户兴趣的相关度，根据用户的操作反馈再对信息进行评分，并更新朋友列表。它也不断从市场上获取其他软件人的需求而努力完成推荐。

8.4 旅游信息智能推拉系统

8.4.1 旅游信息智能推拉系统总体结构

大众旅游时代的到来，使旅游日益成为现代人类社会主要的生活方式和社会经济活动，旅游业以其强劲的势头成为全球经济产业中最具活力的朝阳产业。尤其是在互联网和信息技术的带动下，国内旅游业呈现蓬勃发展的趋势，各种旅游信息服务、旅游智能服务、旅游移动服务模式依托互联网快速发展，旅游业在互联网时代迎来了发展和转型的黄金期。

目前，主流的旅游信息服务系统主要是通过建立 Web 站点向游客提供服务，游客通过查找和浏览相关内容来获取信息。但是这种服务方式是被动的，随着信息量的快速增长，游客要找到自己所需的内容需要耗费越来越多的时间，这是因为没有充分考虑游客的个性化需求，缺乏个性化的主动信息服务手段。针对上述问题，发展一种更为主动和智能的旅游信息服务成为旅游信息化过程中的迫切需求。

本章基于情境主题分析技术来建立旅游信息智能推拉系统。旅游信息智能推拉系统与其他多种旅游信息服务系统共同构成一个分布式协同的智能旅游公共信息服务平台，根据对游客兴趣主题的分析结果，并结合时空情境，有针对性地向游客主动推送个性化的信息服务。

旅游信息智能推拉系统将各类主题信息与位置服务、电子地图服务相结合，应用移动通信、互联网等多种手段，将游客、景点、旅游服务企业联系起来，实现相互间的智能交互。各个信息系统提供的服务通过智能推拉系统进行集成，从而实现从游客出行前的行程安排，到游览过程中的导游和导航，再到游后的信息分享等各个环节的完整信息服务。这样导航系统可根据游客出现前的行程安排来向游客推荐景点或购物餐饮信息，提供游览时间和路线建议。游客也可以在游览的同时通过手机进行信息分享，使原本独立的多个系统被有效集成在一起，提高了对游客活动的感知能力和信息服务的主动性及有效性，简化了游客的操作，使用更为便利，改善了旅游服务体验。同时，来自游客的位置信息、评价数据等也为旅游监管、景区管理及旅游市场营销提供了真实可靠的依据。

旅游信息智能推拉系统通过建立应用网关和主题信息网关实现与各类应用系统和数据的集成；通过通信网关实现与智能手机或 PC 用户的交互；通过位置网关从 GPS、移动通信定位等多种位置服务器获得位置数据；通过地图引擎网关实现地图服务的集成；通过运营管理网关实现整个平台的运营管理和维护。旅游信息智能推拉系统的总体结构如图 8-8 所示。

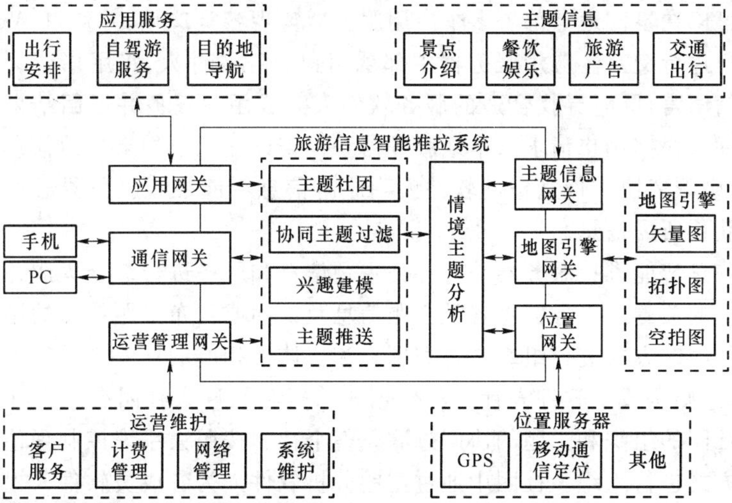

图 8-8　旅游信息智能推拉系统总体结构

8.4.2　基于软件人技术的旅游信息智能推拉系统方案

旅游信息智能推拉系统所涉及的信息来自不同的主题信息系统，包括景区信息、旅游企业信息、酒店餐饮信息等，因此系统的实现方案采用“分布式管理，信息协作”的设计思路，整个系统的设计方案如图 8-9 所示。

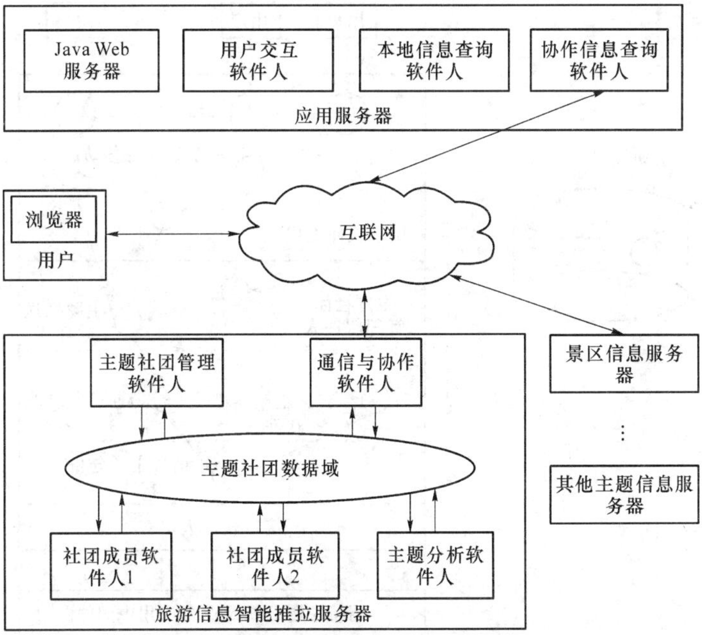

图 8-9　基于软件人的旅游信息智能推拉系统方案

系统可以在不同地点部署多个应用服务器实现各类应用，并通过 Web 服务的方式与用户进行交互。应用服务器中部署用户交互软件人，将用户请求转换为软件人的通信语言，同时寻找合适的服务软件人完成用户任务并返回结果。本地信息查询软件人根据用户请求从本地服务器获得查询信息。如果本地信息无法满足用户需要，则派遣协作信息查询软件人到旅游信息智能推拉服务器通过通信与协作软件人获得所需信息。

旅游信息智能推拉服务器是将各类主题信息和服务进行综合集成并实现个性化信息服务的关键。服务器将各类主题信息及访问或发布主题信息的用户和企业按照主题社团的方式进行组织。各类用户和实体由相应的社团成员软件人提供服务，主题信息则构成了软件人社团的数据域。每个软件人社团有一个社团管理软件人完成社团的组织和主题的协同过滤。整个社团按照大系统控制理论中的智能自律分散方式进行组织。社团中通过主题分析软件人为各成员软件人提供跨媒体数据的主题分析服务。通信与协作软件人收集、管理、统计和查询各种软件人资源，提供软件人之间的安全通信机制，并且提供与其他旅游信息服务器之间的协同和相互访问。

基于软件人技术的旅游信息智能推拉系统采用多软件人协同体系结构。根据在系统中担任角色的不同，整个体系结构分为三层：用户软件人层、服务软件人层、接口软件人层，如图 8-10 所示。

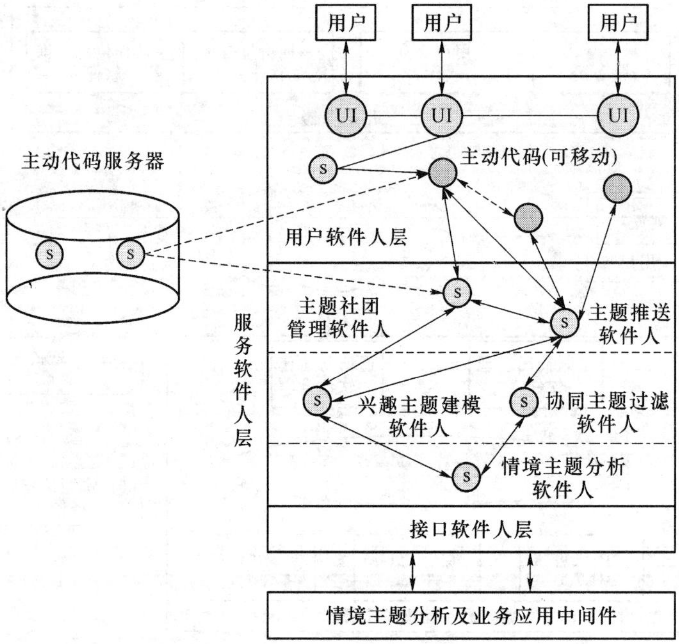

图 8-10　多软件人协同的体系结构

用户软件人为用户提供访问旅游信息智能推拉系统的入口，并且为每个用户提供个性化的服务。用户软件人根据用户的兴趣特征及所处情境与服务软件人之间进行协作，判断用户需求并传达给服务软件人，并对服务软件人返回的主题信息进行评价和反馈。

服务软件人层实现主题社团的组织、协同主题过滤、主题兴趣建模和主题推送等服务。服务软件人具有自主的信息处理能力，从而在用户不干预或较少干预的情况下完成某一类信息管理任务，或根据主题及社团组织的改变动态对服务规则进行调整。服务软件人之间也通过协作软件人进行协调，从而获得整体上的结果。

在每个服务器节点上都运行有本地的应用服务中间件。接口软件人层实现对情境主题分析和其他业务应用系统的访问，它对情境主题分析及其他业务功能进行抽象，允许软件人用规范化的方式进行访问和处理。为此，接口软件人层中包含与各个业务功能相对应的多个业务逻辑软件人，用于实现对本地业务功能的访问。

服务软件人是系统的核心层，具体功能如下。

首先，提供主题的分析和查询功能。服务软件人实现多种主题服务，并将它提供给接口软件人，再由接口软件人进行转化、组合、个性化，最终提供给用户。从这个意义上讲，服务软件人是分布式系统服务的最初提供者，接口软件人是中间加工者，具有提供者和使用者的双重角色，而用户则是最终的个性化管理服务的使用者。

其次，服务软件人具有自治地进行信息管理的能力。可以将一些成熟的、复杂多变的业务逻辑在服务软件人中实现，从而在用户不干预的情况下自动完成某一类信息管理任务或根据需求的改变动态地对业务规则进行调整。

最后，可用于多个业务逻辑软件人的协调。在本系统的体系结构中对分布式信息系统的操作主要由业务逻辑软件人来完成。然而，业务逻辑软件人的不足之处在于处理结果的局部性，也就是说，它只能对本地的信息资源进行访问，而不能从整体上获得全局相关的信息管理结果。

服务软件人在整个系统中的物理位置相当灵活，可以运行于分布式信息系统的各个节点。这取决于多方面因素，如该软件人提供的信息服务类型、节点计算机的物理配置情况以及管理效率的高低等。

本层由以下3个子层组成。

(1) 服务管理层

服务管理层实现对主动服务过程的管理，包含系统中复杂业务逻辑的基本代码，因此存储在每个节点，其主要功能由软件人平台提供支持。服务管理层的主要功能包括：对主题分析软件人进行管理，包括产生、终止、恢复等生命周期管理以及复制、移动等基本行为管理；对主题分析软件人之间的通信管理；对主动服务地点的管理;对软件人的安全性管理(如加密、授权等)。

主题分析软件人可以利用软件人平台的自动代码生成工具产生,因此可以根据服务需要为具体应用定制软件人,已经生成的代码被放置于代码库。这种主题分析软件人可以动态地扩展体系结构的功能,并且随不断变化的实际需求完成业务规则的修改。

(2) 基本操作层

主题建模软件人和主题过滤软件人以一个或多个主动过程的方式来执行,这些软件人在执行过程中可以从一个结点迁移到另外一个结点。因而,可以根据服务的模式和它们的主动过程数目来对软件人进行分类。主动过程的个数表明了主题分析任务执行时的并行程度。

基本操作层提供了对主题分析软件人服务模式以及并行度的管理。每一个模式都是以一个主动代码段的方式来实现的。基本操作层通过一个特殊的接口提供对底层服务的访问。本层功能可以在本地存放,或存放在一个外部主动代码服务器上,需要时可下载。

基本操作层包含多种服务模式,它描述与特定主题分析软件人关联的主动过程如何在网络中实现导航和同步。服务模式也定义了软件人的并行度和内部的同步性。同一个服务模式对于不同的主题分析任务可以重复使用。

服务模式的引入,可以分析主题分析软件人的运行行为、总体特性、终止期等。服务模式将使应用程序开发人员不再需要考虑分布式环境下主题分析软件人的并行化协同算法,只需要选择合适的服务模式即可。应用开发人员将集中于特定的应用逻辑和主题分析任务。因此适用于开发具有高扩展性和鲁棒性的大型应用系统。

(3) 工具层

工具层通过应用第二层所提供的服务模式来实现各种主题社团服务和推荐功能。它给予应用程序开发者最高度的抽象,并对编写分布式信息系统的具体应用程序提供帮助。工具箱可提供高级语言构件用于分布式系统的构建。与第二层的代码一样,工具层可以在本地储存或根据要求从主动代码服务器上下载。

8.4.3 旅游信息智能推拉系统的设计与实现

1. 主要功能

旅游信息智能推拉系统提供的应用服务可以分为两类。一类是基于时空情境主题的主动推送服务,主要根据用户所处的时间和空间信息,结合用户的行程安排,向用户主动推送景点、周边或旅游资讯等不同主题的信息。另一类是基于主题社团的个性化拉取服务,提供景区、美食、住宿等不同主题信息的搜索服务,搜索结果将根据社团内的热点主题进行分类、排序和推荐。旅游信息智能推拉系统的主要功能模块如图 8-11 所示。

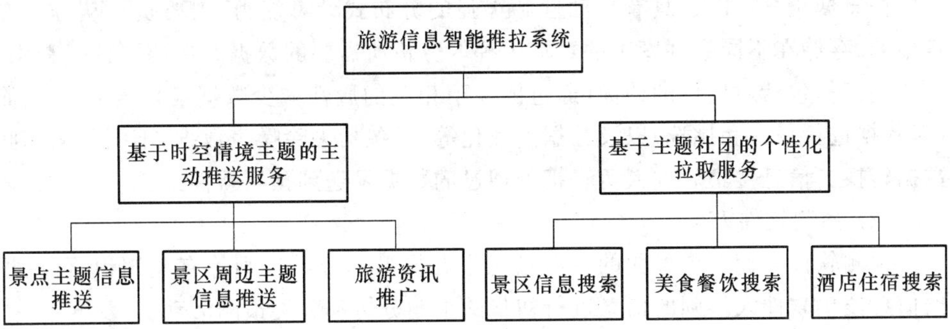

图 8-11　旅游信息智能推拉系统的主要功能

2. 工作流程

软件人在旅游信息智能推拉系统中的工作流程如图 8-12 所示。

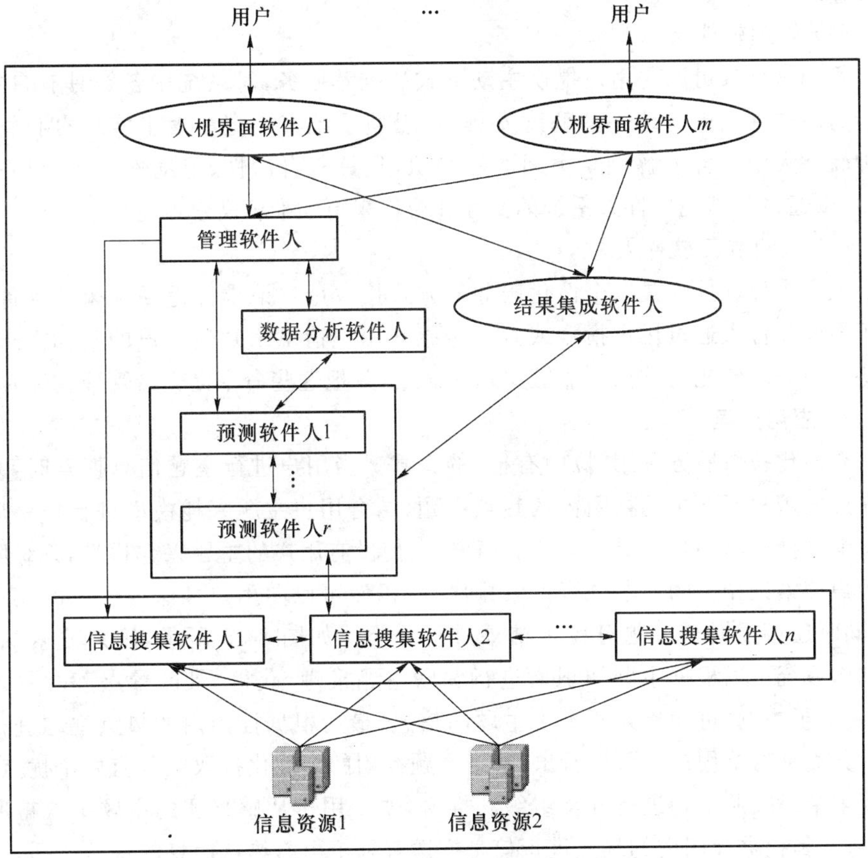

图 8-12　软件人旅游信息智能推拉工作流程

(1) 信息搜集软件人

信息搜集"软件人"具有移动性和很强的分布式计算能力,主要负责从分布在各地的、存储在不同数据库中的数据中提取分析所需要的数据。在提取的过程中,具体的工作包括对属性的约简(通过删除不相关的属性减少数据量)、数据的约简(对数据进行采样和挑选)以及数据离散化等,还包括去除噪声数据、不同数据库间数据转换。信息搜集软件人负责把处理过的数据发送到预测软件人。

(2) 预测软件人

预测软件人拥有个性化的旅游信息主题模型和分类规则等有关知识,可以根据信息搜集软件人得到的信息进行初步的主题分析和分类预测活动。

(3) 结果集成软件人

结果集成软件人通过各个预测软件人掌握更多的全局知识,其智能性更强,能够根据全局信息和预测软件人所做出的初步分析进行更详细、全面、准确的主题分析和处理。

(4) 管理软件人

管理软件人可以为用户提供主动形式的推荐服务,对系统中各类具有自主交互能力的软件人进行统一的调度安排,可以使系统在一定程度上实现自我管理。管理软件人中包含了解决某类问题的知识,且具有自治性、能动性和社会性等特点,可以通过与其他软件人系统的交互和协作来更加准确高效地完成任务。

(5) 人机界面软件人

人机界面软件人是以个性化服务的方式接收用户请求并返回结果的软件人。人机界面软件人通过用户指令或者通过感知用户情境来判断用户的实际需求,从而将用户需求转化为软件人能够识别的命令,并把这些命令提交给管理软件人。

3. 应用效果

个性化拉取服务采用"拉中有推"的方式。当用户进行主题信息搜索时,系统优先搜索用户所在主题社团内的热点主题,结合用户主题兴趣模型进行排序后将推荐信息推送给用户。对于未注册用户,即使没有用户的主题兴趣模型,系统除按与用户搜索词相关的主题进行搜索排序外,仍然可以向用户推送社团内的热点主题,同时还可根据子主题对检索结果进行分类。如图 8-13 所示,用户搜索"颐和园"时,系统可以根据主题知识库进行关联主题推理,获得"景区景点"和"景点活动"两个子主题,进而检索两个子主题的信息,最后根据社团内的热点主题进行排序后分类推送给用户。可以看出,基于主题社团的个性化拉取服务有两个优点,一是搜索结果按照主题进行分类组织和推送,便于用户从感兴趣的主题中获得所需信息;二是根据社团内的热点进行信息推送有利于当前热点信息的快速传播,这尤其有利于用户获取时效性强的主题信息,如景区活动这样的信息只有当前的最新动态对于用户才是最有用的。

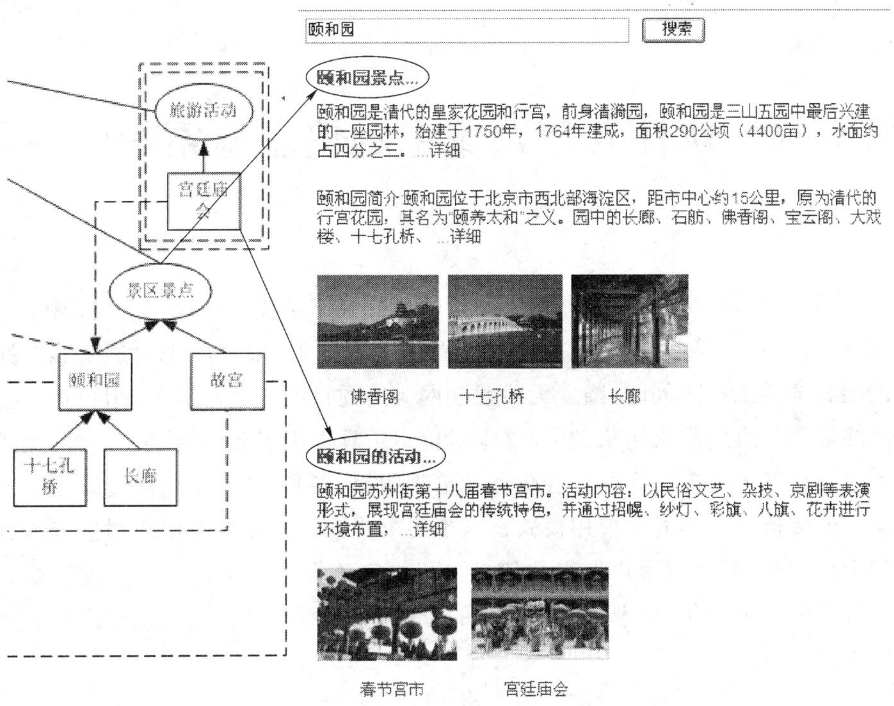

图 8-13　个性化拉取服务效果

当用户刚刚进入系统，或在浏览某一信息内容时，系统也会根据当前用户的浏览主题，以及他所处的时空情境及社团热点进行主题信息推送。这些信息中既包括同主题的热点信息，也包括其他关联主题信息，以及社团内其他相近用户所关注的主题信息。

8.5 小　结

旅游产业的迅速发展对信息服务的质量提出了越来越高的要求。游客由于身处异地，对环境十分陌生，及时有效的信息需求十分强烈，但往往却难以准确表达这种需求。因此人们对于信息服务的智能化程度要求更高，智慧旅游应运而生。本章利用物联网来提高软件人对物理环境的感知能力，从而与游客同步获得其所处的情境信息，提高软件人服务的针对性和有效性，进而通过软件人之间拟人的社会化活动实现主题信息的获取和推荐，最终实现主动化、智能化的信息推送和拉取系统。

第9章　软件人在领域主题信息检索中的应用

在信息检索领域，随着互联网上海量信息的快速增长，搜索引擎等检索工具带来的针对性不强、准确度差、效率低等问题越来越突出，用户需要的是能够直接获取问题答案的工具。同时，随着无线互联网应用的日渐广泛与深入，用户在手机等移动终端上的应用需求越来越大，这也对检索工具提出了新的要求。此外，无线应用的发展也使人与人之间的社会化互动更为频繁，各种 SNS 应用彻底改变了互联网信息的传播方式和商业应用模式。这也要求检索工具能够对用户群进行细分并精确定位，同时需要对用户发布的信息进行内容整合以便于检索。搜索引擎等检索工具需要向个性化、精准化和社会化的方向发展，而软件人技术正好适应了这一发展方向。

9.1　软件人主题信息检索模型

9.1.1　软件人系统结构

采用软件人技术，可以将跨媒体数据处理任务中功能相对独立的模块封装为多个软件人，分别是信息采集软件人、索引软件人、检索软件人和智能移动终端软件人。其中信息采集软件人负责执行跨媒体信息采集任务；索引软件人负责建立跨媒体信息的索引任务；检索软件人负责提交用户查询请求，并将跨媒体搜索结果展示给用户；移动终端软件人支持用户在智能移动终端上进行跨媒体信息的检索。在此基础上，建立一个管理软件人，负责协调和控制以上 4 个软件人，同时根据需要而设定不同的软件人参数和任务。基于软件人的跨媒体信息检索系统结构如图 9-1 所示。

软件人系统根据任务分工并通过相互协作完成信息采集、索引、检索和移动终端等服务功能，为上层应用的跨媒体数据处理提供基本的信息服务。该系统共划分为 4 个一级服务模块、15 个二级服务模块，如图 9-2 所示。

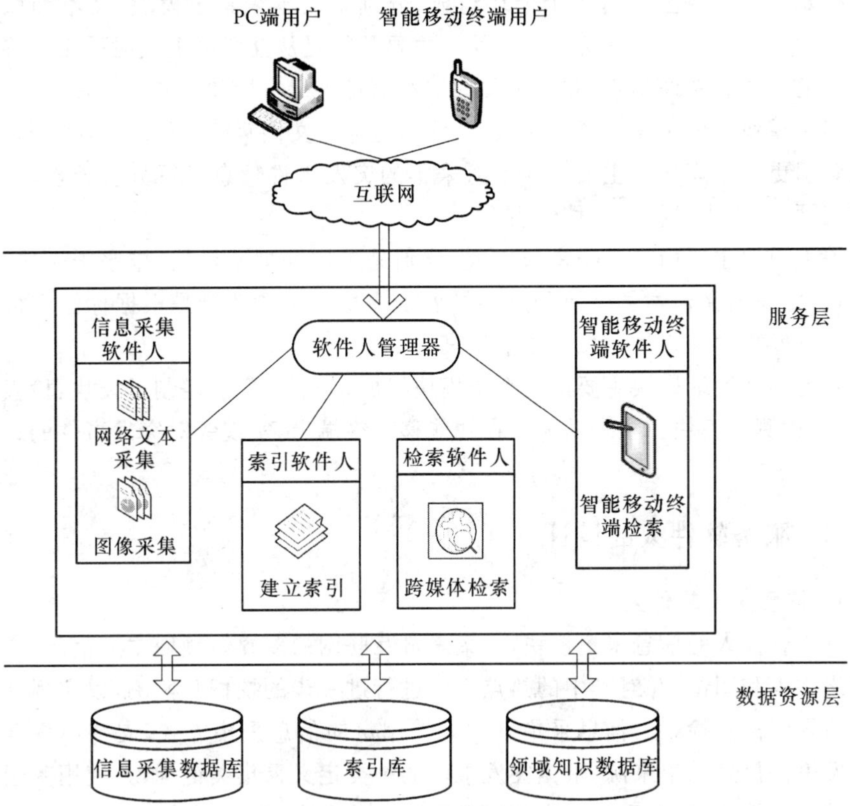

图 9-1　软件人系统结构

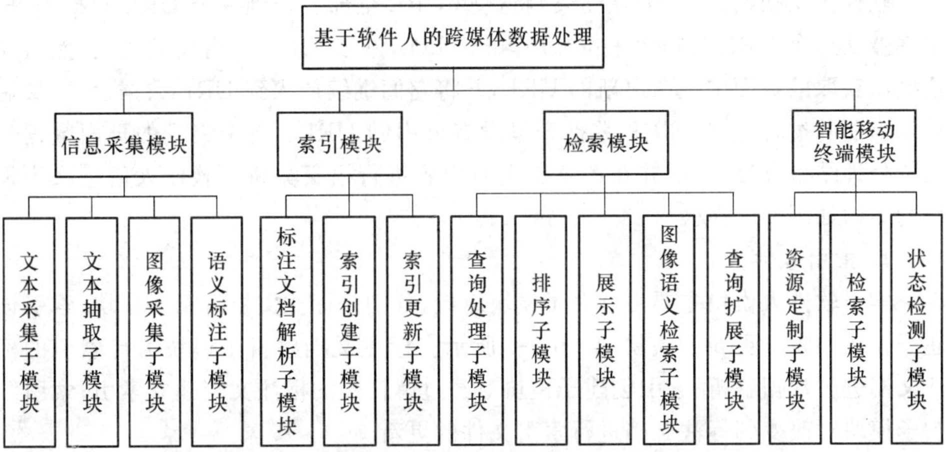

图 9-2　软件人系统的服务模块

信息采集模块主要由 4 个模块组成，分别是文本采集子模块、文本抽取子模块、图像采集子模块、语义标注子模块。主要功能是从互联网上实时采集与突发事件有关的文本和图像信息，并对采集的文本信息进行解析和抽取。

索引模块主要由 3 个子模块组成，分别是标注文档解析子模块、索引创建子模块和索引更新子模块。主要功能是对采集的突发事件信息进行分析处理，从中抽取索引项，进而生成标注文档索引库。

检索模块主要由 5 个子模块组成，分别是查询处理子模块、排序子模块、展示子模块、图像语义检索子模块和查询扩展子模块。主要功能是根据标注文档的方法进行突发事件跨媒体信息的精准检索。

智能移动终端模块主要由 3 个子模块组成，分别是资源定制子模块、检索子模块、状态检测子模块。主要功能是在智能移动终端上，实现针对突发事件的跨媒体信息检索。

9.1.2　服务软件人的设计

1. 信息采集软件人

基于软件人的信息采集模块，采集来自互联网的多媒体领域主题信息，主要包括网络文本和图像，并对其中的热点主题进行进一步的挖掘和监测，以实现基于语义的跨媒体信息检索。信息采集软件人采用定向信息采集方式，支持用户自主选择突发事件信息采集来源，根据突发事件的种类定义采集关键词，并使用基于内容评价的采集算法，判断采集内容与突发事件的关联度，以保证采集内容的准确性和多样性。

软件人从初始的 URL 集出发，将这些 URL 全部放入到一个 URL 数据表里。采集器从这个 URL 数据表里按顺序取出 URL，获取 URL 所指向的页面，然后从这些已获取的页面中提取出新的 URL，并将它们继续放入到 URL 数据表里，最后重复上面的过程，直到 URL 数据表里没有可用的 URL。将采集到的页面数据和相关处理结果存储、索引并在此基础上对内容进行语义分析。软件人信息采集模块的结构如图 9-3 所示。

2. 索引软件人

索引软件人模块主要由 3 个子模块组成，分别是标注文档解析子模块、索引创建子模块和索引更新子模块，如图 9-4 所示。标注文档解析子模块为待索引的标注文档进行数据解析；索引创建子模块对经过解析过的标注文档建立索引；索引维护子模块对改变的标注文档进行索引文件的更新。

由于领域主题信息的跨媒体检索涉及文本和图片两种资源的搜索，所以需要对采集下来的资源建立统一格式以实现资源的同步检索。在索引软件人建立索引

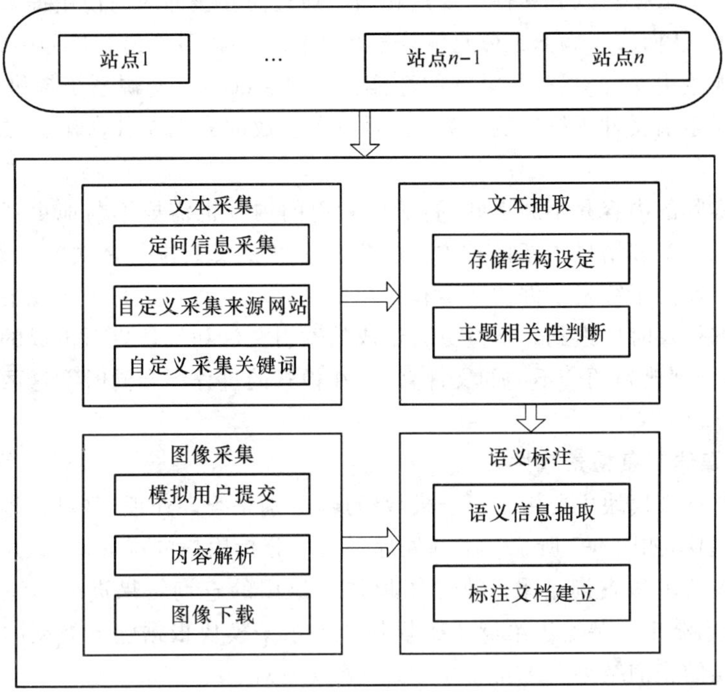

图 9-3　软件人信息采集模块结构

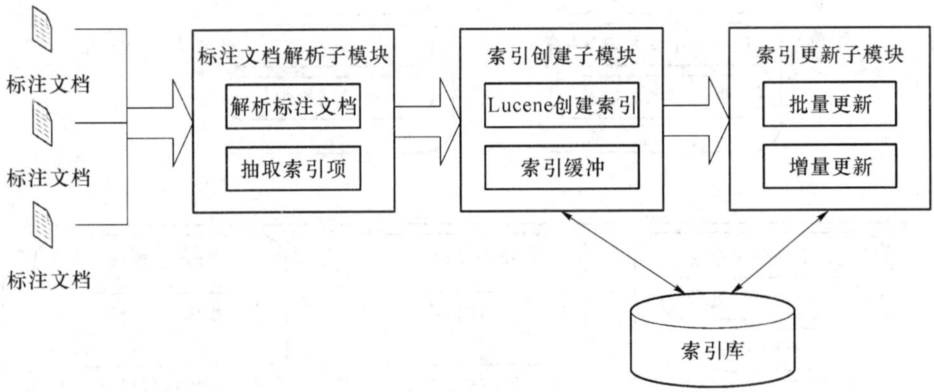

图 9-4　索引软件人结构

之前，需要对标注文档进行解析，将元数据索引项和内容索引项从标注文档中提取出来，以便在检索结果页面中直接展示查询结果。

索引软件人通过索引创建子模块进行索引的创建。为了提高索引的性能，首先将索引数据通过 RAMDirectory 类写入到内存中，然后在通过 FSDirctory 类将内存中的索引数据写入到文件中。这相当于通过内存缓冲区的使用提高索引文件的生成速度，从而减少频繁地磁盘输入输出操作。在索引创建的过程中，采用合并的方式生成索引文件，提高了系统的性能。通过 Lucence 开源系统提供的 API 还可以设置对索引文件进行数据压缩，从而使得生成的索引文件占用的磁盘空间相对较少。

由于实际的内容是不断更新的，所以索引的内容也需要不断地更新。索引的更新有批量更新和增量更新两种方式。批量更新是每天进行一次的操作，主要是为了批量更新关于突发事件的文本和图片信息。增量更新是为了实现最新采集到的信息能够被及时检索到。增量更新生成的索引文件和批量更新生成的索引文件是分开的，分别放到两个不同的文件夹中，在检索的过程中会同时对这两个索引目录进行检索。

3. 跨媒体信息检索软件人

检索软件人模块主要由三个子模块组成，分别是查询处理子模块、排序子模块和展示子模块，如图 9-5 所示。查询处理子模块分析用户的查询请求，并在索引库中检索满足要求的查询结果。排序子模块对返回的查询结果进行标注排序法排序，并将检索结果封装输出给展示子模块。展示子模块根据媒体类型的不同展示给用户不同的查询结果。

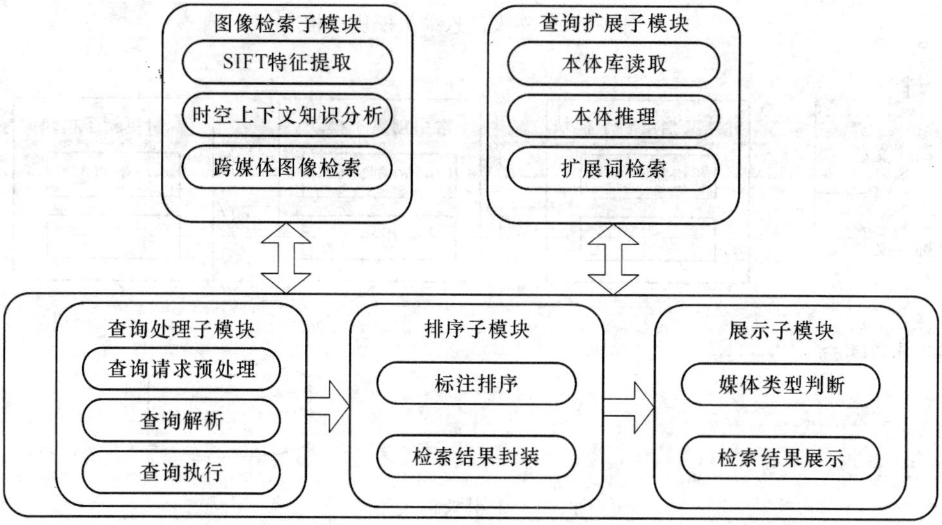

图 9-5　检索软件人结构

查询处理子模块负责执行用户的查询请求，系统根据查询请求从索引库中读出数据，生成检索结果。该模块主要分为查询请求预处理、查询解析和查询执行 3 个步骤。

① 查询请求预处理首先接收用户发送的查询关键字，并由系统验证查询关键字否为空。本系统支持对空格的使用，空格隔开的关键词相当于或操作，连接的两个关键字只要匹配到其中的一个就会出现在查询结果中。

② 查询解析通过分词器进行中文分词处理，并将分词结果和逻辑条件组合到一起组成查询对象。因为查询关键词包含的词越多，查询的执行效率就越慢，所以限制提交查询词语最多为 15 个。注意，对于提交的中文参数要进行编码的处理，统一将中文处理成 GBK 编码的方式。

③ 查询执行要通过 Lucene 提供的 IndexSearcher 对象来完成，在检索模块启动的时候，IndexSearcher 就已经将检索需要的索引信息加载到内存当中。IndexSearcher 对象是线程安全的，所以系统可以并发地进行很多不同的查询条件。

排序子模块负责查询结果的排序，并将排序好的查询结果封装输出到展示子模块中。该模块主要分为标注排序和检索结果封装 2 个步骤。

① 标注排序法是根据查询词与检索结果中标注信息的相关性对检索结果进行排序的方法。

② 检索结果封装利用 Lucene 的 IndexSearcher 类，将查询结果封装在 Hits 对象中，从而根据 Hits 对象得到查询结果。

展示子模块负责向用户展示突发事件跨媒体检索结果，展示方式分为直接展示和列表展示。直接展示根据排序结果依次显示突发事件的跨媒体信息，列表展示是以表格的形式列举出查询结果，从而实现从不同角度展示集文本和图片为一体的全方位的突发事件信息。该模块主要分为媒体类型判断和检索结果展示 2 个步骤。

① 媒体类型判断将根据标注文档中的媒体类型决定该检索结果的展示方式。文本查询结果展示标题和摘要，图片查询结果展示标题和图片缩略图，每一种媒体查询结果的标题都能链接到相应资源的源文件。

② 检索结果展示将查询结果以直接展示和列表展示两种方式进行展现，让用户可以从中得到关于突发事件的文本和图像信息，从而更加迅速地查找到自己所需要的信息。

图像语义检索子模块通过为图像的底层特征赋予语义信息，结合潜在语义索引技术和相关反馈技术，最终实现管理和检索跨媒体信息。该模块主要分为 3 个步骤。

① SIFT 特征提取通过基于局部不变特征的描述子算法，提取图像的 SIFT 特征值，使用融合空间向量，代表图像的局部特征。

② 时空上下文知识分析融合 Web 图像的时空上下文知识，构造图像的语义网络，结合 SIFT 特征值，将图像表示为包含多特征的全局特征向量。

③ 跨媒体图像检索将通过图像的 SIFT 特征和语义特征，在索引中找到与其

最接近的类中心 center 和其对应的倒排表，在前台页面展示检索结果。

为了实现更为精准和智能的搜索功能，查询扩展子模块利用 OWL 的突发事件知识本体，将突发事件知识推理和搜索技术相结合，实现基于语义的查询扩展。该模块主要分为本体库读取、本体推理和扩展词检索 3 个步骤。

4. 智能移动终端软件人

智能移动终端软件人模块可以分为资源定制、检索和状态监测 3 个部分，如图 9-6 所示。

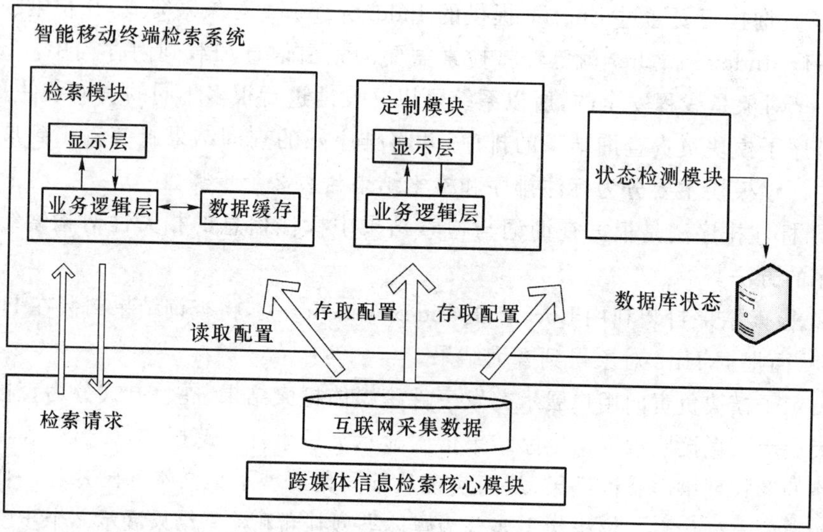

图 9-6 智能移动终端结构

资源检索定制模块对采集到的互联网资源进行选择，维护可供手机检索的数据对象列表，同时为不同组别的用户设定检索结果显示列表。定制信息存储于系统的后台数据库，供后续环节使用。

互联网资源检索模块获取检索数据对象并经过个性化过滤和排序后在移动终端上进行展现。用户进行互联网数据资源检索时，将调用服务器端的检索模块，进行异构数据检索，并基于后台数据库提供的定制信息在手机上呈现检索结果。

资源状态监测模块应用资源定位功能，对数据库对象进行定时监测，将监测结果记入日志文件，供系统管理员查看，以确保提供持续可用的检索服务。

9.1.3 软件人的通信与协作

1. 软件人的执行机制

智能化的软件人对环境有响应性、自主性和主动性，能够根据用户的需求自动调整状态。系统中软件人的状态可以分为以下几种。

- 初始状态——软件人对象建立，但是没有注册。
- 活动状态——软件人已经注册，有合法的名字和地址。
- 挂起状态——软件人对象当前停止，它的内部线程被挂起，并且没有可以执行的软件人行为。
- 等待状态——软件人对象被阻塞，等待某个事件的发生。
- 删除状态——软件人被销毁，内部线程将终止它的执行，注销这个软件人。

为了完成不同状态下软件人的处理，可以设计公有方法来执行不同状态之间的转换。

- dowait()方法使软件人从活动状态到等待状态。
- doSuspend()方法使软件人从活动状态或者等待状态转换为挂起状态。软件人只有在活动状态才能执行 Behavior(Behavior 表示一个软件人能执行的任务，并且软件人可以通过需要和能力来规划自己的行为)。

对于 Behavior 的执行，提供 2 种方法。

- action()方法，表示可以被行为完成的任务。
- done()方法，由软件人调度机制使用。当一个行为完成时返回真值，可以从行为队列中清除；当一个行为没有被完成时返回假值，action()方法必须再次调用，并用 addBehavior()方法把行为加入到软件人中。

具体地说，当软件人执行任务时，调用 addBehavior()方法，并根据执行行为种类的不同采用不同的动作。

- 只执行一次的行为指 action()方法只执行一次，并且执行之后行为立即结束。
- 循环执行的行为不会结束，它的 action()方法循环不断的调用，每次调用执行相同的操作。
- 一般的行为包含了一个状态值，并依据这个状态值决定执行不同的操作。这种行为通常是一个大的 switch 语句，当满足某个条件时，这个行为结束。

2. 软件人的通信机制

软件人之间可以采用黑板方式和消息传递方式进行通信，软件人间的“点对点”通信采用消息传递方式，而共用信息的交互采用黑板方式。系统运行过程中，每个软件人所产生的信息可以分为“结果信息”和“符号信息”两类。结果信息是软件人本身进行计算处理得到的结果，具有较大的数据量；符号信息是软件人任务执行过程中对于所发生事件做出的定性描述，采用简洁的符号表示，用于管理软件人并作为总体协调的依据。系统对于不需要保存的结果数据一般不经过黑板，而是根据需要直接向拥有该数据的软件人索取或主动将数据传送给其他需要的软件人，即采用消息传递的方式。具体实现时可以定义 Message 类。软件人将该类实例化，并将要传递的信息作为属性填入到 Message 的类中，通过 send()方法发送给目标软件人。接收端软件人可以调用方法 receive()获得消息，而消息中所附加的属性可以通过 getAttribute()方法获得，其他的结果信息和符号信息采用黑板方式传递，从而使系统构成一种灵活的数据共享机制，并大大降低黑板的通信量。

3. 软件人的协作机制

服务软件人之间需要通过管理软件人进行协作，来完成整个数据处理任务。

管理软件人启动时，向网上广播一条信息，要求所有其他软件人向它注册，收到消息的软件人把自己的地址、数据、功能等信息发送给管理软件人，完成注册。

其他软件人启动时，也要向管理软件人注册自己的地址、数据、功能等信息。由于软件人的非正常销毁可能在管理软件人的记录中残留相关信息，因此管理软件人应在进行出错处理后删除原来的信息。

软件人之间通过管理软件人进行协作，当软件人 Softman-1 需要与其他软件人协作共同完成某项任务时，向管理软件人发送 query 消息，此消息携带相关数据和所需软件人的功能信息，管理软件人接到后对以上信息进行匹配，寻找合适的软件人，并返回可供选择的 Softman-2 的地址，此后 Softman-1 和 Softman-2 通过消息通信进行协作。

9.2 基于软件人的领域主题跨媒体信息检索系统

在软件人信息检索模型的基础上，可以建立适用于不同领域主题的信息检索系统，其中涉及跨媒体领域主题数据采集、快速索引、标注与检索、智能移动终端应用等多项关键技术。

9.2.1 跨媒体数据采集技术

1. 互联网文本采集过程

互联网文本数据的采集可以利用基于内容主题评价的采集程序来选择、预测与主题相关的 URL，主要是根据主题(如关键词、已采集文档等)与链接文本的相似度来评价链接价值的高低，并以此决定其采集方向。链接文本包括链接周围的说明文字和链接 URL 上的文字信息。在此基础上，将基于内容主题评价的搜索策略和基于 Web 链接结构的搜索策略相结合，来决定信息采集队列中 URL 的优先级别。文本采集模型如图 9-7 所示。

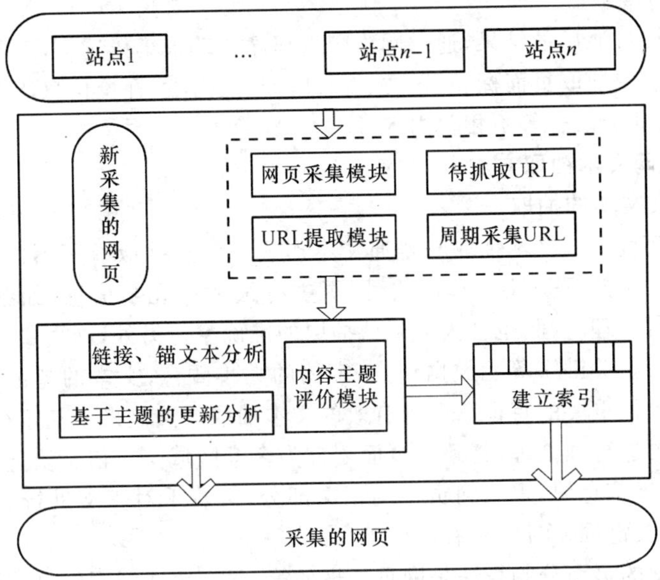

图 9-7 文本采集处理流程

(1) 建立初始 URL 集

信息采集的初始 URL 应该来自具体的主题领域。例如,可以采用元搜索引擎搜索出候选网页,从中选取质量较高的页面 URL 作为初始集。初始 URL 集的建立通常可以由人工完成,以保证具有较高的主题相关度,这样从这些 URL 出发更容易搜索到主题相关度高的候选 URL。

(2) URL 去重

URL 去重的主要功能是对 URL 队列提供的候选 URL 进行重复内容检测,即检测该页面是否已经被下载过。

(3) 链接过滤

对采集页面内提取出来的链接,使用基于主题分析的主题相关性判定方法,计算页面的主题相关度。接着,根据事先设定的阙值,筛选掉不相关链接以进行剪枝处理来减少无关页面的数量,提高主题信息搜索的速度和效率。页面主题相似度可以通过如下公式进行计算:

$$\mathrm{Sim}(\boldsymbol{p},\boldsymbol{q})=\frac{\sum\limits_{k\in p\cap q}W_{kp}W_{kq}}{\sqrt{\sum\limits_{k\in p}W_{kp}^{2}\sum\limits_{k\in q}W_{kq}^{2}}} \tag{9-1}$$

其中,$\boldsymbol{p}$ 是主题的特征向量,$\boldsymbol{q}$ 是链接文本的主题特征向量,W_{kp} 是特征项,可以通过主题模型得到。

(4) 信息抽取

根据链接过滤后的结果，通过网络爬虫程序自动采集候选 URL 指向的页面内容。采集过程中抽取页面标题、正文、发布时间、点击数、评论信息等关键数据进行存储，同时过滤掉广告等不相关内容。

2. 互联网文本抽取方法

(1) 正文文本的抽取

互联网环境下的文本抽取与普通文本形式的信息抽取有所不同，最明显的区别就是网络文本并不是纯文本格式，网页中有很多的冗余信息(如各种链接和广告)，不仅浪费处理时间，也会大大降低抽取的准确率。另外，网页中包含的一些特殊信息，如标题、关键字等元数据信息，字体的大小颜色，文本的超链接等，会对进行文本分析提供重要的特征。一种有效的文本抽取方法是采用基于视觉的页面分割算法对网页进行预处理，将整个页面划分为多个区域——信息块，然后去除导航栏、广告等垃圾信息块，得到网页中的正文部分，再着手对正文进行文本信息的抽取，包括内容关键词、实体、专有名词等。

基于视觉的页面分割算法是网页处理的第一步，普通网页经过算法处理后，可以很方便地判断得到网页的正文部分。基于视觉的页面分割算法旨在利用人的视觉信息抽取网页的语义结构。抽取出来的语义结构是一种树形结构，它的每个节点代表网页的一个信息块。与 DOM 树不同，视觉页面分割是充分利用网页的视觉结构，即网页中水平和垂直的分割线，对网页进行结构划分。在一般的网页中，如广告、导航条等都处在位置比较集中的一些信息块中，因此这些噪声信息可以被有效的去除，而较为重要的正文内容一般都处在比较显眼或者重要的位置，通过按视觉重要度划分，能更准确地获取网页中的正文部分。

由于中文文本的特殊性，中文文档中词与词之间并不存在英文中明显的空格，因此必须要将互联网正文文本切成代表单个意义的词，才能进行后续的词频统计和实体识别等工作。目前较通用的中文分词方法主要有基于字符串匹配的分词、基于理解的分词、基于统计的分词等。分词中的难点在于中文歧义的识别以及一些未登录词的识别，而且在实际应用中，面对的是大量的 Web 网页，传统的太注重准确率的分词算法会给系统带来瓶颈。考虑到速度的需要，可以适当降低分词的准确率来换取分词的速度。

(2) 实体信息抽取

互联网文本中包含了大量的人名、地名、机构名、时间、数字等命名实体以及各个领域内的主题词和专有名词，因此必须先分别抽取出这三种实体，再筛选出最能反映正文内容的词。

• 命名实体抽取

命名实体抽取的基本方法有基于统计的方法和基于规则的方法。基于统计的方法利用原始的语料进行训练，较小规模的语料就可以在可接受的代价内完成，对具体的语言特性的依赖较少，可较方便地移植到不同的自然语言中。主要有 N 元模型、隐马尔可夫模型（HMM）、最大熵模型（ME）、决策树、条件随机场模型（CRF）等。其中，识别效果较好的是条件随机场模型。条件随机场是一种用于在给定输入结点值时计算指定输出结点值的条件概率的无相图模型。设 X 是一串待识别的词序列，Y 是识别的结果序列，根据随机场的基本原理，给定 X 时的 Y 的联合概率为

$$p_\theta(y \mid x) \propto \exp\Big[\sum_{e\in E,k}\lambda_k f_k(e,y \mid e,x) + \sum_{v\in V,k}\mu_k g_k(v,y \mid v,x)\Big] \tag{9-2}$$

其中，f_k，g_k 是定义的特征函数；e，v 分别是有向图的边和顶点；λ_k，μ_k 是模型的参数。一旦模型的参数 λ_k，μ_k 已知，则可以计算出条件概率。模型参数可通过训练数据 $T(x_i,y_i)(i=1,2,\cdots,N)$ 和模型的经验分布 $\tilde{p}(x,y)$ 得出。可利用迭代计算的方法得到使下面似然函数最大的模型参数：

$$O(\theta) = \sum_{i=1}^{N}\log p_\theta(y_i \mid x_i) \propto \sum_{x,y}\tilde{p}(x,y)\log p_\theta(y \mid x) \tag{9-3}$$

基于规则的方法中，命名实体识别使用的不仅有各种命名实体的构成规则，还有实体本身和上下文关系以及用词情况。由于基于规则的方法融入了人类专家的先验知识，因此识别的准确率较高，但该方法主观性强，很难覆盖所有的语言现象，可移植性较差，且对语料的要求比较严格；另外，单独使用统计方法其状态搜索空间庞大，借助规则及早减枝是一个比较有效的方法，因此目前识别准确率较高的方法是基于统计与规则相结合的方法。

• 内容主题词抽取

内容主题词是指与文章主题密切相关的词，能充分反映文章内容。显然，这些词对用户理解文章内容很有帮助。内容主题词的识别可以根据词的下述特征，如词频计算 TF-IDF、词在文中的位置（出现在文章标题中的词、文章首句的词、段落首句的词等一般是关键词的可能性较大）、词是否出现在网页的标题或关键词中、词性（关键词是名词的居多）等，对每种特征附以相应的权重，排序得到内容主题词。如果有足够的领域主题文本数据，还可以进一步通过主题分析获得概率分布较高的主题词。

• 专有名词的抽取

专有名词往往与文章的主题或文章中涉及的人物、事件有着重要的联系。专有名词的识别主要依靠专有名词本身和上下文的特征，如该词是否包含在特殊的标点符号内（如引号、书名号等）、是否总是与前面识别出来的实体共同出现、是否属于未登录词、词条是否带有超链接、词条的大小颜色以及词的一些统计特征等。

• 综合抽取

按照上述方法抽取出前述的3种基本实体后(包括命名实体、内容主题词、专有名词),需要对这些实体做进一步处理,筛选出最有代表性的实体。因为识别出的3种实体可能有重复的部分,所以首先应该去除重合的部分,然后根据实体在原网页中的一些特征判断实体的重要程度,可以采用如下特征进行判断。

a) 实体所在的位置。如是否在文章标题中、是否出现在文章首句或段落首句中。

b) 实体的视觉特征。如字体大小、字体颜色等,这些都可通过网页的源码得到。

c) 实体是否在网页源码的标题或关键词中。很多网页都有这两个标签项,可作为文章主题的重要特征。

d) 实体在文中出现的个数。

对每种特征附以相应的权重,即可计算出各个实体最后的权重,排序后即可得到相应个数的实体。

3. 互联网图像采集过程

图像采集使用的是模拟用户网络登录采集方法。用户先将需要采集的图像关键词提交到系统,系统整理汇总后向主流的搜索引擎(百度、谷歌、雅虎等)发送查询请求,网络搜索引擎依托它们强大的互联网搜索能力,检索到与系统的查询请求关联度最高的图像文件,并以列表的形式返回给系统。系统经过内容解析和图像下载,将采集到的图像下载到本地,供索引、检索使用,如图9-8所示。

为了向互联网搜索引擎提交查询请求,需要模拟真实的Web用户,向互联网搜索引擎发送请求以及接收响应。系统可以采用基于HTTP协议的多线程查询提交,具体的提交过程如图9-9所示。

只通过搜索引擎进行领域图像的检索,并不能保证获得准确的结果,同时还需要对请求与响应的结果进行分析,提取出有价值的列表,再通过系统的下载器,将图像文件下载到客户端。

在采集系统中,网页 p 的重要程度 $V(\mathrm{p})$ 由以下公式决定:

$$V(p)=[\mathrm{R}(p)+\mathrm{F}(p)]W(S_i) \tag{9-4}$$

其中,$R(p)$ 为根据链接分析和锚文本分析得出的链接权重,$F(p)$ 为相关服务器返回结果的变化频率,$W(S_i)$ 为链接 p 所属的网站 S_i 的领域信息权重。一些权威的网站,尤其是政策导向性网站,比其他网站具有较高的权值。

另外,针对突发事件领域的种子站点的选择,采集算法还加入了网站和突发事件的领域信息权重。

$$V(S_i) = \mathrm{SiteRank}(S_i)W(S_i) \tag{9-5}$$

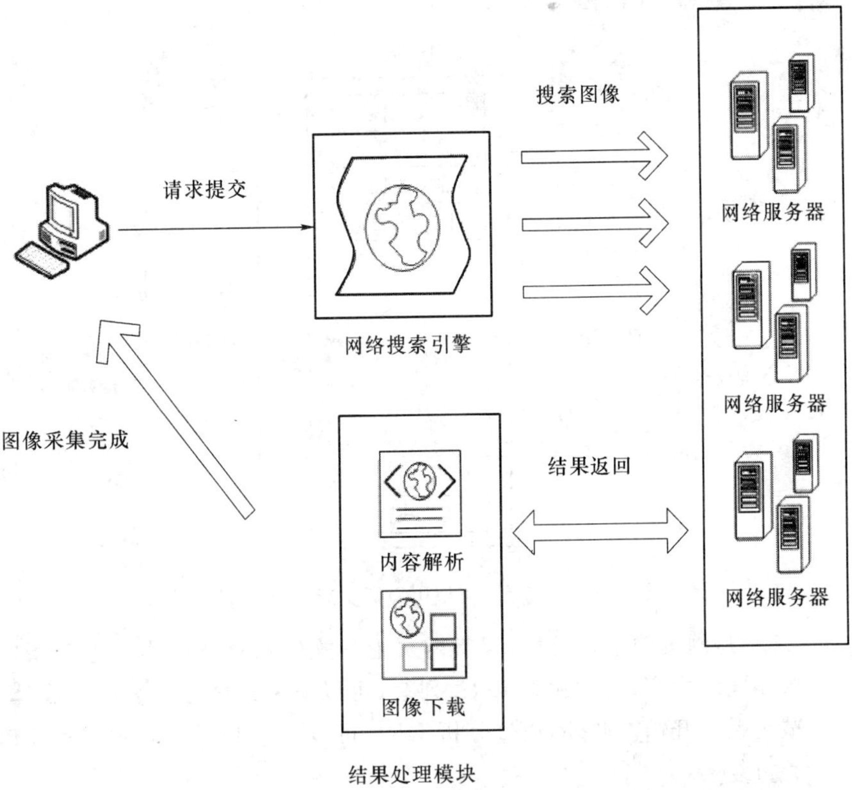

图 9-8　图像采集过程

其中,$W(S_i)$为网站 S_i 的突发事件领域信息权重,例如,政策性导向网站的领域权重要大于一般新闻网站、大规模门户网站的权重大于小规模的网站;SiteRank(S_i)为网站 S 的权重值。引入 SiteRank 后,使用贪心策略选择 $V(S_i)$值比较高的网站集合,在这一集合中选取 INDEX 型网页作为更新种子站点,可以更进一步达到采集的优化。选取种子站点并更新图像数据的方法如下:

$$\begin{cases} T_S = V(S_i) \\ U = \min\left\{ \sum_{t=1}^{T} U_t \right\}, U \in T_S \end{cases} \tag{9-6}$$

其中,U 为从候选站点集 T_S 中选择的图像集,它根据图像链接在所有返回列表中的信息增益 U_t 进行选择,取其中的最小值。

4. 跨媒体数据的语义标注

对于多媒体信息,如音频、视频等,直接对媒体内容分析极为不便。考虑到网络中多媒体信息有很多附带信息,可以很好地帮助我们对这些多媒体信息进行有效判断，这些重要的属性包括以下几种。

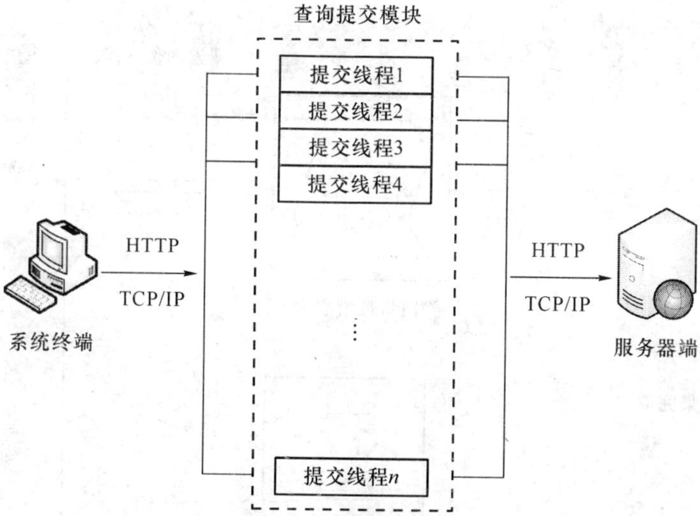

图 9-9　模拟用户提交流程图

- URL 是网页的重要属性，很多网页上的媒体信息链接实际上都指向了一些相同的内容，通过建立 URL 列表，可以清楚地区分重复的多媒体信息，减少系统开销。此外，通过分析 URL 可以大致判断不同的多媒体信息是否重复。
- 标题是多媒体信息内容上的重要表征。
- 点击率可以反映多媒体信息的热点程度，点击率越高，热点程度越高。
- 发布时间是多媒体信息本身的重要属性之一。
- 网站可以判断多媒体信息是否来自某些权威或热门网站。
- 评价是对多媒体信息的内容重要性方面的有利补充。对于某些多媒体信息，用户会对其进行适当的评价。

使用互联网文本信息抽取的手段可以获取这些数据并结构化存储。

语义标注子模块对采集来的突发事件的图片信息和文本信息进行语义标注，利用信息抽取技术创建标注文档，实现了文本和图片媒体两种媒体信息的语义统一。具体的实施过程为：①对抓取的网页文本和图片资源提取底层特征作为特征向量集，采用结构分析和智能分析转换的方法，经过去噪处理和重复内容消除，抽取出能够反映图像语义的标注信息；②为每个处理后的资源建立标注文档，该标注文档的建立采用静态方式，并独立于查询。标注文件具有统一的格式，包括编号(用来标识该文档)、标题、来源网址、媒体类型、采集时间、来源位置和标注信息。

文本和图像信息抽取完成后，用 N 个($N<20$) 主题词及其权重作为网页或多

媒体信息的特征向量，采用向量空间模型(VSM)表示为：

$$d_i=\{(t_1,w_1),(t_2,w_2),\cdots,(t_m,w_m)\} \tag{9-7}$$

其中，m 为文档或多媒体 d_i 特征向量的维度，t_i 为文档 d_i 的第 i 个特征值，w_i 为文档 d_i 中 t_i 的权值。

5. 突发事件跨媒体数据采集的实现

(1) 数据采集源

近几年，互联网在我国的迅猛发展，使其成为庞大的公共信息集散地，是民众获取信息、参与评论最常用的平台，也是突发事件信息第一时间出现和扩散传播的媒介。在互联网环境下，突发事件网络信息是通过新闻、评论、发帖、回复等形式反映出来的，具有传播快捷、信息多元、方式互动等显著特点。

突发事件发生后，人们会在第一时间上网，将自己的见闻以文字、图片或者音像的形式发布出来，通过新闻与评论、搜索引擎、BBS 以及网络社区、时事论坛、博客、维客、即时通信软件、E-mail 等方式进行传播。本系统将突发事件的信息采集来源归类为新闻、论坛、博客、专题报道 4 大类。用户可以自主选择信息采集的来源，也可以按照系统的标准，添加自己关注的信息来源。具体的信息采集来源如表 9-1 所示。

表 9-1 数据采集网站列表

	种类	网址
新闻	新浪新闻	http://news. sina. com. cn/
	网易新闻	http://news. 163. com/
	搜狐新闻	http://news. sohu. com/
	21CN 新闻	http://news. 21cn. com/
	新华网	http://www. xinhuanet. com/
	MSN 中国	http://cn. msn. com/
	环球网	http://www. huanqiu. com/
	凤凰网	http://www. ifeng. com/
	人民网	http://www. people. com. cn/
论坛	百度贴吧	http://tieba. baidu. com/
	雅虎论坛	http://bbs. cn. yahoo. com/
	天涯论坛	http://passport. tianya. cn/
	京华论坛	http://bbs. qianlong. com/
	腾讯社区	http://bbs. qq. com/
	搜狐社区	http://club. sohu. com/

续 表

	种类	网址
	新浪论坛	http://bbs. sina. com. cn/
博客	新浪博客	http://blog. sina. com. cn/
	腾讯博客	http://blog. qq. com/
	搜狐博客	http://blog. sohu. com/
	网易博客	http://blog. 163. com/
	天涯博客	http://blog. tianya. cn/
	凤凰博客	http://blog. ifeng. com/
	百度空间	http://hi. baidu. com/
专题报道	新浪专题	http://news. sina. com. cn/zt/
	人民网食品频道	http://shipin. people. com. cn/GB/index. html
	光明网卫生	http://health. gmw. cn/
	人民政府网(突发事件)	http://www. gov. cn/yjgl/tfsj. htm
	国家食品质量安全网	http://www. nfqs. com. cn/
	国家食品安全网	http://www. cfs. gov. cn/cmsweb/webportal
	中华人民共和国商务部	http://www. mofcom. gov. cn/
	新浪健康专题	http://health. sina. com. cn/index. shtml

用户也可以按照系统要求的格式,自主添加需要关注的信息网站来源,系统提供采集源管理功能,如图 9-10 所示。

图 9-10 采集源管理

(2) 采集关键词的定义

突发事件根据性质不同可分为自然灾害事件、事故灾难事件、社会安全事件、公共卫生事件 4 大类。不同种类的突发事件，其事件关键词不同，采集时的关注方向也不同。用户可以自由选择系统已经定义好的采集关键词，也可以按照系统要求的格式，提交采集关键词。具体的采集关键词如表 9-2 所示。

表 9-2 采集关键词列表

突发事件分类	详细分类	关键词
自然灾难类	水旱灾害	地震、强震、大火、火灾、洪水、洪灾、泥石流、大雪、暴风雪、火山、海啸、龙卷风、尘暴
	气象灾害	
	地震灾害	
	地质灾害	
	海洋灾害	
	生物灾害	
	森林火灾	
事故灾难类	安全事故	医保、坠毁、出轨、相撞、坍塌、辐射、泄漏、自杀、踩踏、核燃料、事故
	环境污染事故	
公共卫生事件类	公共卫生事件	食品、安全、病毒、病菌、上涨、中毒、添加剂、有毒、造假、超标、感染、变质、致癌、不合格
	动物疫情	
社会安全事件类	群体性事件	枪击、爆炸、炸弹、政局、动荡、恶化、炮击、罢工、交火、军事、政变、袭击、骚乱、政府、恐怖、反恐、坠毁、绑架
	金融突发事件	
	涉外突发事件	
	恐怖袭击事件	
	刑事案件	

用户也可以根据领域主题自主添加采集需要关注的关键词，如图 9-11 所示。

(3) 网页结点树的遍历

网页中用户关注的信息存储在相应的文本块中，而文本块又嵌在相关的网页结点中。所以提取的第一步，就是根据网页的嵌套结构构造网页的文档对象模型(Document Object Model, DOM) 树。根据 HTML 文档的结构性构造相关网页的 HTML 结点树(Node Tree)。利用遍历访问机制算法遍历结点树，然后对树中每一个节点的信息进行相关操作。

并非是结点树的所有结点都包含有存储数据的文本块，不同的结点采用不同的处理方式。相关的处理过程如下。

① 如果节点属于文本结点(TextNode)，该结点包含文本块，相关信息存入数据结构。

② 如果节点属于链接结点(LinkTag)，结点信息存入数据结构，对其进行进一步的相似性判断。

图 9-11 关键词管理

③ 如果节点属于 BodyTag、TableTag、FormTag、ParagraphTag、TableRow、HeadingTag，即节点属于复合节点(Composite Tag)，则对该结点进行递归操作，直到出现文本节点或链接结点。

④ 如果节点属于 Div，Span，TableColumn，对相应的数据结构的信息进行相似性判断。

文本结点(TextNode)和链接结点(LinkTag)属于算法研究的文本块，结点的信息会存入数据结构，进行进一步的相似性判断；复合结点在结点树中属于枝干结点，并不包含存储信息的文本块，对其进行递归调用，将其作为父结点，继续遍历它的子树；Div，Span，TableColumn 结点虽然也属于复合结点，但是它们属于文本块嵌套的结点，相关的数据结构中存储着文本块信息，可以直接对其进行相似性判断。具体算法如下。

① 对网页结点树进行遍历，根据文本块定义，组合新文本块；如果遍历完毕，转至步骤⑤。

② 判断新文本块是否是 Div、Span、Td 结点。如果是，转至步骤③；否则进行链接文本块判断，如果是转至步骤③，否则转至步骤⑤。

③ 文本块相似性判断，判断是否为信息文本块或链接文本块，判读符合要求则转至步骤④。

④ 得到新文本段落。对文本段落进行合并操作。

⑤ 判读是否属于复合结点(Composite Node),如果是转至步骤①。如果不是,算法结束。

9.2.2　跨媒体信息快速索引技术

本系统在开源软件 Lucene 的基础上进行二次开发,使用 IndexWriter 类将构建好的 Document 添加到索引中,并进行相应的操作。使用 IndexReader 类对索引进行各种读取和维护工作,包括取得索引中的某个标注文档、获取总的标注文档数量以及对标注文档的删除。

1. 跨媒体信息的索引

因为跨媒体检索的效率直接决定了整个检索系统能否实现快速响应,而检索的速度又将取决于索引的组织情况,所以必须对索引进行高效组织以实现整个搜索系统的高效率。现采用在倒排索引技术的基础上来进行海量跨媒体数据的组织。

建立跨媒体信息的倒排索引就是建立关键词对应标注文档的编号。下面举例说明建立倒排表的过程。

以标注文档 ID 号为 D_1,D_2,D_3,D_4 和 D_5 为例,建立初始数据表,如表 9-3 所示。

表 9-3　初始数据表

标注文档	关键词(频率)
D_1	$K_1[2]$,$K_2[4]$,$K_5[1]$
D_2	$K_2[3]$,$K_3[1]$,$K_5[2]$
D_3	$K_1[1]$,$K_5[2]$
D_4	$K_3[4]$,$K_4[4]$
D_5	$K_2[3]$,$K_4[3]$

归并后的索引表,如表 9-4 所示。

表 9-4　索引表

K_1	$A_1[2]$,$A_3[1]$	3,6,2
K_2	$A_1[4]$,$A_2[3]$,$A_5[3]$	1,3,4,5,2,5,6,2,4,6
K_3	$A_2[1]$,$A_4[4]$	3,1,2,4,8
K_4	$A_4[4]$,$A_5[3]$	1,2,5,6,3,4,5
K_5	$A_1[1]$,$A_3[2]$	5,6,7

从表 9-4 可知,以关键词 K_1 为例,"标注文档 ID [频率]"表示关键词 K_1 在 D_1 中出现了两次,在 D_3 出现了一次,"出现位置"中的"3,6,2"结合 ID 号和出现频率看,即为 K_1 在 D_1 中出现的位置分别为 3 和 6,在 D_3 中出现的位置为 2。

2. 跨媒体信息缓存技术

缓存技术是提高索引系统性能和可扩展性的一种重要手段,它的有效性建立在被缓存对象访问序列存在的局部性特征上。倒排文件缓存位于索引服务上，对执行查询任务中访问的倒排文件数据进行缓存。

本系统缓存结构如图 9-12 所示。索引模块在调用查询执行任务时，需要访问倒排索引的数据分为两类，一类是查询词对应的索引库中倒排表中的标注文档标号和文档内数据，称为标注文档数据；另一类是查询词对应的出现在标注文档中的位置数据，称为位置数据。在任务执行过程中，各个查询词按照标注文档频率降序处理，先读取文档数据，执行文档集合中的布尔运算。与此同时，系统使用文档数据计算每个查询结果标注文档对查询的相关性权值；最后系统读取相对应的位置数据，对查询结果集合进行权值排序。

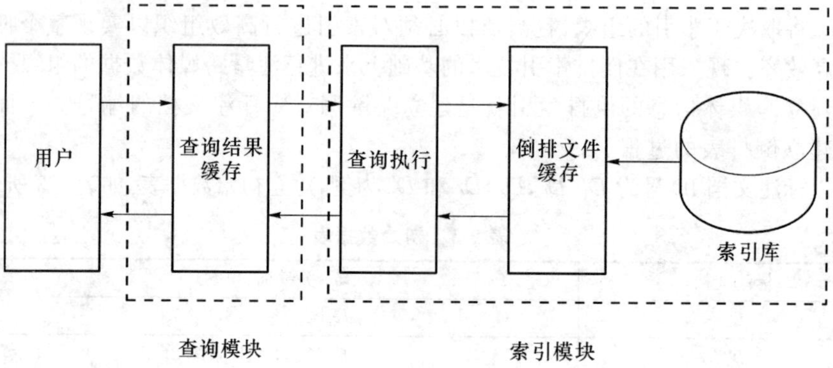

图 9-12　系统索引模块缓存结构

3. 索引模块的实现

索引构建是将待索引的标注文档逐个遍历，提取信息并添加到索引文件中。现引入 Lucene 索引包 org. apache. lucene. index 中各类的实现机制。先将每篇标注文档构建成 Document 对象。Document 对象由 7 个域组成，分别为文件名域、网址域、标题域、标注域、类型域、内容域和权重域。各个域的信息如表 9-5 所示。其中文件名字段内容会被存储但不参加索引。标注文档的来源网址是唯一能定位原始资源(文本或图像资源)的信息，要进行存储，同时它参与索引但无需分词。标注文档的标题对资源全文有概况的作用，而且常常包含资源主题的多个关键词，所以需要被存储，也要进行分词索引。标注文档记录资源类型，要进行索引，方便查询结果的提取。内容是根据类型而定的，如果是文本资源，则直接存储文本资源摘要信息，如果是图像资源，则存储图像资源的缩略图，它需要存储，分词和索引。标注文档的权重反映了该对应的资源的重要程度，需要索引和存储，不需要分词。文档域创建完毕后，通过 Document 类的 add(Fidle field)方法将各 Field 对象组织到 Document 对象中。

表 9-5　标注文档中的域信息

标注文档信息	索引	分词	存储
文件名域	否	否	是
网址	是	否	是
标题	是	是	否
标注	是	是	否
类型	是	否	否
内容	是	是	是
权重	是	否	是

具体的索引建立过程如下。

① 选择待创建的索引文件所在的位置。

② 新建 IndexWriter 类，它是 Lucene 的索引器。

③ 在标注文档文件夹中判断是否还有待创建的标注文档。如果有，继续执行；否则转向⑨。

④ 输入待创建索引的标注文档，并利用 addDocument()函数添加标注文档对象 Document。

⑤ 设置每个标注文档各个域的信息，并写入 Segment. fnm 文件，这个格式的文件包含了 Document 中所有 field 名称。

⑥ 实例化 FieldWriter 对象将 Document 各个域的信息，写入. fdt 和. fdx 文件。其中，. fdt 类型文件用于存储具有存储属性的域的数据。. fdx 类型文件是一个索引，用于存储文档在. fdt 中的位置。

⑦ 对 Document 中各域值进行倒排。

⑧ 写. frq 和. prx 文件记录索引项的频率和位置信息，得分高的信息写入. f 文件

⑨ 重复步骤③，直到所有的标注文档处理完毕。

⑩ 关闭索引器。

9.2.3　信息检索与排序

1. 标注排序

标注排序法的核心思想是先计算某个查询 q 的标注文档 d 的得分，通过得分进行查询结果的排序。计算公式如下所示。

$$\text{Score} = \sum_{t \in q} \text{tf}(t) \cdot \text{idf}(t) \cdot \text{len}(l) \cdot \text{Sim}(t,l) \tag{9-8}$$

表 9-6 说明了公式中各项因子的意义。

表 9-6　公式各项因子的描述

因　子	描　述
tf(t)	查询关键词在标注文档中出现的频率
idf(t)	反映有多少个标注文档包含了该查询词，标注文档数目越多，该因子的值就越小，反之越大
len(l)	与标注信息长度 l 相关的因子，如果标注信息的长度越长，那么这个因子的值就会越低，反之越高
Sim(t,l)	反映标注信息与查询关键词之间的匹配度，计算公式是 $\mathrm{Sim}(t,l)=\begin{cases}w(t), t\in l\\0, t\notin l\end{cases}$。其中，$w(t)$为标注文档中 t 的权重值

2. 基于主题热度的排序

网络热点是指互联网上最受关注的、最热门的话题，代表了某一特定时间区间里绝大多数用户的兴趣取向，因此，在检索结果的排序中需要考虑主题的热度。

(1) 热点评估

在获取一个新的网页之后，系统首先判断其 URL 是否已经存在于数据库中。如果不存在，则提取该网页相关参数(如消息来源网站的权威性、消息在其链出网页中的位置信息、消息发布的时间信息以及消息的点击数等)，计算该网页初始的热点程度值；如果 URL 已经存在，则更新网页的点击数等信息，进而更新网页的热点程度值。在得到每个网页的热点程度值后，系统找出内容相似的网页，将其热点程度值聚合，得到这类网页所表征的信息的热点程度值。这个过程如图 9-13 所示。

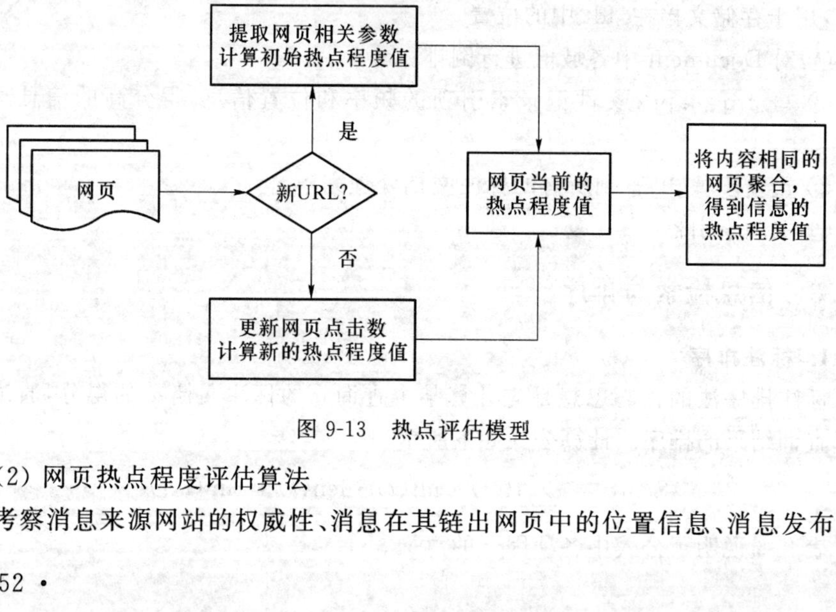

图 9-13　热点评估模型

(2) 网页热点程度评估算法

考察消息来源网站的权威性、消息在其链出网页中的位置信息、消息发布的时间信息以及消息的点击数等参数信息，对每个网页赋予一个热点程度值，具体方法如下。

- 消息来源网站的权威性

来自权威网站的信息通常更加准确、可靠并具有更强的时效性，所以来源于权威网站的消息具有更高的权重。网站的权威性可以根据其在 Alexa 的排名确定。

考虑 Alexa 的中文网站前 100 名排名计算网站权威值 a：

$$a=\begin{cases}1-\dfrac{r}{100} & r\leqslant 100\\ 0 & r>100\end{cases}\tag{9-9}$$

其中，r 为消息来源网站的排名，排名靠前的网站权威值较高。

- 消息在其链出网页中的位置等信息

网站自身对消息的重要程度存在一个判定结果，并据此在首页对不同消息的位置进行安排。例如，网站将最新发生的、自认为最重要的消息放在页面的顶端，并用彩色粗体字显示。通过分析网站的网页结构信息，可以得到各个网站对热点消息的评价，以此作为判定消息热点程度的依据。

根据消息在其链出网页的位置的重要程度，可以用一个取值为 0～1 之间的几个固定值的参数来表示。

- 消息发布的时间信息

通常新近发生的事件与较早前发生的事件相比具有更大的影响力，而消息发布的时间信息基本可以反映出事件发生的时间属性。所以应该将消息发布的时间信息作为衡量消息热点程度的标准之一。

计算当前时间与消息发布时间之间的时间差，消息的热点程度值以时间差为指数衰减。

- 消息的点击数等参数信息

许多网站都提供了关于网页的一些参数，如网页的点击数、被收藏次数、评论数等。这些参数能够较好地反映消息的热点程度的变化，所以它们都可以作为衡量消息热点程度的标准。

综合以上几点，可以将消息的热点程度表示为

$$\mathrm{HR}(t)=(k_1\cdot a+k_2\cdot b)\cdot \mathrm{e}^{-\frac{\ln 2}{\mathrm{hl}}(t-t_0)}\cdot d\tag{9-10}$$

其中，a 为消息来源网站的权威性；b 为消息在网页中的位置信息；k_1，k_2 为 a，b 两个参数的加权系数，它们的值可以根据数学中的综合评价方法确定；t_0 为消息发布

的时间；t 为当前的时间；hl 为半衰期参数；d 为消息的点击率等参数信息。

(3) 热点程度值的更新

随着时间的变化，用于评价消息的热点程度的参数值也会发生变化，因此需要定时刷新数据库中已有网页，更新消息的热点程度。

首先，逐一分析决定网络热点程度的几个参数变化的速度。网站的权威度由 Alexa 排名决定，而 Alexa 排名的变化较为缓慢，一般每隔几天到几十天才会更新一次。与网站排名相比，消息在其链出网页中位置的变化频率要高得多。通过观察新闻网页头条新闻的变化规律可知，网页的新闻头条一般每隔几个小时甚至几十分钟便会发生变化。消息发布的时间是固定的，只需要重新计算当前时间与消息发布时间的距离即可。消息点击率等参数的变化速度是最快的，热点新闻的点击数可能每一秒钟都在增长。

经过以上分析，设定一个合适的时间间隔对网页进行更新。假设消息原先的热点程度值是在 t_1 时刻计算得到的。在 t_2 时刻对其更新，此时需要更新消息在其链出网页的位置信息 b 和网页的点击数等信息 d。

$$\begin{aligned}&\mathrm{HR}(t_2)=\mathrm{HR}(t_1)\cdot \mathrm{e}^{-\frac{\ln 2}{\mathrm{hl}}(t_2-t_1)}+(k_1a+k_2b)\cdot \mathrm{e}^{-\frac{\ln 2}{\mathrm{hl}}(t_2-t_1)}\cdot \Delta d\\&\Delta d=d(t_2)-d(t_1)\end{aligned} \tag{9-11}$$

其中，Δd 表示点击数在这个时间段内的变化幅度。

(4) 基于主题的消息聚合

通常热点消息会在短时间内被多家媒体报道，而这些报道的内容几乎是千篇一律的。鉴于这一点，我们将相似消息的热点程度值累加，以突出热点消息。考虑到新闻的时效性，在每获取一个新的网页时，计算三天内所有网页与该网页内容的相似度。

现利用网页的主题模型来计算网页之间的相似度。一个完整的网页文档通过一组由主题构成的多维向量进行表示，每个主题可以看作是向量模型的一维，主题的权重为向量在这一维的值。可以通过计算两个消息的主题向量距离获得其相似度。

假设消息 $\boldsymbol{A}_1$，$\boldsymbol{A}_2$ 分别被表示为 N 维主题向量($a_{11}.a_{12},\cdots,a_{1N}$)和($a_{21},a_{22},\cdots,a_{2N}$)，其中 a_{ij} 表示文档 a_i 的第 j 维主题的热点程度值，那么两个文档间相似度为

$$\mathrm{Sim}(\boldsymbol{A}_1,\boldsymbol{A}_2)=\frac{\sum_{k=1}^{N}a_{1k}\cdot a_{2k}}{\sqrt{\left(\sum_{k=1}^{N}a_{1k}^2\right)\left(\sum_{k=1}^{N}a_{2k}^2\right)}} \tag{9-12}$$

设定一个阈值γ，相似度高于γ的两个消息为相似消息。将所有相似消息的热点程度值累加并赋予相似消息，使其具有更高的热点程度值。该消息的热点程度值即为被聚合的所有相似消息的热点程度值的加权和：

$$HR = \sum_{i=1}^{M} c_i \cdot HR_i \tag{9-13}$$

其中，M 为相似消息的个数，HR_i 为聚合之前第 i 个消息的热点程度值，c_i 为相应的加权系数。

(5) 多媒体信息的热点发现

互联网是信息的良好载体。在中国，互联网的娱乐作用得到了突出的体现。电影、视频、音乐等多媒体信息日渐成为人们生活中不可或缺的娱乐方式，互联网对此提供了很好的支持。电影、视频、音乐等多媒体信息的热点评估方法，与文本信息的评估方法有所不同。

在对音频、视频网站的网页进行信息抽取时，除了提取标题、内容描述等与文本网页相似的信息外，还需要提取网站统计的热点排行榜、媒体点击/访问/下载次数、网友打分、网站权威性以及发布时间等信息，作为评价其热点程度的标准。

- 点击/访问/下载次数：判断一部电影、一段视频或者一部音乐是否热门的一个重要标准是其被访问次数，而几乎所有的视频、音频发布网站都提供了这类信息。这对评估多媒体信息的热点程度提供了极大的方便。
- 网友打分：网友对音频、视频消息的打分反映了该消息受用户认可的程度，间接体现了其热点程度。
- 网站统计的热点排行榜：音频、视频网站通常会提供网站自身统计的热点排行榜，这也为评估多媒体信息的热点程度提供了依据。
- 网站权威性与消息发布时间信息：与文本信息部分的内容相似。

3. 检索模块的实现

检索模块的实现过程是对用户的查询请求进行满足的过程，采用 Lucene 的 QueryParser 类对用户输入的查询关键词进行解析，然后在索引库中提取满足条件的标注文档，检索结果存储在 Hits 类中。首先，初始化查询结果集合 R 为空集，对查询请求进行分词，获得查询向量表示 $\boldsymbol{q}=\{t_1, t_2, \cdots, t_m\}$；然后在倒排文件中找到索引词 t_i 的倒排列表，将相关文档编号存储于 D，记录词频，词项信息，并将相关信息存放于结果集中；根据式(9-8)计算结果集合中文档的 Score 值；最后对 R 中的文档根据 Score 值进行排序，依据排序结果，在展示列表中显示资源标题、摘要等信息。算法流程如图 9-14 所示。

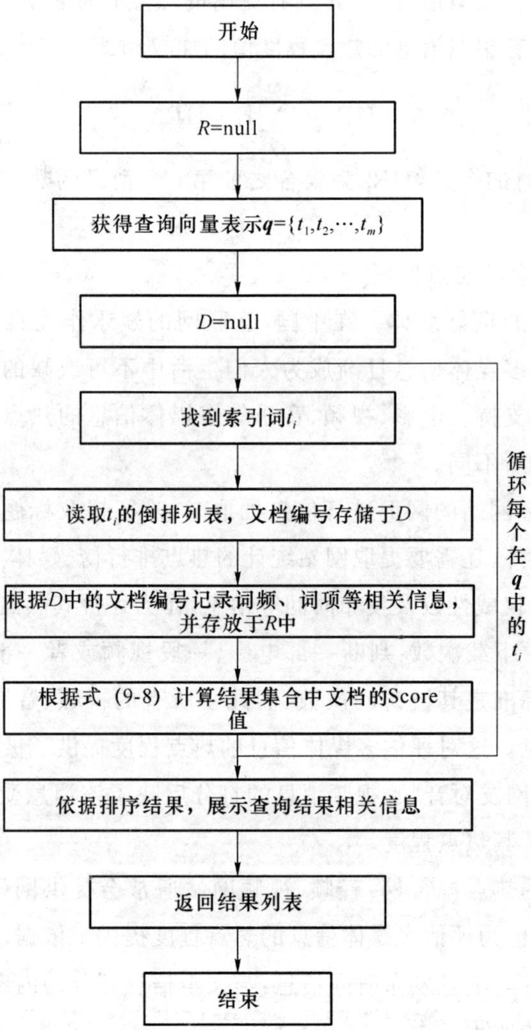

图 9-14　检索算法流程

跨媒体信息检索结果采用三种展示方式，分别为直接展示方式（图 9-15）、列表展示方式（图 9-16）和导航展示方式（9-17），从多个角度诠释突发事件跨媒体信息。

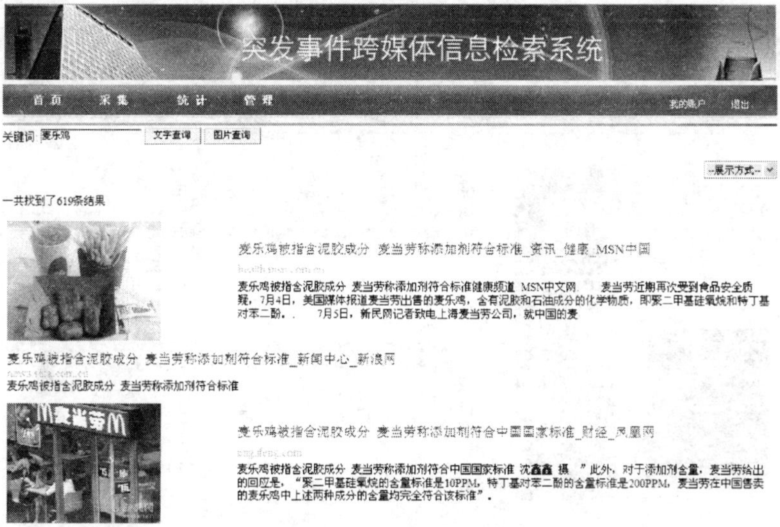

图 9-15　检索直接展示方式

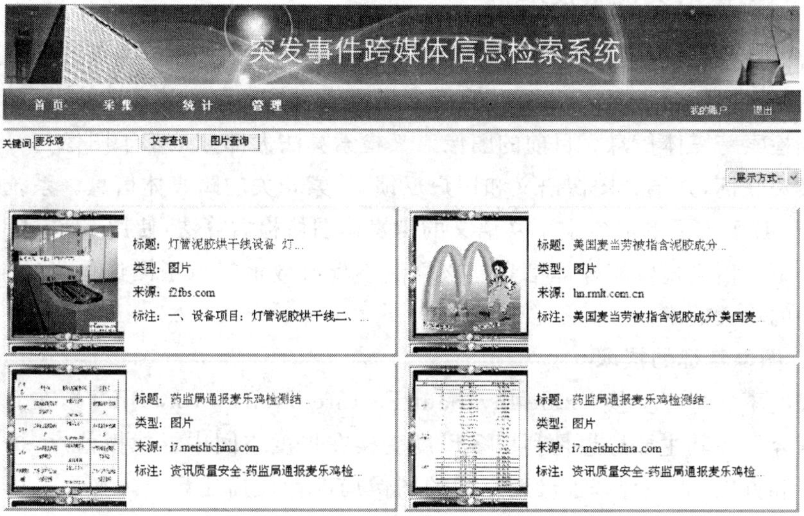

图 9-16　检索列表展示方式

图 9-17　检索导航展示方式

9.2.4　图像语义检索技术

智能检索系统不仅支持文本检索，还支持跨媒体图像语义检索。系统通过为图像的底层特征赋予语义信息，结合潜在语义索引技术和相关反馈技术，最终实现管理和检索跨媒体信息。目前的图像语义检索算法大部分是基于图像与文本之间的语义关联性，并结合图像语义和用户反馈，检索相关的跨媒体信息。系统采用一种基于 SIFT 算子和时空上下文语义的跨媒体图像检索算法，使用 SIFT 特征结合时空上下文语义检索跨媒体信息。该算法不仅有效地提取了图像语义，而且还具有较高的检索效率。

1. 图像特征的提取

尺度不变特征变换(Scale Invariant Feature Trans-form，SIFT)，在 6.2 节已有详细介绍。其主要思想是利用多尺度变换在尺度空间中寻找极值点，提取特征点位置和方向，是一种基于尺度空间的图像局部特征描述算子。本章采用基于融合空间的改进 SIFT 算法，由融合空间来表达图像的多尺度特征。

在确定 SIFT 特征点的位置、尺度的基础上，生成其特征向量。首先，在尺度为 δ 的高斯图像中，将坐标轴旋转为该特征点的方向 θ，以 SIFT 特征点为中心取 $n\times n$ 矩形窗口，以确保位移、尺度不变性。将采样窗口均分为 $m\times m$ 个子块，在每个子块上计算 r 个方向的梯度直方图。故一个 SIFT 特征点可以产生 $m\times m\times r$ 个数据，最终形成的特征描述符为一个 $m\times m\times r$ 维的 SIFT 特征向量。实际应用过程中，采样窗口划分为 4×4 个子块，8 个方向梯度，形成的 SIFT 特征向量为 128

维。特征描述符所容纳的信息量大，从而增强了匹配的稳健性。

SIFT 特征向量已经去除了尺度变化、旋转等几何变形因素的影响，若将特征向量的长度归一化，则可以进一步去除噪声的影响。故本章利用 SIFT 特征检测算法在图像高斯差分尺度空间中检测出所有特征点并去除边缘角点，适当选取某些特定方向的直线计算图像的 SIFT 变换值作为 SIFT 特征描述符对其进行降维。

采用的乘积因子为$\frac{1}{1+|x|}$，积分函数如下：

$$R(x)=\int_s \frac{1}{1+|x|} I(x,y)\mathrm{d}y \tag{9-14}$$

其中，S 表示以特征点为中心的积分区域，与原 SIFT 算法中统计像素点的图像区域相同。图像 $I(x,y)$ 在主方向直线 y 上的 SIFT 变换表示为

$$R_\theta(x)=\int_s \frac{1}{1+|x\cos\theta-y\sin\theta|} I(x\cos\theta-y\sin\theta, x\sin\theta+y\cos\theta)\mathrm{d}y \tag{9-15}$$

同理，图像 $I(x,y)$ 在直线 $l_1,l_2,\cdots,l_d$ 上的变换可以表示为

$$R_w(x_{l_n})=\int_s \frac{1}{1+|x_{l_n}\cos w-y_{l_n}\sin w|} \tag{9-16}$$

$$I(x_{l_n}\cos w-y_{l_n}\sin w, x_{l_n}\sin w+y_{l_n}\cos w)\mathrm{d}y_{l_n}$$

适当选取积分直线间的夹角 α，并对特征向量长度做归一化处理，可生成 n 维 SIFT 特征描述符，表示为$(R_\theta(x),R_w(x_{l_1}),R_w(x_{l_2}),\cdots,R_w(x_{l_n}))$

2. 基于上下文的跨媒体图像检索

所谓上下文是表达使用者使用数据或操作的特定场景的知识，一般包含时间和空间相关的测度，可解决应用领域的语义问题。

从 Web 上采集的图像通常关联着丰富的文本信息，如图像文件名、替代文本、周边文本、所属页面的标题等，图像的语义或多或少地都与这些关联文本相关。目前大部分商业图像搜索引擎(如雅虎、谷歌图像搜索等)只是利用图像的关联文本信息，将图像检索转换为单一的文本检索，缺乏与图像底层特征的结合。

系统采用一种基于 SIFT 特征和时空上下文的跨媒体图像检索算法，可以结合图像的语义和时空上下文知识准确的检索跨媒体图像信息。

对图像进行 SIFT 特征提取后，得到一组系数特征向量，提取出属于不同尺度不同方向上的系数 $C_{j,k}(x,y)$，$1\leqslant j\leqslant J$，$1\leqslant k\leqslant l_j$。其中 j,k 分别表示尺度和方向；l_j 表示第 j 尺度下的方向数。设尺度大小为 $M\times N$，以幅度序列的均值 $u_{j,k}$ 和标准方差 $\sigma_{j,k}$ 作为图像的预处理特征。

$$u_{j,k} = \frac{1}{MN}\sum_{x=1}^{M}\sum_{y=1}^{N} \mid C_{j,k}(x,y) \mid \tag{9-17}$$

$$\sigma_{j,k} = \sqrt{\frac{1}{MN}\sum_{x=1}^{M}\sum_{y=1}^{N}(C_{j,k}(x,y) - u_{j,k})^2} \tag{9-18}$$

其中，$u_{j,k}$和$\sigma_{j,k}$分别表示第j尺度第k个方向上的均值和方差，$1 \leqslant j \leqslant J, 1 \leqslant k \leqslant l_j$。特征相似性度量用欧式距离进行计算。假设$x$为图像库中图像集，$x_i$为图像集中的图像，那么待查询图像$q$与$x_i$的纹理特征向量分别表示为

$$\begin{aligned} \boldsymbol{F}_q &= (u_{1.1}, \sigma_{1.1}, \cdots, u_{j.k}, \sigma_{j.k}, \cdots, u_{J,l_j}, \sigma_{J,l_j}) \\ \boldsymbol{F}_{x_i} &= (u_{1.1}, \sigma_{1.1}, \cdots, u_{j.k}, \sigma_{j.k}, \cdots, u_{J,l_j}, \sigma_{J,l_j}) \end{aligned} \tag{9-19}$$

那么图像q和图像x_i的纹理相似性度量公式为

$$D(q,x_i) = \sum_{j=1}^{J}\sum_{k=1}^{l_j}\sqrt{(u_{j,k} - u'_{j,k})^2 + (\sigma_{j,k} - \sigma'_{j,k})^2} \tag{9-20}$$

$D(q,x_i)$越小，表明相似性越大，SIFT特征内容越接近。

图像的SIFT特征信息只反映了图像某方面的特征，单一特征都有局限性，因此现提出了融合多个特征并根据图像的时空上下文知识实现针对性的图像检索。

首先需要对数据集合中的图像进行语义标注，构造语义网络。由于该检索系统是原型系统，图像数据集的规模不大，因此采用粗粒度的标注方式来进行图像标注。数据集中的每幅图像都可以用不同的关键词和权重加以描述。关键词为图像采集时的关注词，权重为某个关键词在该类图像中出现的频率。语义简单的图像，可以用较少的关键词描述；反之，语义复杂的图像，则用多个关键词进行描述。关键词的权重则体现了该词对图像语义描述的准确程度，权重越大，该关键词越能清晰地描述该图像。

根据已构造的语义网络，可以计算出一个关键词频率（权重）的直方图，构成一个语义特征向量，作为一幅图像的语义特征被提取出来。将同时考虑到全局权重(global weight)和局部权重(local weight)。全局权重体现了在整个图像集中该术语在文档中的重要性，因此，在矩阵的每一行都应赋予相同的全局权重。每个元素被赋予不同的局部权重，体现了该元素在列向量内部的相对重要性。

$$\begin{aligned} x_{ij} &= L(i,j) \times G(i) \\ L(i,j) &= \log(f_{ij} + 1) \\ G(i) &= 1 - \sum_{j} \frac{f_{ij}\log(f_{ij})}{\log n} \end{aligned} \tag{9-21}$$

其中，f_{ij}是在未采用任何权重策略时术语i在文档j中的频率，n是数据集中图像的数量。

现采用的方法是将 SIFT 特征向量与语义特征向量连接起来组成一个可以表示图像内容的全局特征向量。可以将不同的特征结合到同一个特征向量中,并且可以一视同仁地看待各个元素。现在图像数据库中的每幅图像中都可以提取出一个将语义特征和 SIFT 视觉特征相结合的全局特征向量。

基于多特征向量的图像检索系统在检索阶段,先对用户提交的图像进行多特征处理,获得查询图像 I 的 SIFT 特征和语义特征,方法与图像特征处理阶段相同。接着通过特征向量,在索引中找到与其最接近的类中心和对应的倒排表。查找倒排表中的特征签名,找到与提交图像距离小于阈值 T 的所有特征签名 H_i:

$$D(H_i, I) \leqslant T_i \quad 1 \leqslant i \leqslant m \tag{9-22}$$

取出且合并所有的图像,得到检索链表,具体过程如图 9-18 所示。

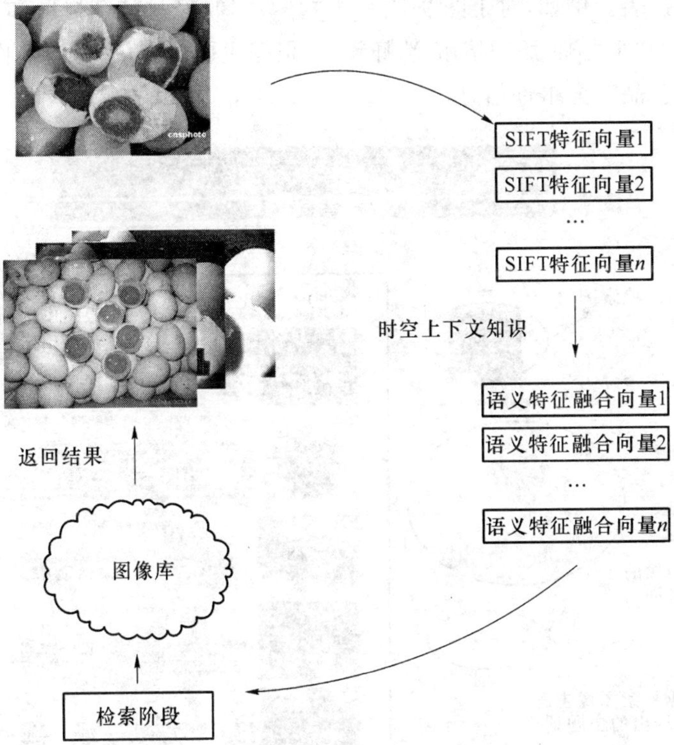

图 9-18　基于上下文的图像检索流程

3. 跨媒体检索系统的实现

(1) 跨媒体主题检索

跨媒体主题检索模块采用跨媒体主题分析方法,将图像语义和关联文本相结合,提取检索结果中具有主题关联性的文本和图像进行综合展现。

系统对采集到的数据集进行跨媒体主题分析并进行主题标注。数据集中的每幅图像都用不同的主题词和权重加以描述。主题词为与图像语义具有高相关度的主题的文本词，权重为主题词在该主题中出现的概率，体现了该词对图像语义描述的准确程度。根据主题模型可以计算出一个主题词权重矩阵，作为图像集所对应的文本语义特征，矩阵的计算同时考虑到全局权重和局部权重。全局权重体现了在整个图像集中该主题词在文档中的重要性，因此，在矩阵的每一行都应赋予相同的全局权重。同时，每个元素被赋予不同的局部权重，体现了该元素在列向量内部的相对重要性。

在检索阶段，首先获得检索图像的视觉词描述，然后与视觉主题模型进行比较从而得到相关文本和图像主题，最后在索引中分别找到与该主题相对应的倒排表并得到检索链表。例如，对于图 9-19 中的检索图像，经过特征提取和主题分析，解析主题语义为“小龙虾 肌肉溶解 洗虾粉”。根据主题语义信息，系统检索出与之有关的跨媒体食品安全事件信息。

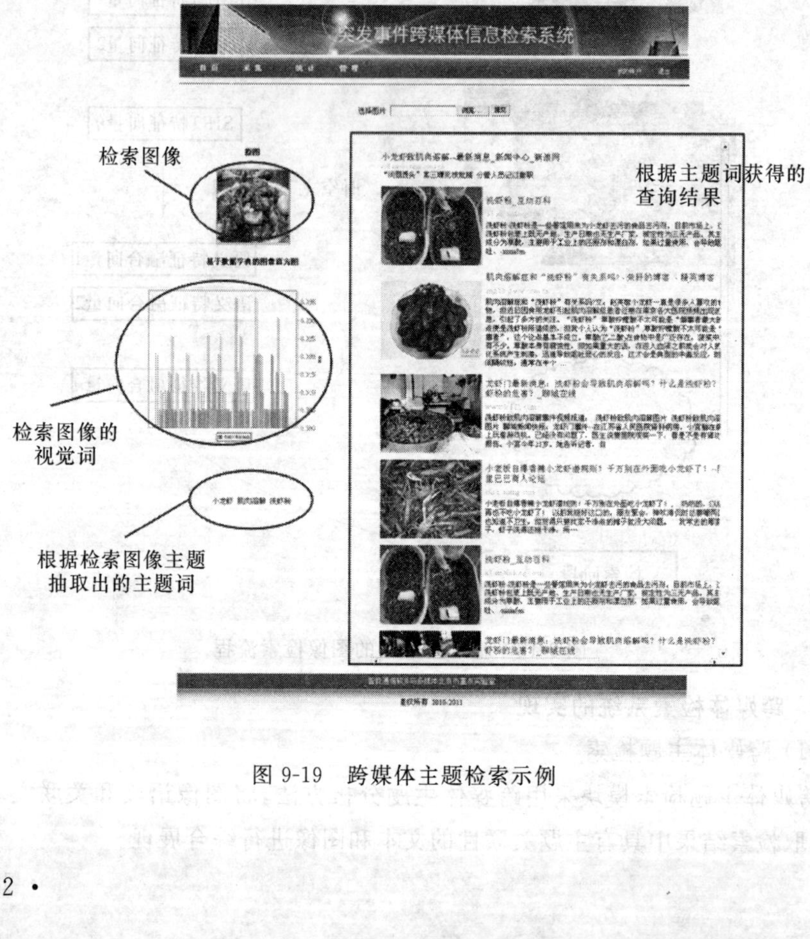

图 9-19　跨媒体主题检索示例

(2) 检索反馈

系统的图像检索功能既可以由用户提交样本图像进行检索,也可以根据用户对(基于关键词或样本图像的)检索结果的操作和反馈进行检索。例如,用户首先在系统中采用文本关键词检索"小龙虾"事件相关内容,得到初次检索结果,如图 9-20所示。

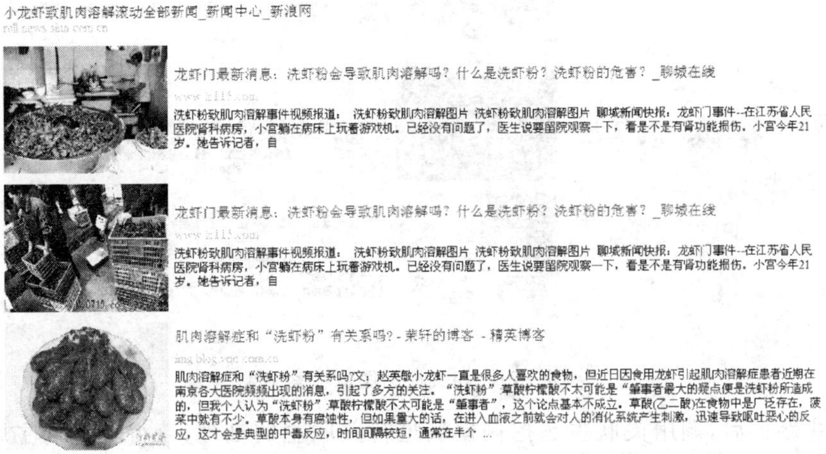

图 9-20　基于文本关键词的初次检索结果

用户在初次检索结果中点击他感兴趣的内容及相关图像,系统会根据用户的这一反馈,将该图像作为样本图像进行二次检索,检索出与点击图像有关的跨媒体图像和文本信息。例如,根据用户点击的图像(页面左边第三幅),获得更为细致的语义信息"小龙虾 肌肉溶解 洗虾粉",根据该语义信息得到如图 9-21 所示的检索结果。

(3) 查询扩展

通常在用户进行初次检索时并不能准确地通过关键词来描述他感兴趣的主题,因此检索系统需要根据用户的关键词获得与之关联的若干个主题,进行查询扩展,将各个主题的检索结果分类展示。这样就可以根据用户的操作反馈进行更为准确的二次检索。查询扩展模块首先获取用户输入的查询词,对初始查询进行主题分析,得到相关概率高的主题;然后根据领域本体进行语义推理,获得关联主题及主题词,作为扩展查询词输出;最后根据扩展查询词进行检索,得到查询结果并分类展示给用户。

在检索阶段,查询扩展模块对用户输入的查询文本或图像进行主题分析并提

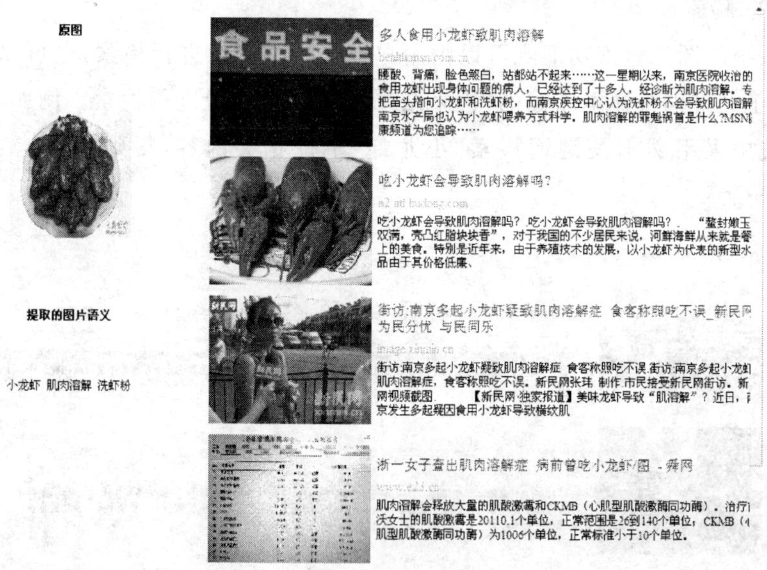

图 9-21　相关反馈图像检索结果

取出主题词后，调用关联主题挖掘模块进行关联主题推理，获得与查询主题具有 has/exist，cause，relate 语义关系的主题词，形成新的查询主题词进行查询，去除重复的查询结果，并按相关度进行排序输出。关联主题检索的过程如图 9-22 所示。

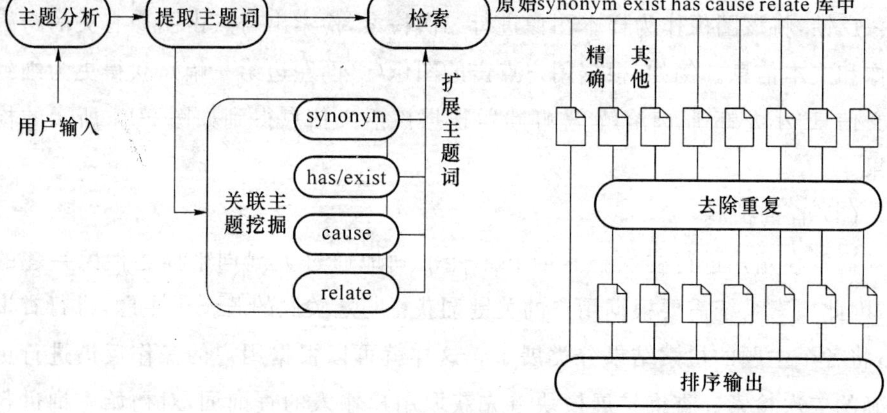

图 9-22　关联主题检索过程

例如，当输入"红心鸭蛋事件"后，经过主题分析和语义推理，扩展为红心鸭蛋（属于该事件中的问题食品）和苏丹红（属于该事件涉及的制毒物质）两类，检索系统将返回这两类主题的查询结果，如图 9-23 所示。

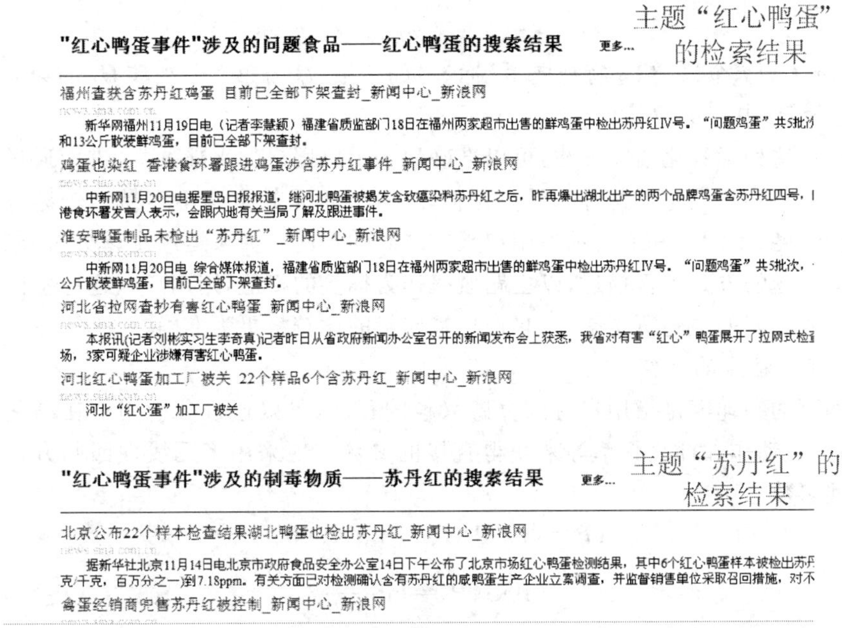

主题“红心鸭蛋”的检索结果

"红心鸭蛋事件"涉及的问题食品——红心鸭蛋的搜索结果　更多...

福州查获含苏丹红鸡蛋 目前已全部下架查封_新闻中心_新浪网

news.sina.com.cn

新华网福州11月19日电（记者李慧颖）福建省质监部门18日在福州两家超市出售的鲜鸡蛋中检出苏丹红Ⅳ号。“问题鸡蛋”共5批次和13公斤散装鲜鸡蛋，目前已全部下架查封。

鸡蛋也染红 香港食环署跟进鸡蛋涉含苏丹红事件_新闻中心_新浪网

news.sina.com.cn

中新网11月20日电据星岛日报报道，继河北鸭蛋被揭发含致癌染料苏丹红之后，昨再爆出湖北出产的两个品牌鸡蛋含苏丹红四号，港食环署发言人表示，会跟内地有关当局了解及跟进事件。

淮安鸭蛋制品未检出“苏丹红”_新闻中心_新浪网

news.sina.com.cn

中新网11月20日电 综合媒体报道，福建省质监部门18日在福州两家超市出售的鲜鸡蛋中检出苏丹红Ⅳ号。“问题鸡蛋”共5批次，公斤散装鲜鸡蛋，目前已全部下架查封。

河北省拉网查抄有害红心鸭蛋_新闻中心_新浪网

news.sina.com.cn

本报讯(记者刘彬实习生李奇真)记者昨日从省政府新闻办公室召开的新闻发布会上获悉，我省对有害“红心”鸭蛋展开了拉网式检查场，3家可疑企业涉嫌有害红心鸭蛋。

河北红心鸭蛋加工厂被关 22个样品6个含苏丹红_新闻中心_新浪网

news.sina.com.cn

河北“红心蛋”加工厂被关

主题“苏丹红”的检索结果

"红心鸭蛋事件"涉及的制毒物质——苏丹红的搜索结果　更多...

北京公布22个样本检查结果湖北鸭蛋也检出苏丹红_新闻中心_新浪网

news.sina.com.cn

据新华社北京11月14日电北京市政府食品安全办公室14日下午公布了北京市场红心鸭蛋检测结果，其中6个红心鸭蛋样本被检出苏丹克/千克，百万分之一)到7.18ppm。有关方面已对检测确认含有苏丹红的咸鸭蛋生产企业立案调查，并监督销售单位采取召回措施，对不

禽蛋经销商兜售苏丹红被控制_新闻中心_新浪网

news.sina.com.cn

图 9-23　查询扩展检索结果

9.2.5　智能移动终端应用中的个性化检索

1. 用户兴趣模型和个性化检索

(1) 用户兴趣的表示

用户兴趣的自动发现主要依赖两个方面的信息来源，一是用户访问过的网页内容，二是用户浏览行为(包括用户在网页浏览中的各种操作行为，如浏览时间、翻页、刷新、收藏、打印、保存、选中，复制、点击、输入等系列行为)。用户浏览行为通常作为评估用户对网页本身的兴趣程度的评价参数。

如何表示用户的兴趣是一个基础的问题。目前表示用户兴趣有以下几种方法：

一种方法是采用传统的标准分类树，即提供一个初始分类体系，将用户浏览过的网页进行文本分类再根据浏览行为统计加权，可以计算出用户对分类树每个节点的兴趣度。这种方法用于发现用户对标准分类树中哪些子类感兴趣及其兴趣程度，只能粗略地反映用户对哪些分类感兴趣及兴趣程度，难以准确地表示用户的兴趣。

另一种方法是标签化表示。通过对用户浏览行为等进行分析，得到用户感兴

趣的网页和媒体信息的标签，由此组成用户兴趣的标签向量。描述用户兴趣的标签向量如下：

$$\boldsymbol{U}_i=\{(t_1,w_1),(t_2,w_2),\cdots,(t_m,w_m)\}$$

其中，m 为第 i 个兴趣 $\boldsymbol{U}_i$ 特征向量（标签）的个数，t_i 为第 i 个兴趣 $\boldsymbol{U}_i$ 的第 i 个标签，w_i 为 $\boldsymbol{U}_i$ 中 t_i 的权值。

采用这种标签化描述方法，可以准确地表示出用户的兴趣种类，进而通过学习有效地管理用户兴趣。这种表示方法简单有效，但是缺点是不容易比较标签间的语义相关度，不能很好地表示出用户兴趣之间的不同。如果运用主题分析方法，将标签以主题的方式进行描述，以主题概率作为标签的权值，则用户兴趣标签向量均被统一到相同的主题概念空间，兴趣标签向量的比较将更为准确。

(2) 兴趣度的计算

网页的兴趣度是指用户对网页感兴趣的程度，可以通过分析用户在浏览网页时的行为、动作、时间、频率等来获得直接的参数。现采用多元线性回归方程来拟合这些参数。

$$I(P)=a\times \mathrm{IDG}(P)+b\times v(P)+c$$

$$\mathrm{IDG}(P)=\ln\frac{t}{\ln(l)} \tag{9-23}$$

其中，P 表示用户浏览的 Web 文档，$v(P)$ 为翻页/拉动滚动条次数，鼠标点击次数等，t 表示用户浏览 Web 页的时间，时间单位以秒计算，l 表示从对应 Web 页提取的不同特征词的个数。在公式中对特征词个数取对数是为了增强用户浏览时间的重要性。实验表明，多元线性回归方程能够较为准确的预测用户的浏览兴趣。

(3) 用户兴趣模型的建立

建立用户兴趣模型及更新的流程为：首先获得用户浏览的页面集，进一步处理获得网页的标签向量；由输入模块获得用户的浏览动作等参数，计算用户对网页的兴趣度，并据此将网页标签加权，获得用户兴趣描述文件。进一步可以将用户兴趣标签聚类，分出不同类别的兴趣，如图 9-24 所示。

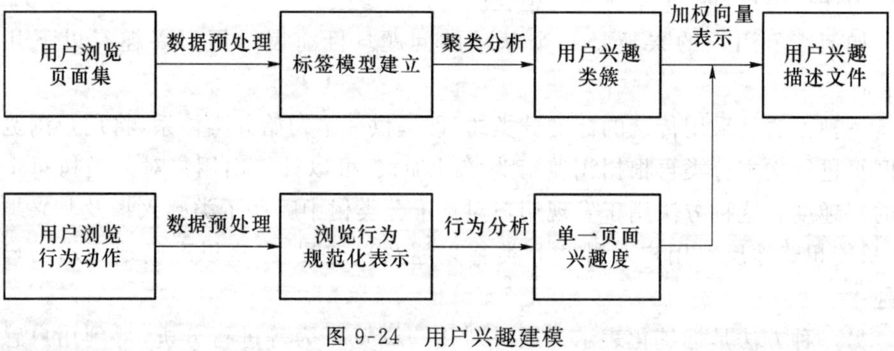

图 9-24　用户兴趣建模

假设用户在某段时间内浏览过的网页文档集合为 $D=\{d_1,d_2,\cdots,d_i,\cdots,d_n\}$，根据浏览行为分析计算出用户对每个文档的兴趣度为 $I=\{i_1,i_2,\cdots,i_i,\cdots,i_n\}$，把文档集合 D 中所有出现的标签集合设为 $T=\{t_1,t_2,\cdots,t_i,\cdots,t_k\}$，如果 t_j 没有在文档 d_i 里出现，则令 $w_{ij}=0$。这样，令 $\boldsymbol{U}=\{(t_1,I_1),(t_2,I_2),\cdots,(t_k,I_k)\}$。其中 $I_i=\sum_{j=1}^{n} i_j w_{ij}$，表示用户对标签 t_i 的兴趣度。实际计算中，还需要考虑时间因素对兴趣的影响，即浏览网页的时间越早，权重会降低。

(4) 用户兴趣更新

用户兴趣有以下特点。

- 既有长期兴趣也有短期兴趣。长期兴趣如集邮、摄影、旅游等；短期兴趣通常是因为短时间内需要而关注的对象。
- 用户的兴趣可能会随着时间改变，具体来说兴趣内容和关注度都可能会改变。
- 用户不同的兴趣需求“强度”不同，如人们对自己的某项长期兴趣也许会定期的关注，而对短期兴趣的关注则相对比较集中。

一般来说，用户只会访问自己感兴趣的页面，所以可通过用户访问过的页面去挖掘用户的兴趣，并通过分析更新用户兴趣模型，这种方法的实现要用到页面访问挖掘。用户可能在短期内对某些领域感兴趣而忽略了长期感兴趣的领域，这样势必会在一段时间内影响用户搜索的质量和效率。为了避免这种情况，现设计一种用户兴趣更新算法。

设 $\boldsymbol{U}_t$ 为如上描述的当前用户兴趣向量，$\boldsymbol{U}_{t_0}$ 为前一天用户兴趣向量权重，$\boldsymbol{U}_0$ 为当天用户的兴趣度。则：

$$\boldsymbol{U}_t=\boldsymbol{U}_{t_0}\cdot\exp\left(\frac{-\ln 2}{l}(t-T_0)\right)+\boldsymbol{U}_0 \tag{9-24}$$

其中，l 为半衰期，我们设定为 7 天以符合人们的记忆曲线，$T_0=t_1,t_2,\cdots,t_i,\cdots,t_n$，$t_i$ 为第 i 个 TAG 最后一次被访问的时间。进一步的，将 $\boldsymbol{U}_t$ 归一化为 $\boldsymbol{U}'_t$：

$$\boldsymbol{U}'_t=\{(t_1,I'_1),(t_2,I'_2),\cdots,(t_N,I'_N)\}$$

其中，N 为标签个数，$I'_i=\dfrac{I_i}{\sum_{j=0}^{N} I_j}$。

(5) 用户兴趣的预测

根据已有的用户数据，可以将用户的兴趣进行聚类，得到具有相似兴趣的用户群，并分析用户群中存在的兴趣种类，选择最具有公共性质的兴趣来预测这个群中的用户的兴趣。在系统运行一段时间后，每个用户都会有一个兴趣模型，这些数据都是根据用户的浏览经历得到的已知结果，我们无法预测用户更多的兴趣或者习惯。出于这个目的，可以把所有用户按照兴趣聚类，得到一个具有相似兴趣的用户群。这个用户群有公共的兴趣描述模型。这个公共描述模型中的兴趣标签较大程度上代表了该用户群的兴趣取向。基于这一思想，可以进一步预测用户兴趣，具体步骤如下：

① 将用户按照兴趣聚类后得到多簇具有相似兴趣的用户群，一个用户可能隶属于多个这样的用户群。

② 按照兴趣划分用户群，收集每个群中与这个群兴趣相关的所有兴趣构成一个兴趣集。

③ 检查用户群中的每个用户，去除用户已有的兴趣，得到的差集为该用户的预测兴趣，并推荐相关内容。

2. 个性化检索模块

为了向用户提供个性化的检索结果或进行推荐，首先要计算用户兴趣与网页的相似度，设初步检索结果集合为 $D=\{d_1,d_2,\cdots,d_i,\cdots,d_n\}$，它可以表述为 $d_i=\{(t_{i1},w_{i1}),(t_{i2},w_{i2}),\cdots,(t_{im},w_{im})\}$。利用相似度运算公式，可以计算每个文档与用户 U_j 的相似度 C_{ij}。按照 C_{ij} 排序，即可找到用户最感兴趣的前 m 个文档 d_m。同样，假设要推荐的的媒体表示为 $d=\{(t_1,w_1),(t_2,w_2),\cdots,(t_m,w_m)\}$，也可以用相似度公式来计算它跟每个用户 U_j 的相似度 C_{ij}，按照 C_{ij} 排序，即可找到对媒体 d 最感兴趣的 N 个用户，以实现精准推荐的目的。

采用 Levenshtein Distance 函数（或者称为编辑距离函数）来计算网页主题标签向量和用户兴趣标签向量的相似度。Levenshtein Distance 函数可以用于计算两个长度不同的矢量之间的相似性。这样即使网页和用户兴趣采用不同长度的向量进行描述，也可以保证相似度的计算能够进行。Levenshtein Distance 函数计算如下所示：

$$L((x_1,\cdots,x_p),(y_1,\cdots,y_q))=$$
$$\begin{cases} p & q=0 \\ q & p=0 \\ \min\{L((x_1,\cdots,x_{p-1}),(y_1,\cdots,y_q))+1, L((x_1,\cdots,x_{p-1}),(y_1,\cdots,y_{q-1}))+Z(x_p,y_q)\} & \text{其他} \end{cases} \tag{9-25}$$

其中，$Z(x,y)=\begin{cases}0 & x=y\\ 1 & \text{其他}\end{cases}$。

个性化精准搜索和推荐的过程如图 9-25 所示，先从内容数据库中取出与用户检索请求具有语义相关的跨媒体信息，每个跨媒体数据都有一个主题标签向量，计算这些跨媒体数据的主题标签向量与用户兴趣的相似度，得到它们的 Rank 值，并按照 Rank 值排序，得到搜索结果和推荐列表。另外，信息推荐需要兼顾到用户的兴趣分布，对于与一个兴趣相关的过多检索结果进行聚类，然后按信息类进行推荐。

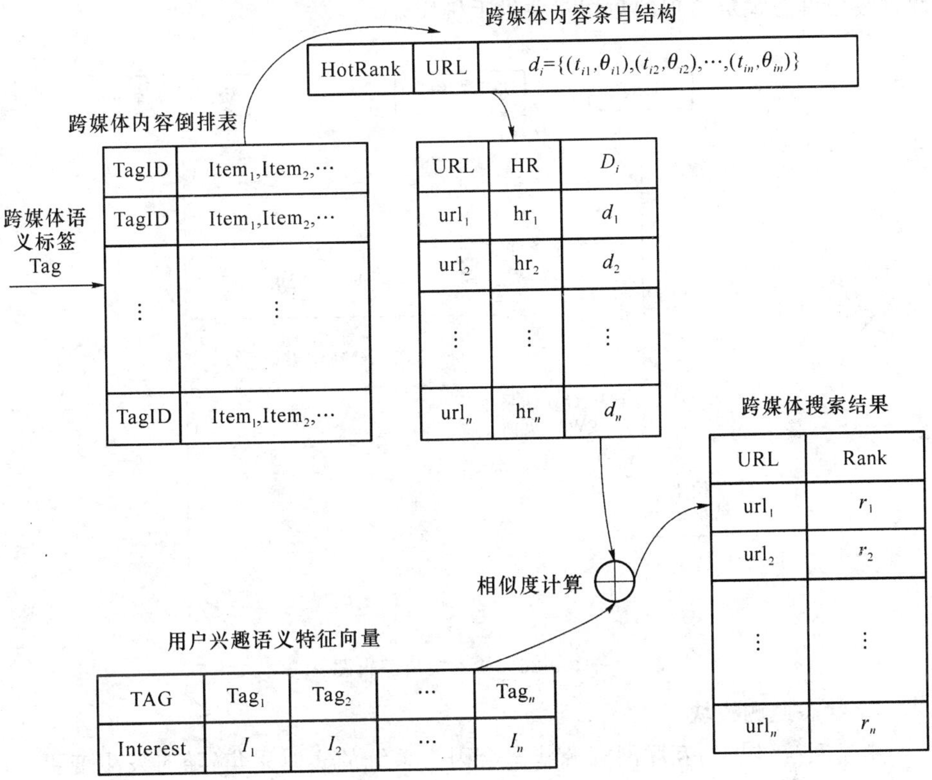

图 9-25　个性化精准搜索与推荐处理过程

图 9-25 中，相似度度量计算公式为

$$\text{Rank}=L(U,D)\times \text{HR} \tag{9-26}$$

其中，$\text{Rank}=\{r_1,r_2,\cdots,r_n\}$为最终推荐网页的排序；$L(U,D)$为采用 Levenshtein Distances 公式计算兴趣模型 U 和网页 D 相似度，HR 为网页的热度。

检索模块的设计采用 Android/Web Service 等技术，基于常见的分层模式分为业务逻辑层和显示层，分别负责检索逻辑的实现和手机界面展示，如图 9-26 所示。

3. 资源定制模块

智能移动终端上的定制模块为用户提供了可以定制检索的功能，与检索模块类似，它也划分为业务逻辑层和显示层，分别实现资源检索集和检索结果显示字段的定制功能。

业务逻辑层将根据既定的业务逻辑，对新增、删除、修改、查询等数据操作进行封装，并向显示层提供相应的接口。这样实现的好处在于可以有效地规避需求变化带来的影响，使系统功能更易扩展。显示层通过调用接口获取数据，执行资源检索集对象维护和显示字段权限设置等操作，通常会选择用户较为关注且在互联网数据集中具有稳定表现的数据对象供手机检索。

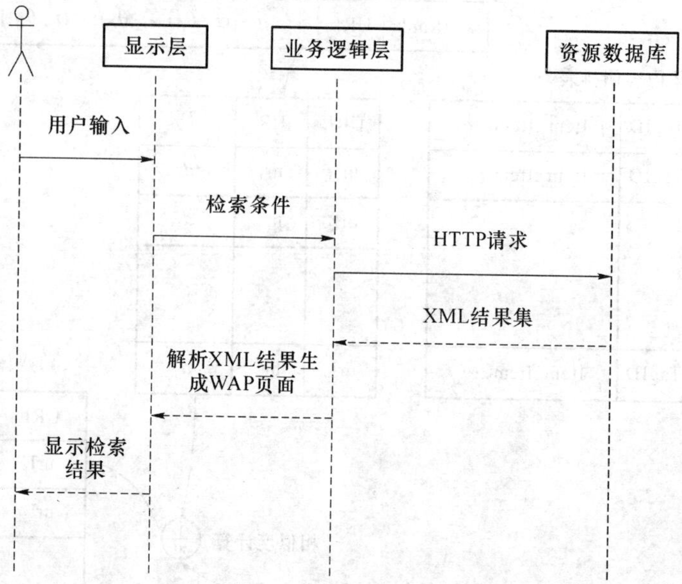

图 9-26 检索模块逻辑图

4. 状态监测模块

由于系统维护的互联网资源状态会因为系统的实时采集，随时发生变更。因此需要在移动终端上设计一个模块来自动监测资源变化情况，并为系统管理员提供进行后台维护的数据支持，保证供手机检索的资源稳定可用。

状态监测的执行过程为：

首先从后台数据库获取供手机检索的数据对象列表，然后登录系统，获取用户ID，组合成系统调用ID。发送查询数据库状态的URL，循环地向服务器发送HTTP请求，每次返回的XML文件都会包含一个数据库的状态信息，根据检测返回的XML文件，系统管理员可以监测数据的采集和检索情况。

状态监测模块是在服务器端定时启动任务，主要完成任务定义、任务启动频率设置等工作。也支持实时启动，用户可以在需要的时候启动监测模块，随时监测系统的采集检索情况。

5. 智能移动终端应用的实现

为了提高系统执行效率，尤其是对于多媒体数据的检索效率，引入基于局部特征匹配的方法，结合多媒体检索中的高维索引，使得在很大数据集下对图像中的主要物体进行快速精确匹配成为可能。在对大量的图像数据进行匹配时，结合采用文本关键词的抽取技术，在保证快速搜索速度的同时，也保证高的正确率。首先由基于文本进行语义概念扩展，并利用搜索引擎获得候选图像集合；然后运用基于视觉特征的方法，在这个集合中找出视觉相似的图像；从图像所在的网页中提取关键短语，并从这些关键短语中抽取出全局的关键短语，挖掘并获取有关信息。图 9-27 描述了智能移动终端上跨媒体检索系统的实现方案。

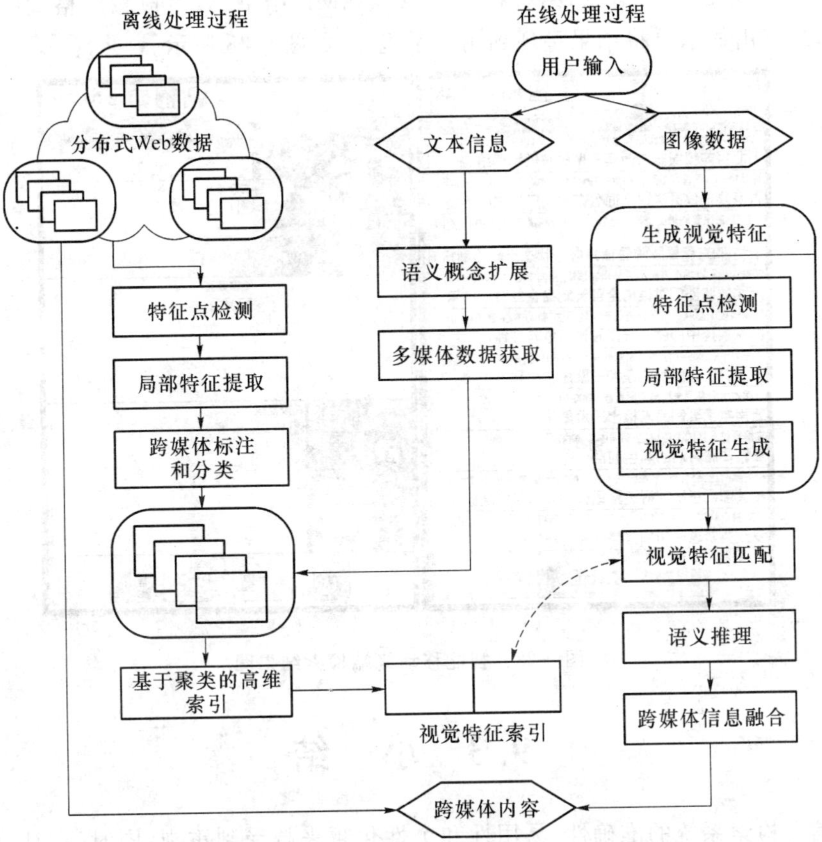

图 9-27　智能移动终端上的跨媒体检索方案

为了使系统适用于不同终端、网络状况的用户，将基于软件人的分布式计算模型应用到搜索过程中。软件人在处理完用户的请求后，移动到知识库所在的计算节点进行语义推理，主动将用户的检索内容存入用户兴趣库中。由于软件人具有并行性，在生成负责检索的软件人的时候，可以同时生成负责提取用户兴趣的软件人，将其移动到存放用户检索内容的计算节点上进行数据挖掘，得到用户兴趣模型。最后再根据挖掘出的用户兴趣模型对检索结果进行过滤处理，以保证能够获得更高的性能。

使用时，用户通过手机登录检索服务并输入检索条件，显示层负责将用户的输入内容“翻译”成更加结构化的检索条件，传给业务逻辑层。业务逻辑层根据检索条件生成检索请求的 URL，通过 HTTP 协议向服务器端请求检索结果。检索模块检索各个资源数据库，将结果合并，同时以 XML 的格式返回给业务逻辑层。此时，仅有检索结果还不能生成最终页面。业务逻辑层还需要从后台数据库查询当前用户所在组的视图信息，结合视图信息和 XML 结果集，生成相应格式的 WAP 页面，最终由显示层将结果呈现到用户手机上，如图 9-28 所示。

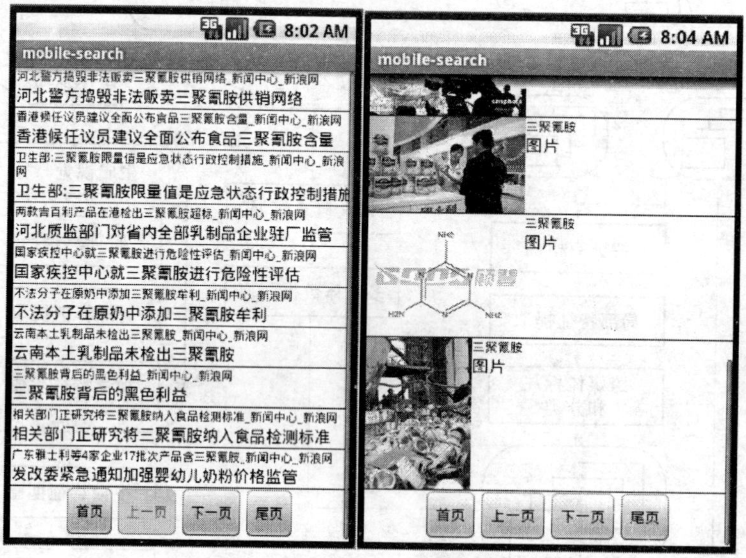

图 9-28　智能移动终端检索结果图

9.3　小　结

信息检索系统的准确性、易用性和个性化越来越受到重视，同时，在社会网络服务应用蓬勃发展的背景下，社会化的检索系统更是对传统搜索引擎技术提出了挑战。软件人以其在拟人化和社会化方面的特点更好地适应了这种需求，作为个人软件代理能够提供更好的信息检索体验。本章探讨了基于软件人的信息检索系统结构，对其中的信息采集、索引、信息检索与排序、图像语义检索等关键技术进行了详细阐述，并实现了基于移动终端的个性化信息检索服务。

参 考 文 献

[1] 涂序彦. 广义人工生命[C]. 中国人工智能学会第九届全国人工智能学术年会论文集,北京邮电大学出版社,2001.

[2] Tu Xuyan. Generalized Artificial Life Race and Model[C]. Proceedings of the 8th AROB, Japan, 2003.

[3] 曾广平,涂序彦. "软件人"的概念模型与构造特征[J]. 计算机科学,2005,32(5):135-136,143.

[4] 卢庆龄,曾广平,张威,等. 软件人个体模型研究[J]. 计算机工程与应用,2005,41(30):49-51.

[5] Tu Xuyan. AI, AL, and Robotics[C]. Proceedings of FIRA World Congress(plenary speech), 2002.

[6] 史忠植. 智能主体及其应用[M]. 北京:科学出版社,2001.

[7] 涂序彦. 大系统控制论[M]. 北京:国防工业出版社,1994.

[8] 涂序彦,等. 智能管理[M]. 北京:清华大学出版社,1995.

[9] Zeng Guangping, LU Qingling, Zhang Shumin. Autonomous decentralized organization model and coordination control of SoftMan crowd[C]. Proceedings of International Workshop on Autonomous Decentralized System, IEEE Computer Society Press, 2005.

[10] 帅典勋,顾静. 多 Agent 系统分布式问题求解的代数模型方法(Ⅱ):群体智能和社会动力学[J]. 计算机学报,2002(2):138-147.

[11] 叶斌,马忠贵,曾广平,等. 软件人群协调模式的研究[J]. 计算机工程与设计,2005,26(8): 1973-1974.

[12] 彭泽华. 智能信息推拉技术的数字图书馆主动信息服务手段研究[J]. 情报资料工作,2005,6:85-87.

[13] 王枞,成可,涂序彦. 基于智能信息推拉技术的客户关系管理系统[J]. 计算机工程与应用,2001,37(20):10-11.

[14] 马忠贵,叶斌,王成耀,等. 基于"推-拉"技术的多源复杂信息整合研究[J].

计算机工程,2006,32(5): 178-180.

［15］ 高 征,夏克俭,曾广平,等. 软件人结构化迁移机制的设计与实现［J］. 计算机应用研究,2005,(9):31-32.

［16］ 赵耀东,王成耀,曾广平,等. 软件人在迁移过程中的任务实现方式探讨［J］. 计算机应用研究,2006,(1):49-51.

［17］ 吴叶葵. 突发事件预警系统中的信息管理和信息服务［J］. 国书情报知识,2006,5:73-75.

［18］ 曾大军,王飞跃,曹志冬. 开源信息在突发事件应急管理中的应用［J］. 科技导报,2008,26(16):27-33.

［19］ 王飞跃. 万维社会媒体在防灾应急中的作用［J］. 科技导报,2008,26(10):30-31.

［20］ 董静,孙乐,冯元勇,等. 中文实体关系抽取中的特征选择研究［J］. 中文信息学报,2007,21(4):80-85,91.

［21］ Peter M. Flink. Using Semantic Web Technology for the Presentation and Analysis of Online Social Networks［J］. Journal of Web Semantics, 2005.

［22］ 杨楠,弓丹志,孟小峰,等. Web 社区发现技术综述. 计算机研究与发展. 2005,42(3):439-447.

［23］ D Cai, Z Shao, X He, et al. Mining Hidden Community in Heterogeneous Social Networks［C］. Link KDD, 2005.

［24］ P Mika. Flink: Semantic Web Technology for the Extraction and Analysis of Social Networks［C］. WWW, 2005.

［25］ P Mika. Ontologies are us: A unified model of social networks and semantics［C］. WWW, 2007.

［26］ J Kleinberg. Authoritative sources in a hyperlinked environment［C］. Proceedings of the 9th ACM-SIAM symposium on Discrete Algorithms. ACM Press, 1997. 668-677.

［27］ S Brin, M Henzinger. The Anatomy of a Large-Scale Hypertextual Web Search Engine［C］. Proceedings of the 7th International World Wide Web conference, 1998: 107-117.

［28］ 殷杰,董佳蓉. 论自然语言处理的发展趋势［J］. 自然辩证法研究,2008,24(3):31-37.

［29］ Brien P, Abou-Assaleh T. Focused Ranking in a Vertical Search Engine［C］. In Proceedings of the 30th Annual international ACM SIGIR Conference on Research and Development in information Retrieval, 2007: 912-912.

[30] 杨沛,郑启伦,彭宏. Inherit/ Feedback:一种新的 Web 主题挖掘方法[J]. 计算机研究与发展,2004,41 (5):40-44.

[31] Purnamrita Sarkar, Andrew W. Moore. Dynamic Social Network Analysis using LatentSpace Models[C]. KDD, 2007.

[32] Parag Singla, Matthew Richardson. Yes, There is a Correlation—From Social Networks to Personal Behavior on the Web[C]. WWW, 2008.

[33] D Cai, Z Shao, X He, et al. Community Mining from Multi-relational Networks[C]. PKDD, 2005.

[34] 乔少杰,唐常杰,于中华. 基于属性筛选支持向量机挖掘虚拟社团结构[J]. 计算机科学(增 A),2005,32 (7):208 -212.

[35] Allan J. , Harding S. , Fisher D. ,et al. Taking Topic Detection From Evaluation to Practice[C]. Proceedings of the Thirty-Eighth Annual Hawaii International Conference on System Sciences (HICSS) , 2005.

[36] Connell M. , Feng A. , Kumaran G. , et al. UMass at TDT[C]. Proceedings of TDT, 2004.

[37] Yiming Yang, Jaime Carbonell, Ralf Brown, et al. Learning Approaches for Detecting and Tracking News Events[J]. IEEE Intelligent Systems: Special Issue on Applications of Intelligent Information Retrieval, 1999, 14(4): 32-43.

[38] N. Ma, Y. Yang, M. Rogati. Applying CLIR Techniques to Event Tracking. Lecture Notes in Computer Science[C]. Information Retrieval Technology: Asia Information Retrieval Symposium (AIRS), 2004.

[39] J. Bengel, S. Gauch, E. Mittur, et al. Chattrack: Chat room topic detection using classification[C]. In 2nd Symposium on Intelligence and Security Informatics, 2004:266-277.

[40] D. D. Lee, H. S. Seung. Algorithms for nonnegative matrix factorization [C]. In NIPS, 2000:556-562.

[41] Victor Cheng, C. H. Li. Topic Detection Via Participation Using Markov Logic Network[C]. Third International IEEE Conference on Signal-Image Technologies and Internet-Based System, 2007.

[42] Mingliang Zhu, Weiming Hu, Ou Wu. Topic Detection and Tracking for

Threaded Discussion Communities[C]. IEEE/WIC/ACM International Conference on Web Intelligence and Intelligent Agent Technology, WI-IAT2008, 2008.

[43] April Kontostathis, Leon M. Galitsky, Willian M. Pottenger, et al. A Survey of Emerging Trend Detection in Textual Data Mining[C]. A Comprehensive Survey of Text Mining, 2003.

[44] Qiaozhu Mei, ChengXiang Zhai. Discovering Evolutionary Theme Patterns from Text——An Exploration of Temporal Text Mining[C]. Proceedings of KDD'05, 2005.

[45] William M. Pottenger, Yong-Bin Kim, Daryl D. Meling. HDDITM: Hierarchical Distributed Dynamic Indexing[C]. Proceedings of Data Mining for Scientific and Engineering Applications, 2001.

[46] Russell Swan, David Jensen. TimeMines: Constructing Timelines with Statistical Models of Word Usage[C]. Proceedings of the 6th ACM SIGKDD International Conference on Knowledge Discovery and Data Ming, 2000.

[47] G. D. Blank, W. M. Pottenger, G. D. Kessler, et al. CIMEL: Constructive, Collaborative Inquiry-based Multimedia E-Learning[C]. Proceedings of the 6th Annual Conference on Innovation and Technology in Computer Science Education (ITiCSE), 2001.

[48] Susan Havre, Elizabeth Hetzler, Paul Whitney, et al. ThemeRiver: Visualizing Thematic Changes in Large Document Collections[J]. IEEE Transactions on Visualization and Computer Graphics, 8(10), 2002.

[49] Q. Mei, C. Zhai. A mixture model for contextual text mining[C]. Proceedings of KDD'06, 2006: 649-655.

[50] X. Shen, B. Tan, C. Zhai. Context-sensitive information retrieval using implicit feedback[C]. Proceedings of the 28th annual international ACM SIGIR conference on Research and development in information retrieval, 2005:43-50.

[51] Qiu G.. Image and Feature Co-clustering[C]. Proceedings of the 17th International Conference on Pattern Recognition, 2004: 991-994.

[52] Michael S. Lew, Nicu Sebe, Chabane Djeraba, et al. Content-based Multimedia Information Retrieval: State of the Art and Challenges[J]. ACM

Transactions on Multimedia Computing, Communications and Applications, 2006, 2(1): 1-19.

[53] K. Goh, E. Chang, B. Li. Using on-class and Two-class SVMs for Multi-class Image Annotation[J]. IEEE Transactions on Knowledge and Data Engineering, 2005, 17(10):1333-1346.

[54] K. Goh, B. Li, E. Chang. Semantics and Feature Discovery via Confidence-based Ensemble[J]. ACM Transactions on Multimedia Computing, Communications, and Applications, 2005, 1(2): 168-189.

[55] Bin Gao, Tie yan Liu, Tao Qin. Web Image Clustering by Consistent Utilization of Visual Features and Surrounding Texts[C]. Proceedings of the 13th Annual ACM International Conference on Multimedia, 2005: 112-121.

[56] Xinjing Wang, Weiying Ma, Lei Zhang, et al. Iteratively Clustering Web Images Based on Link and Attribute Reinforcements[C]. Proceedings of the 13th Annual ACM International Conference on Multimedia, 2005:122-131.

[57] 王锐杰,尹怡欣,杜军平,等. 图像识别技术在智能导游系统中的应用[J]. 计算机工程与应用,2008,44(30):33-36.

[58] Jinxin Zheng, Junping Du. Automatic Image Parameter Optimization Based on Levenberg-Marquardt Algorithm[C]. IEEE International Symposium on Industrial Electronics, 2009:724-728.

[59] Wenyuan Dai, Yuqiang Chen, Guirong Xue. Translated Learning: Transfer Learning Across Different Feature Spaces[J]. Advances in Neural Information Processing Systems, 2008, 22: 353-360.

[60] 刘锋,彭庚,刘颖. 从人脑的结构机理看互联网的进化[J]. 人类工效学,2009,15(1):11～14.

[61] 张树人,陈禹. 从发生与演化的角度研究社会性软件[C]. 信息系统协会中国分会第一届学术年会(CNAIS2005)会议论文集,2005:661.

[62] Feng Liu, Lingling Zhang, Jifa Gu. The Application of Knowledge Management in the Internet Witkey Mode in China[J]. International Journal of Knowledge and Systems Sciences, 2007, 4 (4):32-41.

[63] 张树人,方美琪. 社会性软件与复杂适应信息系统范式[C]. 信息系统协会中国分会第一届学术年会(CNAIS2005)会议论文集,2005:309.

[64] W. B. Croft, J. Lafferty, et al. Language Modeling and Information Retrieval[M]. Kluwer Academic Publishers, 2003.
[65] D. Blei, J. Latterty. Correlated topic models[C]. In NIPS '05: Advances in Neural Information Processing Systems 18, 2005.
[66] D. M. Blei,J. D. Latterty. Dynamic topic models[C]. Proceedings of the 23rd international conference on Machine learning, 2006: 113-120.
[67] David M. Blei, Andrew Y. Ng, Michael I. Jordan, et al. Latent dirichlet allocation[J]. Journal of Machine Learning Research, 2003, 3: 2003.
[68] D. A. Cohn, T. Hofmann. The missing link - a probabilistic model of document content and hypertext connectivity[C]. In NIPS, 2000.
[69] K. Eguchi, V. Lavrenko. Sentiment retrieval using generative models [C]. Proceedings of the 2006 Conference on Empirical Methods in Natural Language Processing, 2006: 345-354.
[70] 许少华,李小红,潘俊辉. 基于模糊 VSM 和 RBF 网络的文本分类方法[J]. 计算机工程与设计,2007,28(1):145-148.
[71] 陈立孚,周宁. 基于机器学习的自动文本分类模型研究[J]. 现代图书情报技术,2005,10:80-85.
[72] Sebastiani F. Machine learning in automated text categorization[J]. ACM Computing Surveys, 2002, 34(1):1-47.
[73] 梁晗,陈群秀,吴平博. 基于事件框架的信息抽取[J]. 中文信息学报,2005,20(2):40-46.
[74] N. Glance, M. Hurst, T. Tornkiyo. Blogpulse: Automated trend discovery for weblogs[C]. In WWW 2004 Workshop on the Weblogging Ecosystem: Aggregation, Analysis and Dynamics, 2004.
[75] D. Gruhl, R. Guha, D. Liben-Nowell, et al. Information diffusion through blogspace[C]. Proceedings of the 13th International Conference on World Wide Web, 2004: 491-501.
[76] 朱靖波,姚天顺. 中文信息自动抽取[J]. 东北大学学报,1998,19(1):52-54.
[77] 李保利,陈玉忠,俞士汶. 信息抽取研究综述[J]. 计算机工程与应用,2003,39(10):1-5.
[78] 张冬茉,王纤. 基于 Web 的信息抽取模型的研究[J]. 上海交通大学学报,2001,5(1):11-13.
[79] 周顺先,林亚平,王耀南. 基于规则和统计抽取模型中的主动学习算法[J].

系统仿真学报,2008,20(23):6477-6480.
[80] 范金金,刘鹏. 朴素贝叶斯分类器的独立性假设研究[J]. 计算机工程与应用,2008,44(34):129-131.
[81] 林亚平,刘云中,周顺先,等. 基于最大熵的隐马尔可夫模型文本信息抽取[J]. 电子学报,2005,33(2):236-240.
[82] 陈建良,吕小红. 采用离散 HMM 的孤立词识别系统[J]. 信息技术,2006,30(1):83-84.
[83] Michael Steinbach, George Karypis, Vipin Kumar. A Comparison of Document Clustering Techniques[C]. KDD workshop on text mining, 2000.
[84] 黄良,符绍宏. 自动分词技术及其在信息检索中应用的研究[J]. 现代图书情报技术,2001,(3):26-29.
[85] 刘件,魏程. 中文分词算法研究[J]. 微计算机应用,2008,(08):11-16.
[86] 李静梅. 一种文本处理中的朴素贝叶斯分类器[J]. 哈尔滨工程大学学报(自然科学版),2003,24(1):15-20.
[87] 周颜军,王双成,王辉. 基于贝叶斯网络的分类器研究[J]. 东北师范大学学报(自然科学版),2003,35 (2):21-27.
[88] 谭成翔,汪海航. 基于 K 近邻算法的网页自动分类系统的研究及实现[J]. 计算机技术与发展,2007,17(1):21-23.
[89] 钱晓东,王正欧. 基于改进 KNN 的文本分类方法[J]. 情报科学,2005,23(4):50-54.
[90] 常军林,吴笑伟,吴芬芬,等. 基于特征和隐马尔可夫模型的文本信息抽取[J]. 河南科技大学学报(自然科学版),2008,29(2):55-60.
[91] 洪流,张巍,肖明军,等. 一种改进的基于 HMM 的信息抽取模型[J]. 模式识别与人工智能,2004,17(3):347-351.
[92] D. Gildea, D. Jurafsky. Automatic labeling of semantic roles[J]. Computer Linguist, 2002, 28(3):245-288.
[93] Jingguang Sun, Dongfeng Cai, Dexin Lv, et al. HowNet Based Chinese Question Automatic Classification [J]. Journal of Chinese Information Processing, 2007, 21(1): 90-95.
[94] Xia Tian. Study on Chinese Words Semantic Similarity Computation [J]. Computer Engineering, 2007, 6:191-194.
[95] 任佳. 分类关联规则挖掘及其在复杂工业过程中的应用研究[D]. 浙江大学博士学位论文,2006.

[96] K. H. Han, K. H. Park, C. H. Lee, et al. Parallel Quantum-inspired Genetic Algorithm for Combinatorial Optimization Problem[C]. Proceeding of the 2001 IEEE Congress on Evolutionary Computation, 2001: 1422-1429.

[97] 杨淑媛,焦李成,刘芳. 量子进化算法[J]. 工程数学学报,2006, 23(2): 85-89.

[98] L. Wang, H. Wu, D. Zheng. A Quantum-Inspired Genetic Algorithm for Scheduling Problems[C]. ICNC, 2005: 417- 423.

[99] H. Talbi, A. Draa, M. Batouche. A New Quantum-Inspired Genetic Algorithm for Solving the Traveling Saleman Problem[C]. IEEE International Conference on Industrial Technology, 2004: 1192-1197.

[100] Wenyuan Dai, Yuqiang Chen, Guirong Xue. Translated Learning: Transfer Learning Across Different Feature Spaces[J]. Advances in Neural Information Processing Systems, 2008, 22: 353-360.

[101] David G. Lowe. Distinctive image features from scale-invariant keypoints [J]. International Journal of Computer Vision, 2004, 60(2):91-110.

[102] Zhe Wang, Guizhong Liu, Xueming Qian, et al. An Approach to the Compact and Efficient Visual Codebook Based on SIFT Descriptor[J]. Lecture Notes in Computer Science, 2010, 6297: 461-469.

[103] Darui Li, Linjun Yang, Xiansheng Hua, et al. Large-scale robust visual code-book construction[C]. Proceedings of International Con-ference on Multimedia, 2010:1183-1186.

[104] L. Fei-Fei, R. Fergus, P. Perona. A Bayesian hierarchical model for learning natural scene categories[C]. Proceedings of Conference on Computer Vision and Pattern Recognition, 2005: 524-531.

[105] W. Zhong, K. Qifa, I. Michael, et al. Bundling features for large-scale partial-duplicate web image search[C]. Proceedings of Conference on Computer Vision and Pattern Recognition, Miami, 2009:25-32.

[106] Xuyan Tu, Guangping Zeng. HADS-Humanized Autonomous Decentralized Systems[C]. Proceedings of 2005 IEEE International Symposium on Autonomous Decentralized Systems, 2005.

[107] Y. Wei, L. Moreau, N. R. Jennings. A Market-Based Approach to Recommender Systems[J]. ACM Transaction on Information Systems,

2005, 23(3):227-266.

[108] 邓爱林. 电子商务推荐系统关键技术研究[D]. 复旦大学博士学位论文,2003.

[109] 邓爱林,朱扬勇,施伯乐. 基于项目评分预测的协同过滤推荐算法[J]. 软件学报,2003, (09):1-8.

[110] 曾春,邢春晓. 个性化服务技术综述[J]. 软件学报,2002,13(10):1952-1961.

[111] 余力,刘鲁,李雪峰. 用户多兴趣下的个性化推荐算法研究[J]. 计算机集成制造系统-CIMS,2004(12):1610-1615.

[112] 赵亮,胡乃静. 个性化推荐算法设计[J]. 计算机研究与发展,2002,39(8):986-991.

[113] Sebastiani F. Machine learning in automated text categorization[J]. ACM Computing Surveys, 2002, 34(1):1-47.

[114] 解光军,庄镇泉. 量子神经网络[J]. 计算机科学,2001,28(7):1.

[115] Kak S C. On quantum neural computing[J]. Information Sciences, 1995, 83: 143.

[116] Shuyuan Yang, Licheng Jiao, Fang Liu. The Quantum Evolutionary Algorithm[J]. Chinese Journal of Engineering Mathematics, 2006, 23(2): 235-246.

[117] H. Talbi, A. Draa, M. Batouche. A New Quantum-Inspired Genetic Algorithm for Solving the Traveling Saleman Problem[C]. IEEE International Conference on Industrial Technology, 2004: 1192-1197.

[118] Deutsch. D. Quantum Computational Networks[C]. Proceedings of the Royal Society, 1989: 73-90.

[119] Grover. L. K. A Fast Quantum Mechanical Algorithm for Database Search[C]. Proceedings of the 28th Annual ACM Symposium on the Theory of Computing, 1996: 212-219.

[120] Yaoguang Wei, Deling Zheng. Research of An Immune Clone Selection Algorithm and its Application in Heating Furnace State Recognition[C]. Proceedings of 2004 International Conference on Information Acquisition, 2004: 384-387.

[121] 王翠君,王红. 复杂网络的研究进展综述[J]. 科技信息,2007,31:417-418.

[122] 盛秋戬,赵志崑,刘少辉,等. 多主体团队交互协议[J]. 软件学报,2004,5:689-696.

[123] 张树鸿,何斌,林作铨. 基于 Agent 的数据库中间件[J]. 计算机工程与应用,2001,24:97-101.

[124] Breese, Hekcemrna, nadKadie. Empirical Analysis of Predictive Algorithms for Collaborative Filtering[C]. The 14th Conference on Uncertainty in Artificial intelligence, 1998:43-52.

[125] Sarwar B. M. , Karypis G. , Konstan J. A. ,et al. Item-based collaborative filtering recommendation algorithm[C]. Proceedings of the Tenth International world Wide Web Conference, 2001: 285-295.

[126] Herlocker J. L. , Konstan J. A. ,Borchers A. , et al. An Algorithmic Framework for Performing Collaborative Filtering[C]. Procedings of ACM SIGIR'99, ACM Press, 1999.

[127] 余力,刘鲁,罗掌华. 我国电子商务推荐策略的比较分析[J]. 系统工程理论与实践,2004,(08):96-101.

[128] Y. Wei, L. Moreau, N. R. Jennings. A Market-Based Approach to Recommender Systems[J]. ACM Transaction on Information Systems, 2005, 23(3): 227-266.